梅田武敏

商法総則・商行為法

講義案シリーズ

信山社

　　　　　　　は　し　が　き

　商法の対象は他の法律の対象と異なり，その内容を具体的に想像することには困難を伴う場合が多い。例えば，刑法が対象とする殺人罪とか傷害罪等は，自らが体験した事実ではなくとも，日常的感覚で容易に想像することができる。刑法理論は難解ではあっても，対象の明確さによって，比較的取り付きやすく思われる。ところが，商法の対象は身近に発生するものではあっても，事例として想像しにくいものが多い。会社法については特にそうである。商法総則・商行為法も同様で，絶対的商行為の，投機購買や投機売却は容易に理解しにくいところがある。商法が接近しにくい法律であるといわれる第一の原因はこの点にあると思われる。そして，従来の商法のテキストが平易な論述をしてこなかったことが商法を難解な法律と認識させる第二の原因であると考える。実際，自らの学生時代を振り返ると，商法の難しさは中途半端ではなかったように記憶している。本書は上記のごとき事態を踏まえ，「だれでもわかる」ことを目的に，レベルを落とすことなく，理解しやすい商法総則・商行為法を中心的課題として書いたものである。読みやすい形式という点も配慮したつもりである。そのため，参考文献や判例の掲示もできるだけ押えてある。

　商法の適用対象の圧倒的部分は，我々生活者が日々体験する商人と非商人間の取引である。にも拘わらず，これまでの商法理論の構築は，ともすれば商人の利益を擁護することにおいて行われてきた。商人と非商人間の取引ないし契約を商人擁護の観点から捉えようとするこうした方法論が，果たして妥当なのかは相当に疑問である。本書の方法論の基礎には，このような疑念が置かれている。したがって，これまでの理論とは異なる展開個所が多くある。読者の批判的判断を期待する次第である。

　　　平成14年3月

　　　　　　　　　　　　　　　　　　　　　　　　　　梅　田　武　敏

目　次

はしがき

第1部　商法総則

1　商法総則の意味 …………………………………………… 3
1-1　商法総則の意味 ……………………………………… 3
1-2　商法とは ……………………………………………… 4
1-2-1　商法とは何か ………………………………… 4
1-2-2　商法1条〜851条？ ………………………… 4
1-2-3　実質的意味での商法 ………………………… 6
1-2-4　約款を利用することの意味 ………………… 7
1-3　実質的概念の商法 …………………………………… 8
1-3-1　内容の検討 …………………………………… 8
1-3-2　商法の対象を区別する基準 ………………… 8
1-4　学説の紹介 …………………………………………… 9
1-4-1　商法とは何かについての学説 ……………… 9
1-4-2　商法の対象を内容的に明らかにしようとする学説 ……… 10
1-4-3　商法の対象をその対象が有する特殊性に着目することによって明らかにしようとする立場に立脚する学説 …………… 13
1-4-4　通説としての企業法説 ……………………… 16
1-4-5　従来の企業法説の問題点 …………………… 17
1-5　商法の理解と解釈に関する留意点 ………………… 18

2　商法典の形成 ……………………………………………… 21
2-1　商法典の形成 ………………………………………… 21
2-2　近代商法典の成立 …………………………………… 21
2-2-1　フランス商法典 ……………………………… 21
2-2-2　ドイツ商法典 ………………………………… 22

	2-2-3	英米法における商法典 ………………………………………………	23
	2-2-4	わが国の商法典 ………………………………………………………	24
2-3	商行為法主義と商人法主義の問題点 ……………………………………		25
	2-3-1	商行為法主義の問題点 ………………………………………………	25
	2-3-2	商人法主義の問題点 …………………………………………………	26

3　商法の法源 …………………………………………………………… 28

- 3-1　商法の法源 ………………………………………………………… 28
  - 3-1-1　法律の分類 ……………………………………………………… 28
  - 3-1-2　任意規定としての商法 ……………………………………… 29
  - 3-1-3　商法の法源 ……………………………………………………… 30
  - 3-1-4　商法1条 ………………………………………………………… 31
- 3-2　法源の種類 ………………………………………………………… 31
  - 3-2-1　各種の法源 ……………………………………………………… 31
  - 3-2-2　法源の適用順序 ……………………………………………… 33
  - 3-2-3　民法と商法の関係 …………………………………………… 34

4　商法の指導理念 …………………………………………………… 35

- 4-1　商法の指導理念 ………………………………………………… 35
  - 4-1-1　商法の特質 ……………………………………………………… 35
  - 4-1-2　従来の指導理念がもたらすもの ………………………… 37
- 4-2　指導理念の再検討 ……………………………………………… 38
  - 4-2-1　本書の方法 ……………………………………………………… 38
  - 4-2-2　営利性 …………………………………………………………… 39
  - 4-2-3　取引の安全ないし迅速性 …………………………………… 39
  - 4-2-4　外観主義 ………………………………………………………… 40
  - 4-2-5　表示による禁反言の法理 …………………………………… 42
  - 4-2-6　公示主義 ………………………………………………………… 44

5　商人概念とその種類 …………………………………………… 44

- 5-1　商人概念とその種類 …………………………………………… 44

目　次

　　5-1-1　商人とは……………………………………………44
　　5-1-2　商人の種類…………………………………………45
　5-2　商人資格の取得と喪失……………………………………50
　　5-2-1　自然人の商人資格の取得…………………………50
　　5-2-2　自然人の商人資格の喪失…………………………55
　　5-2-3　法人の商人資格の取得……………………………55
　　5-2-4　法人の商人資格の喪失……………………………56

6　商　号 ……………………………………………………………57

　6-1　商　号………………………………………………………57
　　6-1-1　商号の意味…………………………………………57
　　6-1-2　商号自由の原則とその制限………………………58
　6-2　商号の登記…………………………………………………61
　　6-2-1　商号登記……………………………………………61
　　6-2-2　同一商号登記排斥権………………………………61
　　6-2-3　同一または類似商号使用排斥権…………………63
　6-3　商号権………………………………………………………65
　　6-3-1　商号権をめぐる論争………………………………65
　　6-3-2　商号使用権と商号専用権の法的性質……………67

7　名板貸 ……………………………………………………………69

　7-1　名板貸………………………………………………………69
　　7-1-1　名板貸の意味………………………………………69
　　7-1-2　名板貸の具体的形態………………………………70
　7-2　名板貸の成立要件と名板貸人の責任……………………71
　　7-2-1　成立要件……………………………………………71
　　7-2-2　名板貸人の責任……………………………………75

8　商業使用人 ………………………………………………………76

　8-1　商業使用人…………………………………………………76
　　8-1-1　商業使用人の意味…………………………………76

8-1-2　雇用関係は必要か……………………………………………… 77
　8-2　商業使用人の種類 ……………………………………………………… 78
　　8-2-1　商業使用人の種類…………………………………………… 78
　　8-2-2　支配人……………………………………………………………… 78
　　8-2-3　番頭・手代その他の使用人………………………………… 90
　　8-2-4　物品販売店舗の使用人……………………………………… 90

9　代　理　商 ……………………………………………………………………… 91

　9-1　代理商 ………………………………………………………………………… 91
　　9-1-1　代理商の意味………………………………………………… 91
　　9-1-2　代理商の成立要件…………………………………………… 92
　　9-1-3　代理商契約の法的性質と本人との関係………………… 94
　9-2　代理商の権利 ………………………………………………………………… 96
　　9-2-1　代理商の権利………………………………………………… 96
　　9-2-2　費用前払請求権……………………………………………… 96
　　9-2-3　立替費用償還請求権………………………………………… 96
　　9-2-4　報酬請求権…………………………………………………… 97
　　9-2-5　留置権………………………………………………………… 97
　9-3　代理商の義務 ………………………………………………………………… 99
　　9-3-1　善管注意義務………………………………………………… 99
　　9-3-2　通知義務……………………………………………………… 99
　　9-3-3　競業避止義務…………………………………………………100
　9-4　代理商関係の終了 ……………………………………………………………101
　　9-4-1　契約期間満了による終了……………………………………101
　　9-4-2　委任の終了事由による終了…………………………………101
　　9-4-3　解約告知による終了…………………………………………101

10　営　業　譲　渡 …………………………………………………………………102

　10-1　営業譲渡 ……………………………………………………………………102
　　10-1-1　営業譲渡の意味 ……………………………………………102

目　次

  10-1-2　営業譲渡と集合物 ……………………………………103
 10-2　営業譲渡の法的性質 ……………………………………………104
  10-2-1　学説の紹介 ……………………………………………104
  10-2-2　法的性質 ………………………………………………106
  10-2-3　営業譲渡の要件 ………………………………………107
 10-3　営業譲渡の効果 …………………………………………………108
  10-3-1　営業財産移転義務と対抗要件具備義務 ……………108
  10-3-2　競業避止義務 …………………………………………110
  10-3-3　債務負担義務 …………………………………………111

11　商　業　登　記 ………………………………………………………113
 11-1　商業登記 …………………………………………………………113
  11-1-1　商業登記の意味 ………………………………………113
  11-1-2　商業登記事項 …………………………………………114
  11-1-3　商業登記手続 …………………………………………115
 11-2　商業登記の効力 …………………………………………………115
  11-2-1　一般的効力 ……………………………………………115
  11-2-2　特殊的効力 ……………………………………………117
 11-3　不実登記 …………………………………………………………119
  11-3-1　不実登記の意味 ………………………………………119
  11-3-2　不実登記の法的効果と要件 …………………………120

12　商　業　帳　簿 ………………………………………………………123
 12-1　商業帳簿 …………………………………………………………123
  12-1-1　商業帳簿の意味 ………………………………………123
  12-1-2　商法上の商業帳簿 ……………………………………124
 12-2　会計帳簿と貸借対照表 …………………………………………125
  12-2-1　会計帳簿 ………………………………………………125
  12-2-2　貸借対照表 ……………………………………………126

第2部　商行為法

- 1　商行為法 …………………………………………………… 129
  - 1-1　商行為法の目的 ………………………………………… 129
  - 1-2　商法の定める商行為 …………………………………… 130
    - 1-2-1　商行為の種類 ……………………………………… 130
    - 1-2-2　商行為の分類 ……………………………………… 132
  - 1-3　絶対的商行為 …………………………………………… 133
    - 1-3-1　絶対的商行為の意味 ……………………………… 133
    - 1-3-2　絶対的商行為の内容 ……………………………… 133
  - 1-4　営業的商行為 …………………………………………… 137
    - 1-4-1　営業的商行為の意味 ……………………………… 137
    - 1-4-2　営業的商行為の内容 ……………………………… 138
  - 1-5　付属的商行為 …………………………………………… 146
    - 1-5-1　付属的商行為の意味 ……………………………… 146
    - 1-5-2　付属的商行為の内容 ……………………………… 146
    - 1-5-3　付属的商行為の推定 ……………………………… 148
- 2　商行為法の民法に対する特則 ………………………… 149
  - 2-1　商行為法の民法に対する特則——商行為法通則—— ………… 149
  - 2-2　契約の成立に関する特則 ……………………………… 150
    - 2-2-1　対話者間における契約の申込についての特則 …… 150
    - 2-2-2　隔地者間における契約の申込についての特則 …… 151
    - 2-2-3　諾否通知義務と保管義務についての特則 ………… 152
  - 2-3　代理に関する特則 ……………………………………… 154
    - 2-3-1　代理権の行使に関する特則 ………………………… 154
    - 2-3-2　代理権の消滅に関する特則 ………………………… 157
  - 2-4　委任に関する特則 ……………………………………… 158
    - 2-4-1　受任者の権限について ……………………………… 158

目 次

2-4-2 効力の及ぶ範囲について 159
2-5 商事債権の営利性 161
2-5-1 報酬請求権 161
2-5-2 利息請求権と法定利率 163
2-5-3 立替金の利息請求権 167
2-6 商事債権の担保 168
2-6-1 多数当事者間の債務についての連帯関係 168
2-6-2 保証人の連帯 169
2-6-3 流質契約の許容 171
2-6-4 商人間の留置権 174
2-7 商事債務の履行 176
2-7-1 商事債務の履行場所 176
2-7-2 債務の履行または履行請求の時期 177
2-8 商事債権の消滅 178
2-8-1 時効期間 178
2-8-2 商行為によりて生じた債権とは 178

3 商事売買 182
3-1 商事売買 182
3-1-1 商事売買に関する原則 182
3-1-2 原則の内容 183
3-2 売主の供託権・競売権 184
3-2-1 供託権と競売権 184
3-2-2 売主の選択権 188
3-3 買主の目的物検査・通知義務 188
3-3-1 売買の目的物に関する数量不足と瑕疵 188
3-3-2 買主の検査・通知義務の発生要件 189
3-3-3 検査・通知義務の内容 191
3-3-4 通知の法的効果 192

目　次

- 3-4　買主の目的物保管・供託義務 …………………………193
  - 3-4-1　契約解除に伴う買主の義務 …………………………193
  - 3-4-2　買主の保管・供託義務の要件 ………………………194
  - 3-4-3　義務内容 ……………………………………………195
  - 3-4-4　買主の義務違反による法的効果 ……………………195
- 3-5　確定期売買 …………………………………………………195
  - 3-5-1　確定期売買の意味 ……………………………………195
  - 3-5-2　確定期売買の契約解除 ………………………………196
  - 3-5-3　確定期売買契約自動解除の発生要件 ………………197
  - 3-5-4　契約解除の効果 ………………………………………198

4　交互計算 ……………………………………………………198

- 4-1　交互計算 ……………………………………………………198
  - 4-1-1　交互計算の意味 ………………………………………198
  - 4-1-2　法的性質 ………………………………………………199
  - 4-1-3　交互計算の成立要件 …………………………………199
- 4-2　交互計算の効力 ……………………………………………201
  - 4-2-1　交互計算期間中の効力 ………………………………201
  - 4-2-2　交互計算契約の第三者効 ……………………………202
  - 4-2-3　交互計算期間満了による効力 ………………………204
- 4-3　交互計算の終了 ……………………………………………205
  - 4-3-1　解約による終了 ………………………………………205
  - 4-3-2　その他の終了原因 ……………………………………207

5　匿名組合 ……………………………………………………207

- 5-1　匿名組合 ……………………………………………………207
  - 5-1-1　匿名組合の意味 ………………………………………207
  - 5-1-2　匿名組合の沿革 ………………………………………208
- 5-2　匿名組合の経済的機能 ……………………………………209
- 5-3　匿名組合の法的性質と成立要件 …………………………210

目　次

   5-3-1　法的性質 ……………………………………………………………210
   5-3-2　成立要件 ……………………………………………………………211
  5-4　匿名組合契約の効力 …………………………………………………………212
   5-4-1　内部関係の効力 ……………………………………………………212
   5-4-2　外部関係の効力 ……………………………………………………214
  5-5　匿名組合の終了 ………………………………………………………………214
   5-5-1　終了原因 ……………………………………………………………214
   5-5-2　終了の効果 …………………………………………………………216

6　仲立営業 ……………………………………………………………………………216

  6-1　仲立営業 ………………………………………………………………………216
   6-1-1　仲立人の意味 ………………………………………………………216
   6-1-2　商法の規定する仲立営業 …………………………………………217
  6-2　仲立営業の法的性質と成立要件 ……………………………………………218
   6-2-1　法的性質 ……………………………………………………………218
   6-2-2　成立要件 ……………………………………………………………219
  6-3　仲立人の権利と義務 …………………………………………………………222
   6-3-1　論述の前提 …………………………………………………………222
   6-3-2　仲立人の義務 ………………………………………………………222
   6-3-3　仲立人の権利 ………………………………………………………227

7　問屋営業 ……………………………………………………………………………228

  7-1　問屋営業 ………………………………………………………………………228
   7-1-1　問屋の意味 …………………………………………………………228
   7-1-2　法的性質 ……………………………………………………………229
  7-2　問屋の成立要件 ………………………………………………………………230
   7-2-1　成立要件 ……………………………………………………………230
   7-2-2　自己の名をもって行為すること …………………………………230
   7-2-3　他人のために行うこと ……………………………………………230
   7-2-4　目的物が物品の販売又は買入れであること ……………………231

- 7-2-5 業とすること……………………………………231
- 7-3 問屋の権利・義務……………………………………232
  - 7-3-1 問屋の権利……………………………………232
  - 7-3-2 問屋の義務……………………………………234
- 7-4 準問屋……………………………………………………236

8 運送取扱営業……………………………………………237

- 8-1 運送取扱営業……………………………………………237
  - 8-1-1 運送取扱営業の意味……………………………237
  - 8-1-2 法的性質……………………………………………239
  - 8-1-3 成立要件……………………………………………239
- 8-2 運送取扱人の権利・義務……………………………240
  - 8-2-1 権　利……………………………………………240
  - 8-2-2 義　務……………………………………………244
  - 8-2-3 義務の消滅………………………………………248
- 8-3 相次運送取扱……………………………………………249
  - 8-3-1 相次運送取扱の意味……………………………249
  - 8-3-2 相次運送取扱人の権利義務……………………250

9 運送営業……………………………………………………252

- 9-1 運送営業……………………………………………………252
  - 9-1-1 運送営業の意味……………………………………252
  - 9-1-2 法的性質……………………………………………252
- 9-2 運送人の権利……………………………………………253
  - 9-2-1 運送品引渡請求権…………………………………253
  - 9-2-2 運送状交付請求権…………………………………253
  - 9-2-3 運送賃請求権………………………………………254
  - 9-2-4 費用請求権…………………………………………255
  - 9-2-5 留置権・先取特権…………………………………256
  - 9-2-6 供託権・競売権……………………………………257

目 次

- 9-3 運送人の義務 …………………………………………………259
  - 9-3-1 目的物運送義務 ……………………………………259
  - 9-3-2 貨物引換証交付義務 ………………………………259
  - 9-3-3 運送品処分権に従う義務 …………………………261
  - 9-3-4 運送品引渡義務 ……………………………………262
  - 9-3-5 損害賠償義務 ………………………………………263
  - 9-3-6 高価品についての特則 ……………………………266
- 9-4 損害賠償義務の消滅 …………………………………………266
  - 9-4-1 責任消滅に関する特別規定 ………………………266
  - 9-4-2 時効による消滅 ……………………………………267

10 相次運送 …………………………………………………………268
- 10-1 相次運送 ……………………………………………………268
  - 10-1-1 相次運送の意味 ……………………………………268
  - 10-1-2 狭義の相次運送 ……………………………………270

11 場屋営業 …………………………………………………………271
- 11-1 場屋営業 ……………………………………………………271
  - 11-1-1 場屋営業の意味 ……………………………………271
  - 11-1-2 場屋営業の特殊性 …………………………………272
- 11-2 場屋営業者の責任 …………………………………………273
  - 11-2-1 寄託を受けた物品に関する責任 …………………273
  - 11-2-2 寄託を受けない物品に関する責任 ………………276
  - 11-2-3 免責特約 ……………………………………………277
  - 11-2-4 高価品についての特約 ……………………………277
  - 11-2-5 責任の消滅時効 ……………………………………278

12 倉庫営業 …………………………………………………………279
- 12-1 倉庫営業 ……………………………………………………279
  - 12-1-1 倉庫営業の意味 ……………………………………279
  - 12-1-2 倉庫営業の法的性質 ………………………………280

12-2　倉庫営業者の権利　………………………………280
12-2-1　目的物引渡請求権　………………………………280
12-2-2　保管料および費用請求権　………………………280
12-2-3　留置権・先取特権　………………………………282
12-3-4　供託権・競売権　…………………………………283
12-3　倉庫営業者の義務　………………………………283
12-3-1　受寄物保管義務　…………………………………283
12-3-2　倉庫証券交付義務　………………………………284
12-3-3　点検・見本摘出協力義務　………………………285
12-3-4　損害賠償義務　……………………………………285
12-4　倉庫証券　……………………………………………287
12-4-1　倉庫証券の意味　……………………………………287
12-4-2　倉荷証券　……………………………………………287
12-4-3　倉荷証券の記載事項　………………………………289
12-4-4　倉荷証券に関するその他の事項　…………………289
12-4-5　寄託物の一部出庫　…………………………………291
12-4-6　預証券・質入証券　…………………………………292

第1部　商法総則

1　商法総則の意味

1-1　商法総則の意味

　商法総則とは，商法と呼ばれる「法」**全体に関する原理・原則を定めた部分**のことである。例えば，「商人とは商行為を行う者である（商人とか商行為の意味については後に詳しく説明する）」といったような原理・原則に関する部分である。だから，総則において定められた原理・原則は，商法という法全体にそのまま同じ意味で使用されることになる。何故にわざわざこのようなことをいうのかといえば，六法全書に載っている商法と書かれた法律（＝商法典）の中には，諸々と異なるものが含まれていて，異質なものが混在しているからである。会社に関することを規定する会社法，船舶を用いて商売を行う場合に関する規定である海商法（かいしょうほう），保険に関することを規定する保険法等である。いずれも商法といわれる法律であるが，その内容・性質には異なるものがある。したがって，会社法でいう商人，海商法でいう商人，あるいは，保険法でいう商人等が同じ意味で使用されるのか，それとも異なる意味で使用されるのかを明確にすることが要請される。無論，商法以外の法律，例えば，刑法や民法等においても，その法全体に適用される原理・原則（＝総則）を明らかにすることは必要であり，実際それが行われているが，商法にあってはその特殊事情（→異質なものが含まれていること）から特にこれが要求されるのである。

　＜**商法典の中にある代表的なもの**＞
　　会社法　┐
　　海商法　├──　これらに関する全体の原理・原則＝総則＝通則
　　保険法　┘

第1部 商法総則

1-2 商法とは

1-2-1 商法とは何か

　商法総則において最初に行うべきことは，商法とはいかなる法であるかを明らかにすることである。換言すれば，商法とは何かという問いに答えることである。商法を学ぶに当たり，その対象を明確にしないかぎり一歩も前進することができないからである。ところが，これが必ずしも簡単ではなく，従来多くの研究者が多大な苦労をしてこの問題に取り組んできた。「商法」概念は二つの意味を有する。**第 1 は，形式的意味での商法概念である。第 2 は，実質的意味での商法概念である。**

　形式的意味での商法とは，六法全書に載っている商法と書かれた法律のことであり，これを商法典という。**形式的概念としての商法とは商法典のことを指す。**現行商法典は，第 1 条から第851条までであり，明治32年に制定され，現在まで度重なる改正が行われてきた。商法典＝形式的意味での商法は，国会で審議され制定されたものであるから，制定法（正確には商事に関する制定法だから商事制定法）とも表現することができる。1-1で，「商法」の中には異質なものが含まれていると述べたが，そこで使用した「商法」とは，この商法＝商法典のことである。

1-2-2 商法 1 条〜851条？

　商法典だけが商法と呼ばれるべきものなら，商法とは何かとの問いに対する答えは容易である。商法第 1 条から第851条まで（→商法典）を示せば答えになるからである。しかし，問題はそう簡単ではない。例えば，商人が商品を買入，代金を現金で支払わずに手形で支払ったとする。この場合，商人は，売買行為と手形行為という二種類の行為を行ったことになる。勿論，売買を行ったから手形で支払うのであるが（売買がなければそもそも手形で支払うこともないのは当然である），商人の行為は二種類存在する。一つ目の，売買行為自体については商法典が定めることのみで処理することは可能である。しかし，二つ目の，現金の代りに手形で支払をした行為，商人の行った手形行為（＝手形での支払行為）を規律する定めは商法典に

はない。だから，商人の行った手形行為は手形に関する法典である手形法によって規律されることになる。商人が行った右の売買行為は，商法という法律（商法典）と手形法という法律（手形法典）との二種類の異なる法律ないし法典に関係することになるわけである。

そこで，商人が行った行為を規律する商法典以外の法典である手形法は商法か否か，といった問題が発生しこれに決着を着けなければならない。仮に，手形法も商法だとすると（実は手形法は商法なのだが，今この点は側に置いておく），商法典だけをもって，商法とは何かの問いに答えるわけにはゆかず，商法という概念の中に手形法をも加えなくてはならない。

ここで注意を要するのは，商人が売買行為と手形行為の二つの行為を行い，それが「商法」と呼ばれるべき法によって規律されるべきものであるから，これら二つの行為を規律する法律→商法典と手形法典が商法になるとの点である。

現実の社会において商人は，種々雑多な行為を行い，上記のように単純な行為だけを行うのではない。また，行為は単純だが法的には複雑で，詳細な検討を要するものもある。例えば，宅急便を依頼したとする。これは，運送会社に荷物を目的地まで運送するよう頼むことと（運送の申込），運送会社がこれを引き受けること（承諾）によって成立する運送契約である。ところが，このとき運送賃が何円であるかを依頼者と運送会社がその場で交渉し決定するわけではない。大阪—東京間の運賃は「〇〇円」，神戸—水戸間は「〇〇円」といったように国内全体の運送賃を，運送会社は既に決定しており，依頼者はそれに従う以外に方法はなく，運送会社が決めている運送賃が不服なら宅急便の依頼をあきらめざるをえない。運送賃だけでなく，依頼した荷物が運送の途中で壊れたときの損害賠償はどうなるのか，運送会社の運転手が車を止めている間に依頼した荷物を第三者に盗まれてしまった場合はどうなるか，等々のことが事前に運送会社によって決められており，依頼者はそれを承諾するか，運送の依頼を止めるか，二者択一の道しか残されていない。

運送会社が事前に運送賃等その他のことを決めそれを文書にし依頼者に示し，依頼者は運送を依頼するには運送会社の示した文書に従う以外に方法がないという場合の，運送会社が依頼者に示す文書を約款（正確には普

通取引約款）という。宅急便の依頼とその引受けについては，荷物を運送する約束＝契約の他に，運送会社が事前に作成しておいたものではあるが，約款を利用する関係が含まれることになる。とすると，運送契約には，「運送」を行う契約と（→荷物を目的地まで運送する約束），運送以外のその他の部分（運送賃，損害賠償等）を決めるために約款を利用する行為との二種類の行為が存在することになる。商人である運送会社が運送契約において使用した約款は商法であるか否かを考察しなければならない必要性の根拠がここにある。もし，運送約款が商法に含まれるべきものだとすると，商法典だけをもって『商法』とすることはできないことになる。このように，商人の活動は商法典が規定することだけに関係するわけではない。商法典だけをもって商法とすることができない所以である。**再度注意を促すが**，重要なのは，商人がいかなる法的行為をしたかを**確認**し，それが商法で規律すべき行為であるか否かを決め，その上でこれらの行為を規制する法律や約款等を商法の一部と考えるという点である。

1-2-3　実質的意味での商法

　実質的概念としての商法＝実質的意味での商法とは，次のように表現することができるであろう。即ち，商人の行為Ａは商法で規制すべきであるから，Ａを規制する法律甲は商法である，商人の行為Ｂも商法で規制すべきであるから，Ｂを規制する法律乙は商法である，商人の行為Ｃは商法で規制すべきではないから，Ｃを規制する法律丙は商法ではない，といったような理論的検討を行い，その結果を集約して『商法』とそうでないものとの境界を明確にする。この作業によって商法独自の領域が形成され，形成された領域を実質的意味での商法というのである。

```
＜Ⅰ＞
商人────商人──→　売買契約　←────　商法典
商人────商人──→　手形行為　←────　手形法典

＜Ⅱ＞
運送会社─────依頼者──→　運送行為　←────　商法典
```

運送会社———依頼者——→　運送約款　←———　約款

＜Ⅰ＞では，商人の行為に商法典と手形法典が関係する。
＜Ⅱ＞では，商人の行為に商法典と約款が関係する。
したがって，商法典，手形法典，約款が商法ということになる。

```
         ・商法典
         ・手形法
         ・小切手法　・各種商事条約
         ・運送約款　・各種商事特別法
         ・証券取引法 ・その他
          ・海上運送法
```

　上の円内に入れていないものも多くあるが，仮に，これらが，その他の中に全部入っているとすると，**この楕円の中にあるものが，実質的な意味での商法（＝実質的概念としての商法）**である。
　実質的な意味での商法とは，このように理論的に考えられ確立されたもので，その限りでは観念的なものである。商法とは何かの問いに対する答えは，上に示した実質的な意味での商法をもって答えなければならない。

1-2-4　約款を利用することの意味

　商法典にも運送契約に関する規定が存在する。だから，宅急便を依頼するとき，依頼者と運送会社が運送賃以外は何も決めなかった場合，荷物が運送の途中で壊れた等のことが発生したならば，それらの事態は商法典の定めるところによって処理されることになる。しかし，述べてきたように，約款を使用して契約するのが実社会であり，それが通常で，例外は殆ど無いといえる。約款を使用することの意味は，当該運送契約には，商法典に定めてある運送契約に関する規定が及ぶのを排除することである。表現を換えていえば，依頼者が運送会社の示した約款によって宅急便の依頼をすることは，運送会社と依頼者は約款に書いてあることを商法典よりも優先させて自分達に適用させることである。故に，商法典が定める運送契約についての規定は，約款を用いた運送契約には適用されず，当事者間には，

約款において定めてあることが適用になるのである。無論、約款の中に、商法典が規定するところが取り込まれ、約款と商法典の規定が同じ内容である場合も存在する。

1-3　実質的概念の商法

1-3-1　内容の検討

　実質的な意味での商法は、前述したように理論的に考えられ形成された一定の領域である。中世の時代から、あるいは、もっと以前から、商人は商人ではない者（非商人）とは異なる行為を行ってきた。現代的にいえば、商人は、非商人であるサラリーマンとは異なる特殊な行為を行う。商品を売って利益を得る、といったように。商人が行うところの特殊な行為は、商人だけが行う特殊な行為であるから、その行為を規制する特別な法律が要請されることになる。サラリーマンの一日の行動を簡単にいえば、朝食をとり、電車に乗り、会社へ行って働き、帰宅し夕食を食べ、寝る。商人も、朝食をとり、電車に乗り、寝ることもするが、その他に、材料を買い、製品を造り、完成した製品＝商品を売ったり、といった行為を行う。したがって、サラリーマン（非商人）が行わない、商品の製造・販売、といった商人にのみ特殊な行為を規制するための特別な法が必要なのである。なるほどサラリーマンも、日曜大工で物を作ったり、読み古した本を売ったりする。だが、これらの行為は、偶然的であり営業として行われるものではなく商人の行為とは性質を異にするから、商人の行為は特殊なのである。

　商人の行為を、商法という特別な法によって規制しなければならない理由は以上によって明らかになったと考える。故にまた、商法は特殊な行為を規制するのであるから、一般人であるサラリーマンの行為を規制する民法に対し、特別な法（→特別法）に当たると表現することができることになる。商法の一般的な教科書が、「**商法は民法に対する特別法である**」と表現している意味はこのような内容を示す言葉である。

1-3-2　商法の対象を区別する基準

　商人が行った多くの行為の中から商法によって規制されるべき行為とそ

うでないものとの区別を，いかなる基準によって決定すべきか。鉛筆を転がして決める，その日の天気の様子によって決める，気まぐれに勝手に決める，独断と偏見で決める，等々決める方法はいくつもあるが，これらの方法は総て否定されるべきことはいうまでもない。実質的概念としての商法を確定する基準，別の角度からいえば，『**商法概念には何が含まれるべきか**』を選別する理論根拠を明確にし確立することが求められる。統一的な基準無くして無原則に選別を行えば，商法の領域を確定することができず，研究対象とする「商法」が対象として領域的に確定できないからである。実際的な例でより分かり易くいえば，次のようになる。

　パンを製造し販売する人がいたとする。彼は朝早く起きて散歩をした（行為①）。散歩の途中で友人に会い雑談をした（行為②）。雑談の中で自分が昨日読んだ商法の本を貸す約束をした（行為③）。帰宅して朝食を食べてから（行為④），パンを製造し顧客に売った（行為⑤）。夕方近くになって，製粉会社が注文しておいたパン粉を届に来たのでこれを受けとり，代金を手形で支払った（行為⑥）。行為①から⑥までの中で，法的に意味を持つ行為（→法律事実）は③⑤⑥である。これらの行為のうち商法が規律の対象とすべきものはどれかを**決定**し，関係する法律を**確定**する。この**決定**と**確定**が商法と呼ばれる法の対象領域を明確にする理論的作業である。商法の対象を明確化するということは，商法が規律する内容を明らかにすることであり，商法の内容を明らかにするということは，商法とは何かを明らかにすることでもある。

1-4　学説の紹介*

1-4-1　商法とは何かについての学説

　人はそれぞれ種々の行為を行う。共通したものもあれば特殊なものもある。前述してきたところから明らかなように，サラリーマン（＝非商人）と商人とでは行う行為の種類や性質が異なる。非商人・商人に共通した行為もあるが，そこには商人だけに見られる固有な行為が存在する。商人と非商人とを区別し，商人を商法という特別な法によって規制するのはこのためである。即ち，商人は他の一般の生活者（→サラリーマン）が行う行

為とは異なる行為を行うから，その行為を特別な法で規制し，かつ，そうした特別な行為を行う者であるから特別に取扱うのである。この特別な法を商法なる言葉で表現し，特別な行為を行っている者を商人なる言葉で表現しようと商法は決めているのである。問題は，「特別な行為」という場合の特別とは何か，いかなる行為を「特別な行為と判断」するのか，これが明らかにされれば，一切が解明されることとなる。というのは，その「特別な行為」を規制するのが商法であり，その行為を行うのが商人という仕組みになっているからであり，と同時にこのことは，商法とは何か，商人とは何かを明らかにすることでもあるからである。

　上のことは，商法とはいかなる行為を対象とする法なのか，商法の対象はいかなる法的事実（→法的に意味を有する行為のこと。→例えば，散歩なる行為は法的に意味を持たないが，売買行為は法律に関係する法的に意味をもつ行為＝法的事実である）か，商人とはいかなる行為を行う者か，といった問いでもある。従来，商法の対象は何か，商法はいかなる行為を規制する法か，商法の規律対象は何か，等々として種々の学説が問題としてきたところである。以下，主要な学説を紹介する。

　学説を大別すると，商法の対象を内容的に明らかにしようとする立場に立つ学説と，商法が対象とする法律事実が他の法律が対象とする法律事実（例えば，民法が対象とする法律事実）と比べてどのような特殊性を有するのか，の点から商法の対象を明らかにしようとする立場に立つ学説とが存在する。後者の学説は，商法が対象とする法律事実の性質を明らかにすることにおいて商法を把握せんとする立場に立つ学説であると表現することもできる。

　　＊商法の学説については，西原寛一・商法総則1・日本評論社・昭和13年・10頁以下参照。

1-4-2　商法の対象を内容的に明らかにしようとする学説

(1)　ラスティの学説

　商法の対象は，生産と消費の間に介在して財貨の転換を媒介する営利行為であるとする。介在とは，生産と消費の間を橋渡しすることであり，財貨とは物としての商品を意味し，媒介とは，財貨＝物としての商品の転換，

即ち，生産者から消費者へ商品が移転することを実現させることである。営利行為とは，利益を得る目的をもってこうした介在，媒介行為を行うことをいう。

図式的に表すと，

| 生産者→商人→消費者（物としての商品） |

となる。商人は利益を得る目的をもってこうした行為を行う。商法は，この行為を規制の対象とする法であると主張するのが彼の学説である。

批判：ラスティの学説は，経済的な意味での商業を商法の対象としており，捉えられているのは単純な流通だけである。つまり，生産者から仕入れた物＝商品を消費者に売りそこでの差額を利得するといった行為だけが商法の対象とされているにすぎない。中世の商法であるならばこれで十分であるだろうが，近代社会（＝資本主義社会）の商人が行う行為はこのように単純な流通行為だけではなくより複雑である。例えば，製造や加工行為それ自体も商法の対象とされるべきだが，ラスティの学説ではこれらを商法の対象とすることはできない。

(2) ゴールドシュミットの学説

この学説は，ラスティの学説を前進させた学説といってよく，生産と消費の間に介在して，財貨の転換だけでなく，商（あきない）の転換をも媒介する行為が商法の対象であるとした。商とはサービスのことである。例えば，自転車の修理屋と修理を希望する者との間に介在して，修理というサービスを実現させることである。サービス行為を商法の対象と捉えたことは大きな前進であることは否定できない。

図式的に表せば

| 財貨の転換の媒介 ＋ 商の媒介＝商法の対象 |

第1部　商法総則

批判：ゴールドシュミットの説は鋭い視点を有してはいるが，「媒介」に拘っている点で中世的性格を払拭できていない。甲と乙の間に商人Aが介在して甲と乙を結びつける（→媒介）ことによって利益を得る行為が商法の対象とされているにすぎない。したがって，製造・加工行為等を商法の対象として捉えることができず，また，媒介に関係の無い，損害保険業，運送業，倉庫業等を商法の対象とする視点も欠けている。

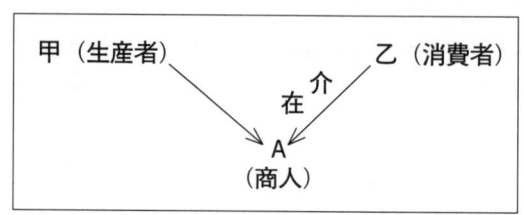

＊介在と媒介に限定されている。

(3) カールレーマンの説

　商法が対象とする内容を統一的・体系的に把握することを放棄する説である。わが商法典を見ても明らかなように，商法典には，会社に関すること，保険に関すること，海商に関すること，更には，売買に関すること，代理に関すること等々，種々雑多な相互に無関係と思われる事項が断片的に存在しており，これらの事項を統一的・体系的に把握することには無理があるとする。

　そこで，商法の対象は，現実の商法典，実際に施行されている商法典（→実定商法）において「商」または，「商事」として定められているものが商法の対象であると主張するのである。

批判：カールレーマンの説は，商法の対象を商法典に規定してあることのみに限定するものであり，また，商法の対象を統一的・体系的に捉えることを諦める消極的学説であるから，商法という学問領域を理論的に確定することができない。即ち，商法典は規定していないが，商法の対象とすべきものは商法典に定めてあるもの以外にも多数存在するにも拘わらず，この説によってはこれら多数のものを捉えることができない。また，法律

学は，それぞれ対象とする法律事実が異なるから独自の学問領域を形成するのであるが，商法学が対象とするもの＝法律事実＝の性質を明らかにすることができないとなると，商法と他の法律学との区別の基準の明確化がかなわず，商法学の独自性は確立されないことになってしまう。これは商法「学」の否定に繋がるものである。

1-4-3 商法の対象をその対象が有する特殊性に着目することによって明らかにしようとする立場に立脚する学説

(1) ヘックの学説

　商法は法律行為の集団的取引に対応するものとして発生したとする説である。法律行為とは，法的に意味のある行為のことであり，**集団的取引きとは**，複数の人間が共同で取引きを行うという意味ではなく，**多数の取引が行われること**をいう。例えば，パン屋（商人）は一日に何回となくパンの売買を行うが，サラリーマンである非商人は，どれほどパン好きであっても，せいぜい一日数回パンの売買に関係するにすぎず，毎日同様な取引きを何回となく多数回行うわけではない。

　商人は非商人と異なり，同一行為の反復や相互に関連しあう多数の法的行為を行う。この同一行為の反復，相互に関連しあう多数の法的行為の実行は，そこに一定の型に当てはまる行動パターンを生み出すことになる。パン屋の例でいえば，パンの売買およびこれに関連する行為を営利の目的で何回となく繰り返すといったように。商法は，こうした法律行為の集団的取引を対象とする法とする学説である。商人は同一の行為およびこれに関連する行為を継続・反復して行うという特殊性＝法律行為の集団的取引性＝を有し，この特殊性が商法という法を生み出すとの主張である。

　批判：商人は，同一行為およびこれに関連する行為を多数回継続・反復して行うことは事実である。そしてこれは，非商人には見られない特殊性でもある。しかし，商人が何故にこうした特殊な行為を行うのかの解明が必要である。ヘックの言葉を用いていえば，商人は法律行為の集団的取引を何のために行うのかである。集団的取引といい，同様な行為の継続・反復というも，これらは商人が行う行為の現象を把握しているにすぎない。

問題は，こうした現象を伴う行為が何故商人によって行われるのかである。

集団的取引といった現象を発生させる根本にあるもの＝本質を明らかにすることが必要である。あれこれの現象を追いかけてみても，現象を発生させる基本にあるもの＝本質が解明されない限り，何故そうした集団的取引なる行為を商人が行うのか，商人は何故同一の行為ないしこれに関連する行為を多数回行う事態に至るのかが一切明らかにはならないからである。商人が集団的取引を行うとの結果は捉えられているが，結果を発生させる原因，あるいは，商人は何故に集団的取引行為を行うのかの理由が解明できていないのである。また，商人は，集団的取引を行うのは事実であるが，集団的取引行為に属さない行為，例えば，会社を設立するといったような行為をも行うのであって，集団的「取引」なる観念だけでは，商法の対象とすべき商人の行為総てを捉えることはできない。

(2) 商的色彩論＊

わが国の学説である。商的色彩論は，先ず，商法が対象とするところの法律事実と，商人・非商人の区別なくあらゆる人間の行為を対象とする民法とを比較したとき，両者はその適用対象を異にするものではない，との点から出発する。換言すれば，総ての人間の行為を対象とする民法の対象＝法律事実も，商人の行為だけを対象とする商法の対象＝法律事実も同じであるとする。だから，民法も商法も対象とする法律事実から見れば同じ法律事実を対象とする法律であることになる。

しかし，商法は，同じ法律事実の中で商的色彩を帯びた法律事実を対象とし，民法はそうした色彩を帯びない法律事実を対象とする法であるという。民法と商法がそれぞれ独立別個の法として存在するのは，商的色彩を帯びた法律事実を対象とするか否かである。

商的色彩とは，商人の行う行為が，集団性（→多数回性），個性喪失，機械的，技術的，といった性格を有することを表す言葉である。法的に意味を持つ生活事実（→法律事実）の中で，こうした商的色彩を帯びたものを対象とするのが商法であり，商的色彩を帯びないものを規制の対象とするのが民法であるとの主張である。商的色彩論は，その内容から見て，ヘックの学説を大きく前進させた学説といってよいであろう。

商人は，同じ行為を毎日反復しこれを継続して行く。例えば，金銭を貸す行為を考えて見る。金銭を商売として貸す行為を行うのは銀行という商人である。銀行は金銭を貸すことを何回となく数えきれないほど行うため，その行為は集団的であり，機械的であり，技術的であり，個性喪失といった性格を帯びる。これに対し非商人である素人が他人に金銭を貸すことはめったにあることではなく，貸した場合には，いつ，誰に，いくら，どのような場面で，いかなる理由によって貸したのか，札で貸したかコインで貸したか，そのとき金銭的に余裕があったか無かったか，等々を長期間忘れずに記憶している。民法の対象はこの素人の行為である。

　同じく金銭を貸す行為であっても，商人が行う場合と非商人である素人が行う場合とでは，それぞれに諸々異なった性格が付随している。商的色彩論は，対象が付随させるこの異なり様に注目し，商人の行為は特殊な性質を帯びた行為であるから，民法とは別の法律である商法によって規制されるべきと主張するのである。

　批判：商人は，商的色彩を帯びた行為を行うことは事実である。しかし，そうした商的色彩を有する生活事実が何故商人によって行われるのか，内容的にいえば，集団性，個性喪失，技術的，機械的，といわれる特殊性を帯びた生活事実が何故発生するのかである。ヘックの学説もそうであるが，商的色彩論も，結果としての現象を把握することは行われているが，そうした特殊性を帯びた＝商的色彩を帯びた＝行為を行わせるところのもの，商人は何故に商的色彩を帯びた生活事実を生み出すのか，といった本質を捉えていない。この本質こそ，商的色彩を帯びた行為を発生させるものであるから，本質を明らかにすることが必要である。

　更にこの説は，民法も商法も対象とする生活事実は同一であると主張するが，民法は婚姻関係，親族関係をも対象とするが商法にはそうした規定は存しないし，商法は会社組織，商業帳簿，株式といったことをも規定しているが，民法にはかかることについての規定は存在せず，両者には異なる対象領域が存在する。この説によっては商法が規律する対象総てを捉えることはできない。

　　＊商的色彩論については，田中耕太郎・商法学一般理論・春秋社・昭和29

年・65頁以下参照。

1-4-4　通説としての企業法説

　ヴィーラントやシュライバー等によって主張されたもので，商法の対象を内容的に確定することを通して，商法とは何かを明らかにしようとする立場に立脚する学説である。商法が対象とする特殊な法律事実は，企業行為として生み出されると主張する。したがって，商法の対象は企業であり，**商法は企業法**であるとする。

　民法は私的生活関係を規律する基礎法であり，商人の行為であろうが非商人の行為であろうが区別することなく規律の対象とし，商法は企業関係のみを規律する法律である。民法の対象も商法の対象も重なり合う部分は多いが，全く別個の領域もそれぞれ存在する。例えば，会社に関する法的関係は企業に特有なものであるから，これは商法に固有な領域であり，婚姻は私生活にのみ関係するから民法固有の領域である。他方，企業であろうと私人であろうと，いずれもが売買をしたり消費をしたりする。と同時に，私人であっても企業行為（→個人企業）を行うことは当然のこととして前提にされなければならない。商法の対象と民法の対象が重なり合うのはこの部分においても存在する。

　しかし，両者が重なり合う部分が存在するとしても，企業行為として行われる行為と非商人の行為として行われる場合とでは，同じ行為であっても異なる性質を付随させる。売買を例にしていえば，商人の売買行為は，企業行為としての性質を持ち，非商人の売買行為は，非企業行為としての性質をもつ。商法が対象とするのは，同じく売買行為と呼ばれる行為の中の企業行為として行われる行為である。企業行為としての行為だからこそ，商的色彩論が指摘したような特殊性を具備するのである。

　商法を企業法として理解する企業法説は，現在の通説である。ここに企業とは，「継続的・計画的な意図をもって営利行為を実現する統一的独立的な経済単位」であると定義されている。即ち，利益を得ようとして（営利意思），一定の行為を（例えば，パンを売るとか，車を製造するとか），継続・反復することを計画的に意図する独立した統一された組織，ということである。解り難い表現であるが，要するに，統一された独立の組織が，

計画的に（偶然でないこと）継続して営利を追求しようとする行為を行う場合，この統一された独立の組織を企業と定義するのであり，この企業の行為を規律するのが商法ということになる。

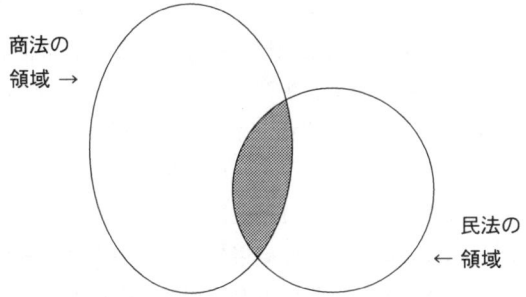

1-4-5 従来の企業法説の問題点

　商法が企業関係を規律することは企業法説の主張する通りで，商法＝企業法とすることは妥当であり異論はない。しかし，従来の企業法説が主張する「企業」概念には問題が存在する。

　我々が商法の対象として企業を捉える場合，そこでの企業とは，近代社会（資本主義社会）での企業であり，封建時代の企業を対象とするのではない。**近代社会の企業は**，個人企業も法人組織（例えば，会社組織）による企業でも，**その実体は資本である**。概略的にいえば，1000万円の資金（資本）があるとき，それを用いて営利活動を行うのが企業であり，だから，その活動は当然に継続的に行われ反復して行われることを前提にし，計画的意図をもって行なわれるのである。現実の活動によって利益を得たか，失敗して損をしたかは無関係であり，計画的に継続・反復して行う意図で企業活動が行なわれるのである。経営に失敗して赤字となってしまったため行為は数回しか行われなかったとしても，継続・反復して行う意思で計画的に実行したことに変わりはない。

　企業はこうした行為を行うが，その目的は営利，即ち，1000万円であった資本を増加させ，獲得した利益を更に次の営利行為の資金にし自己増殖を繰り返すことである。1000万円の資本で100万円の利益を得た場合に，次には，この利益を最初の資金に加え，1100万円を資本として120万円の

利益を得，更には，これを加えて1220万円を資金として……，といったように展開されて行く。そしてこの利益＝利潤は，流通過程で発生するのではなく生産過程で生み出されることを踏まえる必要がある。従来の企業法説では，こうした企業の実体が資本である点が把握されておらず，そこで主張されている企業概念は，流通過程のみを対象とする中世的企業概念と異なるところがなく，利潤を生む生産過程が踏まえられていない。

　商人が生産者から仕入れて消費者に売りその差額を利益とする行為は，安く仕入れ高く売る行為であって，それは生産者と消費者から利益を得ているだけのことであり，商人の得た利益は，それぞれ生産者と消費者の下に存在したものが商人の懐に入った結果である。商人にとっては利益であろうが，全地球的に考えれば，生産者と消費者の下にあったものが，商人の財布に移動しただけのことであり，「社会的富」の観点から見た場合，富の増加は行われていない。比喩的にいえば，他人の財産が自分の財産になったことと同じで，財産の存在する場所は変わったが，社会的富としての財産が増加したわけではない。社会的富の増加を捉えるためには，商人の行為は，経済的には資本を実体としていると理解することによってのみ初めて可能となるのである。

　したがって，商法が企業法であるという場合の企業の定義としては，生産過程と流通過程とを統一した営利活動を視野に入れた企業概念であることが必要であって，『**企業とは，資本制経済の下における一個の統一ある独立の経済的単位であって，継続的・計画的な意図をもって，資本的計算方法によって，営利行為を実現するもの**』として定義されるべきである。＊

　　＊企業法説における企業概念については，服部栄三・商法総則（第二版）・青林書院新社・1975年・9，10頁参照。

1-5　商法の理解と解釈に関する留意点

　商法の対象は企業関係であり，その実体は資本であることが明らかにされたが，このことは，資本の利潤獲得行為，換言すれば，企業活動を擁護するように商法を解釈すべきとの結論を導くものではない。別な表現でい

えば，商法は企業法ではあるが，企業の営利活動，商人の営利活動を非商人の利益よりも優先するよう商法を解釈すべきとの原則を発生させるものではない。むしろその逆の原則を採用すべきであるということである。

　歴史的にいえば，商法は，商人による，商人のための法，あるいは，商人法，として形成され発展してきた。近代社会における商法の起源といわれる中世のギルド（同業者組合）内部の自治規約は，構成員である組合員＝商人のための法であり，商人による法であった。そしてその目的は，自らの利益と権益の擁護であり，その組織維持のためのものであった。だから，ギルドの自治規約は，構成員である彼らの法として，彼らのために存在すると解されるべきことは論理必然的な結論でもあった。しかし，近代商法の起源がそうであったとしても，近代社会と中世社会の構成原理は全く異なり，近代商法は，近代社会の原理の上にその理解と解釈を展開しなければならないのである。

　近代社会での企業行為＝商人の行為は，商人を相手に行われる場合もあるが，圧倒的多数の行為は，非商人である生活者たる消費者を対象とした行為である。商法の解釈に関係なく，一般的に考えたとき，商人の利益と消費者＝生活者の利益いずれを優先すべきかの問いには，前者を優先すべきとする者はいないであろう。特に企業＝商人＝会社の場合，生活者の利益よりも会社の利益を優先すべきと考えるものは皆無といってよい。人間の生命・身体，これを維持する生活が地球上では最も優先されるべきものだからである。商人と非商人の取引において，商人は経済的に圧倒的に優位な立場に立ち，取引対象である商品についての知識・情報等総てにつき，顧客である消費者よりも数段高いところにいるにも拘わらず，そして一般論として企業行為よりも生活者の福祉が優先されるべきことが理解されているにも拘わらず，**実際の取引においては，企業の利益を優先するような解釈が行われてしまう**。商法＝企業法なのだから，商法の解釈は商人の利益を優先するよう行われるべきといった主張が行われたりすることもある。だが，先に指摘したように，商法が規律の対象とする行為は，その多くが商人と非商人間において行われる行為，圧倒的経済力を有する者＝商人とそうでない者＝生活者との間で行われる取引である。普通の生活者が日常の生活を営むとき，その取引相手は必ず商人である。

第1部　商法総則

　非商人が朝起き，夕食を食べて寝る間に行う売買契約は総て商人を相手とするものであり，非商人と非商人間で行われる法的行為は例外的存在である。そこで行われるのは，商人＝企業と，非商人＝生活者，間の行為である。**商法が企業法であるということは，この商人・非商人間の行為を商法が対象とすることを意味するのである**。経済的に考えても，企業＝商人は，途中に流通過程があるとしても，最終的には，生活者である消費者＝非商人にその商品を売ることによってのみ利潤を獲得する。製造業者→流通業者→小売業者→消費者，と商品が流れてきても，最終段階で売ることができなければ，製造者業者，流通業者，小売業者，いずれも利益を上げることはできない。

　商法が対象とする行為の背景には，常に，こうした商人と非商人の対立（→商人であるパン屋はパンをできるだけ高く売ることによってより多くの利潤を得るし，顧客である消費者は，安ければ安いほど出費がすくなくてすむから，両者の利害は必ず対立する）が存在することを理解することが重要であり，そしてその際には，行われた取引は，経済的に優位にたつ者と劣位にある者との間で行われた取引であって，対等な関係においての契約ではないことを踏まえ，一般的原則に立ち戻り，一体どちらの利益を擁護するよう商法を理解し解釈するべきかを考え，具体的な解決を下すことを行うべきである。商法は企業法であるからこそ特にこのような態度での解釈が要請されるのである。

2　商法典の形成

2-1　商法典の形成

　商法を学ぶとき，形式的意味での商法＝商法典だけを対象とすることは，商法の一部分だけを捉えるにすぎないから，実質的な意味での商法を対象とすることが必要であることは既に指摘した。とはいえ，中心となるのは，形式的意味での商法＝商法典である。したがって，本書においても，商法典を対象の中心として論述することになる。

　商人の行為を規制する法が商法であるから，商人が登場した時代から商法が存在したことになり，歴史的には，それは中世，更には，もっと以前にまで遡ることができる。しかし，我々が対象とする商法は，近代社会＝資本主義社会の商法であり，かつ，商法の歴史（法制史）を学ぶことが目的ではない。だから，資本主義社会成立後の商法を対象とすることで十分とすべきである。無論，近代社会の商法典は，それ以前の商法と全く無関係に存在するのではなく，それまでの制度等を引き継ぐ場合にしろ，否定して新しい制度にした場合にしろ，大きく関係している。だが，資本主義社会とそれ以前の社会とでは，社会構造の原理が異なるのであるから，時代的には，近代社会＝資本主義社会が成立した以降の商法典を対象とすれば十分である。

2-2　近代商法典の成立

2-2-1　フランス商法典

　近代社会最初の商法典は，1807年フランスにおいて制定された。ナポレオン商法典とも呼ばれるこの商法典は，フランス革命の思想を色濃く受け継いだものであった。フランス商法典は，あらゆる人間は自由であり平等であり，一切の差別は認められないとする原理を前提とする。商人階級な

いし商人階層に属する人間も，商人という理由だけでその他の者と差別的に取扱うことは許されないことは当然である。にも拘わらず，商人を商法という特別な法によって規律するのは，商人は商人でない者＝非商人と異なって特殊な行為を行うから，商法なる特別な法によって規律するとの論理に立脚することである。商人は特別な行為を行うから特別に取扱うことが許されるとの考えである。より具体的にいえば，商人が行うであろうと考えられる行為類型を商法典上に列挙し，こうした行為を行うから商人には商法を適用するという構成原理で商法典が制定されている。

　重要なのは，商法によって定められた行為に該当する行為を行ったかどうかであり，商人であるか否かは問題ではない。商人の行為であっても，商法が列挙している行為類型に該当しない行為であれば，当該行為に商法は適用されず，当該行為は非商人等一般人の行為を規制する民法によって規制され処理されることになる。商人が自己の趣味で商法の本を買ったとする。この売買は，商人の行為ではあるが商法の適用を受けるべき行為ではない，といったようなことである。故にまた，非商人であっても，商法典が列挙する行為を行えば，その行った行為には商法が適用されることになる。このように，予め一定の行為類型を定めておいて，該当する行為をした者に商法を適用する形式で商法典を制定する原理のことを，**商行為法主義と呼ぶ**。商行為法主義なる名称は，予め一定の行為類型を定めておき，この行為類型に属する行為を行った者に商法を適用する，この「予め定めておいた行為」を商行為と呼称することからきた表現である。

2-2-2　ドイツ商法典

　ドイツ商法典は，先ず最初，1861年に普通ドイツ商法典として制定された。これをドイツ旧商法という。ドイツ旧商法は，商行為法主義と，商人法主義とを採用しており，両者の折衷主義であった。

　商人法主義とは，「商人とは何か」を最初に定め，次に，商人の行う行為に商法を適用する方法のことである。商人の行為だから商法なる特殊な法律で規律する原理を採用するこの商人法主義は，商人と呼ばれる人間を特殊に差別することを意味するものではない。商人は非商人と異なり，商人的方法で取引をしたり，商人的方法で経営を行ったりするから，こうし

た特殊な方法によって行為をする商人を，特殊な行為を行うが故に特殊に取扱う方法→商法という特殊な法律を適用する方法であり，商人であることを前提にはするが，商人は非商人とは違って特殊な行為を行う，その行為の特殊性に商法適用の根拠を求めるものである。このドイツ旧商法は，わが商法典の模範となった法典である。

　ドイツ新商法典は，1897年に成立した。ドイツ新商法は，ドイツ旧商法の折衷主義を捨て，商人法主義による法典である。再度いえば，商人法主義とは，先ず商人概念を定め，次に，商人の行為を商法によって規律する方法のことで，その行為の特殊性を根拠として，特殊に取扱うのである。より具体的にいえば，商人的経営を行う者，商人的方法で取引することを必要とする者は，登記＊することを要し，登記が行われることによってその者は法律上商人となる。こうして，法律的に商人となった者・商人資格を得た者が行う行為に商法が適用されることとなる。

　　＊登記とは，登記所に備えてある台帳＝登記簿＝に商人である旨の記載をすることで，この記載を登記という。即ち，商人的行為をしようとする者は，法的に商人資格を得る必要があるから，登記所と呼ばれる国の機関へ出向き，商人の登記をしたい旨を申請し登記を行って商人資格を取得することになる。

2-2-3　英米法における商法典

　イギリスは原則的に不文法（→法が文章の形態を採らないこと。したがって，判決の結果から法の内容を認識することになる）の国であり，大陸法系（フランス，ドイツ，日本）の国のように，統一された商法典や民法典を現在でも有していない。しかし，手形法，会社法，消費者保護法，といった個別の法律は，大陸法系と同様文章としての法律として存在している。

　アメリカは，イギリスと同じく不文法の国といえるが，州によって法の内容が異なるとともに，大陸法系と同じように多くの文章化された法律が各州に存在する。特に，会社法その他商事に関する法律は殆ど文章化されているといってよい。また，州と州の境界線上で発生した事件については，いずれの州法を適用すべきか，異なる州に存在する者の間で取引が行われたときにはどちらの州法を適用すべきか，といった困難な問題が発生した

りするので，こうした場合に備えて，商事に関する連邦の統一商法典が制定されている。したがって，商法の分野に限っていえば，不文法の国とはいえず，大陸法系と同様，法律は文章化されている。*

> *法（広義）は，法（狭義）と法律に分けることができる。不文法を法（狭義）といい，成文法（文章となっているもの）を法律という。また，成文法のことを制定法とも呼ぶ。法律＝制定法＝成文法である。

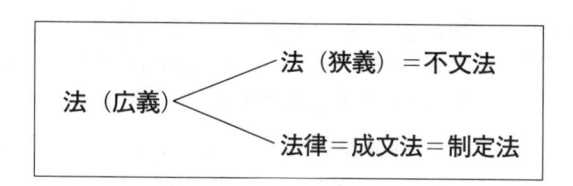

```
                   ┌─ 法（狭義）＝不文法
       法（広義）──┤
                   └─ 法律＝成文法＝制定法
```

2-2-4　わが国の商法典

　わが現行商法典は明治32年に制定された。現在まで度重なる改正が行われてきたし，特に，株式会社に関する規定は，しばしば改正され，21世紀に入ってからも改正作業が進行しつつある。

　わが商法典は，ドイツ旧商法を模範として制定された結果，**商行為法主義と商人法主義の折衷主義を採用している**。一定の行為類型を予め定めておき，これに該当する行為を行った場合に，当該行為に商法を適用する方式と，商人とは何かを定めておいて，商人の行う行為に商法を適用する方式の両者の採用である。ただ，商人とは何かを先ず定めておき，次に，商人の行為には商法を適用するといった商人法主義の部分は，方法論的には模範としたドイツ旧商法と同じではあっても，ドイツ新商法のように登記により商人となる方法は採用していない。

　後に詳しく説明するが，若干触れておけば，商法が適用される一定の行為類型は，商法501条，502条，に規定されている。商人の定義は，商法4条に規定されており，商人の行う行為に商法を適用する規定は，商法503条に規定されている。商法501条，502条の部分が商行為法主義に関するもので，商法4条と商法503条が商人法主義に関係する部分である。

2-3　商行為法主義と商人法主義の問題点

2-3-1　商行為法主義の問題点

　商行為法主義は，一定の行為類型を予め列挙しておき，これに該当する行為が行われたときに商法を適用する主義のことであった。とすると，法律が予め列挙していない行為，例えば新しく発生した行為は商法によって規律することができない状況が生じてくる。現代に引きつけていえば，明治時代にパソコンは存在しなかったし想像もできないものであった。携帯電話もなかった。だから，パソコンに関する，あるいは，パソコンによる商人の電子商取引等の行為は，商法が商行為として列挙していないものである。しかし，商人のパソコンに関連する商行為に，商法が適用されねばならないことはいうまでもないことである。このように，新しく発生してくる行為には，商行為法主義は十分な対応をすることができない。商行為法主義の第一の問題点である。

　売買は商人が行う行為の典型的なものであるから，**商行為法主義は，売買行為に商法を適用するため，売買行為は商行為であると予め定めている**。ところが，商人は非商人と異なる特殊な行為を行うとともに，商人と非商人は同じ行為を行い，両者の間には同質な行為が同様に行われ，行為の同一性が見られる。商人は売買をしたり金銭の貸借をしたりするが，非商人も，まれに，非商人間で同じ行為を行う。商人のみが売買をしたり金銭の貸借をするわけではなく，非商人も非商人相手にこれらの行為を行う。

　売買を例により詳しくいえば，商法典が売買を商行為として列挙することは当然で，商人が売買を行えば商法が適用され，この限りでは問題は何も生じない。だが，非商人と非商人が売買をしたときにも，**売買は商行為として商法典で定められているから商法が適用される**ことになってしまう。つまり，商法が，売買には商法を適用すると規定していると，非商人による非商人を相手とする売買であっても「売買」である以上商法が適用されてしまうことである。非商人間の行為に商法を適用すべき理由は存在しないから，この点は商行為法主義の第二の問題点である。法律が商行為として列挙している行為＝商行為（例えば，売買）を行うのは商人だけであれ

ば問題は発生しないが，非商人も非商人相手に売買行為を行うから，商行為法主義が徹頭徹尾商行為法主義を貫けば上記のような自己矛盾に陥る。

　そこで，法律が商行為として列挙する行為のうち，商人も非商人も行う行為については，法律が列挙する行為を商人が行った場合にのみ商法が適用される仕組みが要請されることになる。例えば，売買は商法により規律される行為＝商行為＝であるが，それを業として行った場合にだけ商法が適用される，といったように。業として（→営利の意思で継続・反復して行うこと）売買を行うのは商人だけであり，非商人は業として売買を行うことはしないことがその根拠である。非商人間の行為に商法が適用されることを避けるためには，商行為の規定とは別に，商人とはいかなる者であるかを予め定めておき，法律が商行為として列挙する行為を商人が行った場合にだけ商法を適用する方法を必要とする。

　商行為法主義の問題点は上記のような仕組みによってある程度克服される。このことは，商行為を列挙することにより商人の行為を規制する商行為法主義の中に，「商人とは業として売買を行う者」というように，商行為主義とは原理的に無縁である，商人概念を定義し，それによって商法の適用の有無を決する方法を持ち込むことであり，商行為法主義によりつつも，商人法主義を多少なりとも採用せざるを得ないことを意味する。事実，商行為法主義といわれるフランス商法典も商人法主義を一部採用しているのである。にも拘わらずフランス商法典を商行為法主義というのは，全体的傾向としていえば，商行為法主義だからである。

2-3-2　商人法主義の問題点

　商人法主義は，商人的経営や商人的方法で取引する者が登記を行い，この登記により商人となった者が行う行為に商法を適用する主義であった。だが，商人的経営や商人的方法で取引する者という場合の「商人的」とはいかなるものであるかを追求していくと，結局，商人とは商人的経営を行う者，商人的経営とは商人が行う行為，商人が行う行為とは商人的経営である，といったトートロジーに至ってしまい，商人的行為という場合の，「商人」的，あるいは，商人的「行為」，の内容が具体的に明確にならない。

　商人的経営や商人的行為をしながらも商人の登記をせず商法の適用を回

避しようとする者の存在も考えられるが，登記なきときでも行為が商人的であるなら，これらの行為には商法が適用されるべきで，商人の登記をしていないことを理由に商法の適用を放棄することは許されない。しかし，商人法主義で総てを解決しようとすると，これらの行為は商人の登記をしていない者の行為であるから，商人としての行為ではないこととなり商法を適用することはできない。更に，顧客である非商人の側からすれば，商人的方法により同様な売買をする者が存在する場合に，一方は，商人の登記をしているためその行為は商人の行為となって商法の適用対象となるが，他方は，商人の登記をしていないため非商人の行為として考えなければならない現象が生じ，法秩序の統一性が否定されることになる。

　したがって，商人の登記をしていなくとも，商人的経営・商人的方法での取引を行った者の行為には商法を適用しなければならない。これを行うためには，「商人的とはいかなる行為か」を判断するための，**商人的行為の判断基準**を商法典の中に設定しておくことが必要となる。即ち，一定の具体的な行為類型を予め定めておき，そうした行為及びそれに類似する行為が行われた場合には，当該行為者が商人の登記をしていなくとも，行われた行為に商法を適用する仕組みを必要とする。一定の行為類型を予め定めておき，これに該当する行為，あるいは，類似する行為を行った者に商法を適用する方法である。この方法は商行為法主義であるから，商人法主義が自己矛盾に陥ることを避けるためには，商人法主義の中に商行為法主義を多少なりとも採用することが要請されるのである。実際，ドイツ新商法は，商人法主義に立脚したものといわれるが，一部商行為法主義を包含しているのである。にも拘わらず，商人法主義といわれるのは，全体的傾向が商人法主義と表現することができるからである。

3 商法の法源

3-1 商法の法源

3-1-1 法律の分類

　法律を大別すると，公法と私法に分けることができる。**公法とは**，権力の主体と私人間に適用される法律である。例えば，国家と私人間を規制する憲法，国が私人に対し刑罰を加えることを定める刑法，自治体が私人から税金を徴収することを定める税法，総て公法である。**私法とは**，私人間の行為を規律する法律であり，民法と商法がその典型的なものである。

　私法はその多くが任意規定であるため，裁判規範であるといわれている。**任意規定とは**，当事者がその法規範に従うか否かが自由であるものをいう。例えば，A（売主）とB（買主）がパンの売買をしたとき，法律はBの代金支払義務を定める。しかし，この代金支払義務規定は任意規定であるから，Bが代金を支払わない場合に，AがBへの請求を諦め放棄してしまうと，法的には一切問題は発生しない。道徳的には問題であるが，Aが代金の支払請求を放棄したのであるから，商法ないし民法の条文上にBの支払義務とAの支払請求権が定められていても，現実にはAの請求放棄により，Bの支払責任は法的問題とはならず，Bは支払を免れることができる。だが，Aが代金の請求を諦めずその支払請求を裁判所に訴え判決が下された場合は，Bは必ず支払うことが必要で，支払わないときは，代金の他に損害賠償まで請求されることになる。

　Aが代金請求を放棄した場合は，法的に，A・B間の売買において，AはBに「代金の支払請求権を有する」あるいは，買主であるBはAに対し「代金の支払義務を負う」と定める法律の規定を，権利者であるA自らその適用を拒否したことを意味することになる。だから，Bは代金支払義務を免れることができるのである。このように，当事者がその法律の規定に従うか否か（→ある規定の適用を受けるかどうか），あるいは，当事者の負

う各種権利・義務を法律の規定とは異なる内容に変更することが，当事者の自由な意思に任されている場合，この法律の規定を任意規定という。無論，民法や商法の中にも一部強行規定（→法律に定めてある通りのことが当事者の意思に関係なく絶対的・強制的に適用される規定）が存在するが，**私法は総体的には任意規定である**といってよい。

3-2-1　任意規定としての商法

　商法は，総体的には任意規定の集成ということができるので，**商法は裁判規範である**といわれる。先のA・B間の売買契約を例に説明すれば，Bの代金支払義務は，Aが裁判所に訴えた場合にのみ法的に強制される。Aが訴えるまでは，商法が売買契約についていかなる定めをしていようが全く問題とはならないし，問題とする必要も無い。Aが代金の支払請求を猶予ないし放棄し，それによりBは支払義務から解放されているからである。

　しかし，Aが裁判所に訴えた場合には，商法上売買契約の代金支払義務がいかに定められているかが問題となる。そして，Bの支払義務を強制的に実現させるのが裁判所の役割であるから，Bの支払義務に関する商法の定めを誰がどの様に解釈してA・B間の売買契約を処理するのか，Aの訴えに基づき商法の定めるところをA・B間に適用し，Bの支払を強制するのは誰なのかを踏まえる必要がある。上記のことがらは裁判所の役割である。だとすると，商法の規定は裁判官に向けられた規定であることになる。裁判官は，商法に関する訴えを裁くときには，商法の定めに従って裁かねばならず，勝手にその日の気分で裁くことは許されない。また，Aが訴えたときにのみ裁判官は商法に従い裁くのであり，Aが訴えを提起していないのに，裁判官が偶然Bが支払を怠っていることを知ったので，Bに対し支払命令を下す等の行為を行うことをできないのは当然である。

　かくして，商法の各種規定は，裁判官に向けられた規定であることになる。Aは要するに，Bから代金を支払ってもらうためには裁判所に訴えを提起することだけを行えばよいのであって，商法がどのように定めているかにつき何一つ知る必要はない。総ては，裁判官が，解釈し判断し結論を下す。このとき裁判官は，必ず商法の定めるところに従って判断を下さねばならず，独断と偏見で事件を処理するすることは許されない。**商法は裁**

判規範であるとは，以上のように，**裁判官が商法の定めを守って商法の問題を処理せねばならないことを意味し，商法なる法規範の名宛人は裁判官であることを意味する**。換言すれば，裁判規範とは，裁判の準則と表現することができるから，裁判官が商法に関係する事件の裁判を行うときには，必ず商法の規定に従うことが要請されるのであって，これ以外の法律によることは許されない。

3-1-3　商法の法源

一般に，法源という場合三つの意味がある。

(1)　法のよって立つ根拠

成立した法規範の内容を形成した社会的事実，社会的状況，あるいは，法規範を成立させた慣習や学説を指す場合である。例えば，悪質な会社乗っ取り行為が多発する社会的事実があるため，これを防止する法律を制定したときの，「悪質な会社乗っ取り行為の多発」を法源という。

(2)　法の存在形式

裁判規範としての法の存在形式，裁判の準則となるべき法がどの様な形式ないし形態で存在するのかである。そして，その適用順序はどうあるべきかを含めて法源という。例えば，A・B間で売買が行われたが，当事者の一方が代金の支払を怠ったため訴えを提起したとする。裁判官は，商法典によるべきか，当事者が使用した約款によるべきか，手形法によるべきか，等々を判断して判決を下す。仮に，これら総てを根拠に判決が下されたと仮定すると，A・B間の売買行為において代金の支払が行われなかった行為は，商法典，約款，手形法という形式ないし形態において存在する「法」によって処理されたことになる。

(3)　法認識のための資料

一定の法がどの様な法であるかを認識するための資料のことである。例えば，現在の商法00条がいかなるものであるかを理解するために，明治時代の商法00条を参考資料にするといった場合である。

本書で問題とする商法の「法源」という場合の法源は，(2)の意味でのそ

れである。裁判官が，商法に関する法的問題を処理する場合に根拠としなければならない法が，いかなる形式・形態において存在するのか，多数の法を根拠としなければならないときには，存在する法の適用順序をどうするかを明らかにすることが法源の問題である。

3-1-4　商法1条

商法1条は，商法の法源につき次の様に規定する。「商事に関し本法に規定なきものに付ては商慣習法を適用し商慣習法なきときは民法を適用す」と。本法とは，商法典のことである。したがって，商法1条によれば，商事についての法源の種類とその適用順序は，商法典，商慣習法，民法，ということになる。しかし，これだけで実際の商事に関する法的問題を解決することは不可能であるから，商法1条は，法源の種類を例示した規定と解すべきである。と同時に，商法1条には，もう一つの意味がある。

法例2条は，慣習法よりも法律の適用が優先される原則を定めているが，商法1条は，民法という法律よりも商慣習法が優先すると定めるから，**法例2条の例外を規定している**ことになる。

3-2　法源の種類

3-2-1　各種の法源

(1)　商事条約

条約を易しくいえば国家間の約束である。条約は，多数の国家間で締結される場合もあれば，二国間でのみ締結される場合もある。条約を締結する国のことを当事国という。条約が締結され，それが国内で公布されると，法律と同様な効力を有する。こうした条約の中，商事に関する条約を商事条約といい，商事条約中，国内で公布されることによって当事国の国民相互間の商事関係を直接に規律することになる条約が，商法の法源となるものである。例えば，船舶衝突についての規定の統一に関する条約，海難における救援救助についての規定に関する条約，等である。

(2) 商事制定法・令

商法典および商事特別法・令がこれに入る。商法典は，六法全書に商法として書かれているものである。商事特別法とは，商法典以外に，商事に関して特別に制定されたものをいう。例えば，有限会社法，手形法，小切手法，株式会社の監査等に関する商法の特例に関する法律，証券取引法，等々である。

「令」とは，法律が国会で制定されるのに対し，行政機関によって制定された規範のことをいう。例えば，株式会社の貸借対照表等に関する法務省令，株式会社の監査に関する法務省令，等である。

(3) 商慣習と商慣習法

商取引に関する慣習のことである。例えば，電話の売買を行う業者が電話加入権を譲受けたとき，自己名義に書き換える手続をせずに3ヵ月程度の間にこの加入権を他に売却した場合には，業者を経由せず，譲渡人から売却した相手に直接名義を書き換えることを可能とする慣習。また，輸出用綿布の売買において，製造業者である売主は，買主である商社の出荷指図に従う義務と，買主は売主に対し出荷指図をなす義務を負うとする慣習等である。

慣習と慣習法については，事実たる慣習と慣習法の両者を区別することが行われ，事実たる慣習が法的確信にまで高められたか否かによってその区別を行うとされている。上記の例（電話加入権や輸出用綿布の例）でいえば，これらの商慣習が，単に慣習に止まる場合は事実たる慣習であり，それが法的確信にまで高められたときに商慣習法になるとする主張である。ところが，法的確信にまで高められたかどうかは当事者の主観的なもの（→頭の中で考えていること）であり，これを客観的（→外部的）に捉えることは頗る困難であるし，そもそも両者を区別する実益は殆ど無いといってよい。商慣習としての存在さえ確認できれば，それが事実たる慣習にとどまるのか，法的確信にまで高められているのかを確定することは必要でなく，両者を区別することなく取扱い，行われた商取引へ適用すべきものと考える。なお，一定の商慣習ないし商慣習法が存在していたとしても，当事者がその慣習ないし慣習法によることを拒否する意思表示を行ってい

る場合には，これら慣習ないし慣習法は適用されない。＊

　　＊事実たる慣習と慣習法については，服部栄三・商法総則（第二版）青林書院新社・1995年・19，20頁参照。

(4) 商事自治法

　一定の団体や組織が構成員に対して適用することを定めた商事に関する自主的な規則＝規範（→…をすべし，…をしてはならない，といったルール）であって，**国家により妥当とされるもの**を商事自治法という。国家により妥当とされるものとは，国家が積極的に認可することを意味するのではなく，一定の団体が，「当団体は麻薬の取引を行うことを目的とする」と定めていても，麻薬の取引は法的に禁止されているから，これは国家によって認められず，自主的規範としては成立し得ないといったように，国家の定める法秩序に反しない範囲において定められた自主規範のことを，国家により妥当とされると表現するのである。商事自治法の典型は，会社の定款（→会社の目的やその他会社の根本となる基本的事項を定めたもの），証券取引所の内部規則等である。

　商事自治法は，国民全体に適用されるものではなく，一定の団体や組織の構成員にのみ適用されるもので，社会の中の部分集団に関するものではあっても，それが国家によって妥当とされるものである限り，当該団体や組織の構成員にとっては，法＝規範として存在するのであり，構成員はこれに拘束されることは当然のことである。

3-2-2　法源の適用順序

　商法の各種法源については先に考察してきた通りで，商事に関する争いが裁判所に持ち込まれたとき，裁判官はこれら商法の法源によって当該紛争を処理することになるが，法源を根拠とすればよいというものではなく，適用順序は定まっている。

　① 商事自治法
　② 商事条約
　③ 商事特別法
　④ 商法典

⑤ 商慣習ないし商慣習法
⑥ 民事条約
⑦ 民事特別法
⑧ 民法典
⑨ 民事慣習ないし民事慣習法

の順で適用しなければならない。

3-2-3 民法と商法の関係

　民事に関する法律である民法典や民事特別法，民事慣習法等は商法の法源ではないと主張する学説が存在する。**民法を排除して**商法が適用されるから商法は民法の特別法なのであり，その民法が商法の法源とは自己矛盾である，といったことを理由としている。だが，商法が自ら定めを有していないため，民事特別法や民法典の定めるところによって商事に関する事項を処理する場合は少なくないし，商法典自身が民法によるべきことを定めていることもある。商法は企業関係を規律する法であっても，企業に関係すること総てを余すところなく規定しているわけではない。商法は民法の特別法なるも，企業関係への民法の適用を総て排除するものではない。

　民法が私法関係一般を規律し，かつ，民法も商法も同じく私法であることから，民法の対象と商法の対象とが重複することは多く，原理的には，この重複する部分については民法も商法も対象が同じであるため，その限りでは，民法も企業関係を規律の対象とするといってよい。ところが，既に述べてきたように，民法と商法の対象とするものが同じものである場合でも，それが企業行為として行われる場合や，企業関係にのみ特有な事項も存在することから，商法の対象は民法の対象と区別されるのである。しかし，このことは，商法が企業関係総てを規律していることを意味するのではなく，企業行為として行われた行為でも，民法の規定によって規律されるものがかなり存在する。これは商法自らがそうした事項を規律する規定を有しないことによる。それは商法の欠陥ではなく，商法という法秩序自体が，そうした事項は民法の定めるところによって規律されるべきで，商法による必要のないことを表わしているものと解すべきである。

　例えば，商法は売買契約成立の法理について定めていないし，契約解除

の一般的原則についても何も定めていない。したがって，商人の行う契約成立に関する法原理，商人が締結した契約を解除する場合の一般的原則は，非商人の行為に関するそれと同様民法の規定するところによって処理されることになる。契約成立の法理，契約解除に関する一般原則等，これらは民法の定めるところに従わせる，というのが私法秩序全体の原則であり，だから商法に定めがないわけで商法の欠陥ではない。

　商人間で金銭の貸借を行ったときに，利息制限法を超える高利が設定されても，商法はこれを規制する法律を有しないために，利息制限法（→民事特別法）を適用し処理することとなる。商取引である暴利行為に，民事特別法（→民事特別法も実質的意味での民法概念の中に含まれる）が適用される例である。更に，商法典は，商事に関する債権（商事債権）の時効を5年と定めている（商法522条）にも拘わらず，卸売商人や小売商人の販売した商品等の代金に関する時効には，民法173条が適用され，時効期間は2年となる。商法の規定が排除されて民法の規定が適用される例だが，このことは商法典自らが認めるところである。以上は若干の例を掲げたにすぎず，この他にも民法が企業関係を規律する場合は数多く存在する。かくして，**民事に関する法律も商法の法源であると解すべきである**し，商法1条はこのことを明記している。

4　商法の指導理念

4-1　商法の指導理念

4-1-1　商法の特質

　商法は，近代社会における企業の組織，活動を規律する法であり，商法＝企業法である。商法の対象が，こうした企業関係であることから，学説はこれまで，**営利性，取引の安全等々を商法の特質ないし指導理念**（→商法を理解し解釈する場合の価値判断の基準）**として指摘してきた**。営利性についていえば，企業は一定の行為を営利＝利益＝を得ることを目的として

継続・反復して行う。したがって，商法の指導理念の一つとして企業行為の営利性が考えられる。民法上の法定利息が年5分であるのに対し，商法上の法定利息が年6分と定められているのがその例である，といった類の主張である。

　従来の学説は，上記のように商法の特質として営利性等を掲げ具体的例まで挙げているが，いかなる内容を主張しようとしているのかは必ずしも明らかではない。というのは，企業が営利を目的として活動することは，拝金主義的な悪質な利益追求行為でない限り（→抽象的にいえば資本主義的倫理に反しないこと），資本主義社会である以上当然認められることである。最善の社会か否かの判断は別として，我々の社会原理はそれを容認する。資本主義社会である我々の社会において，企業が営利を追求することは是認されるのであり，だれもが企業行為を行う自由を有している。従来支配的学説が商法の特質として主張してきた営利性は，企業行為は営利を目的とし，社会の原理はこれを認めることにおいて成立している当然の理を述べているだけにすぎず，理論的な次元での考察の限りにおいては，特別な法的主張を展開しているものではない。ごく当然の当たり前の主張である。だが，実際の個別具体的な商法の解釈問題においては，営利性が商法の特質ないし指導理念であるとの主張は，商人の活動を肯定的に是認する解釈原理として現われ，次の4-1-2で述べるように，商人擁護の機能を果たすことになってしまうのである。

商人——非商人（消費者）

の契約が行われたとする。この契約関係において，商人はそもそも営利行為を目的とする者であり，商法はこの商人の行為を規律する法であるから，『その限りにおいて』商人の利益追求行為が商法によって担保されることになり，こうした事態そのものは特に問題とすべきことでもなく問題となるべきことでもない。従来の学説が，商法を理解し解釈する場合の指導理念の一つとして主張する営利性から導き出される結論は上記の事態である。既に述べたように，我々の社会，資本主義社会においては，企業が営利を追求することは，それが悪質なものでない限り否定されるべきことではな

い。先に例をもって説明した事態も，抽象的に捉える限りでは，特に問題とすべき部分は存在せず，我々の社会の当然な原理を，企業には営利性が認められるといった法的主張として述べたものでしかない。

4-1-2　従来の指導理念がもたらすもの

　これまでに主張されてきた指導理念による商法の理解や解釈が商法の原理として定着すると，商人─非商人間の契約は，錯誤や詐欺，脅迫等によるもの以外は総て肯定される結果となってしまう。『その限りにおいて』の営利性が，『商人の求める営利性』に置き換えられ，その是認が法的に保障させられてしまうようになるのである。つまり，学説により主張されてきた指導理念が『その限り』を超えて，商人の『思うがまま』の営利性を法的に保障する結果に結びつくのである。以下，こうした結果をもたらす具体的態様を明らかにすることにする。

　実際の社会において行われる，商人─非商人間の契約は，**商人が提示する条件に従って締結されざるをえない状況が存在する**。価格を例にいえば，多少交渉の余地があるとしても，その交渉は，商人が商品に表示している価格を前提にするしか方法は無い。非商人である消費者が商品を買う通常の場面を想像すれば事態は明白である。無論，交渉の余地無き場合が殆どであり，一般的には，契約は商人の示す条件において締結されることになるといっても過言ではない。我々が日常経験する契約は総て上のようなものであり，特殊な例外を除いて，商人の提示する条件を前提としない契約など何一つ考えることはできない。

　契約がこのように行われる背景には，契約の当事者である，商人と非商人間に経済的力量の格差があり，契約の対象物である商品等についての情報・知識に関する格差があり，契約に関する交渉力の対等性についての格差がある。**非商人が商人の提示する条件において契約を締結せざるを得ない原因は，これら各種の格差である**。消費者である非商人が商品等の購入を諦めれば商人が欲する条件においての契約が行われることはないが，当該商品等が下着や食料品その他生活にとって重要なものであるときは，諦めることはできない相談である。商人の提示する取引条件が殆どそのまま契約内容となってしまう。この事態は，商人が求める契約内容に顧客であ

る非商人が従わざるをえないことであるから，商人が欲する営利性が契約の履行（→実行）を媒介として実現される事態であるということができる。商法の指導理念である営利性としてこれまで主張されてきたところから生みだされるこのような結果をそのまま容認することは，問題とすべきことであろう。

　近代社会においては，理念として，あらゆる人間は法的に自由であり平等であって対等である。しかし，契約当事者間に各種の格差が存在することは，事実問題として避けることができないもので，法的に人間は総て自由であり平等であり対等であっても，現実の具体的社会関係において，人間関係の全くの平等は，これまでの社会に出現したことはない。だからこそ，商人の行為，あるいは，企業関係は，営利を目的とするのに対し，非商人の行為は生活維持が目的であるから，企業の利益と生活者の利益を比較して，営利の目的は生活維持の目的に劣後するとの指導理念を確認するためのものとして，営利性は商法の特質として掲げられていると考えるべきである。即ち，商法は商人の行う営利行為を規律し，そして商人が営利を追求することは当然のこととして認められるべきものではあるが，**営利行為追求の規律のあり方は，商人・非商人間にあっては，非商人の利益を優位に置く原理を法的に含んだものとして存在すると解することである。**

4-2　指導理念の再検討

4-2-1　本書の方法

　これまで商法学説は，商法の特質ないし指導理念としていろいろなものを主張してきているが，主張内容が統一されているとはいい難く，そこには差異がみられる。とはいえ，先ず，商法の理念として，企業維持を主張し，その内容として，営利性の保障，資本集中の促進等を述べ，次に，取引の安全ないし取引の迅速性を理念とし，その内容として，公示主義，外観主義等を主張する，といった論述の形式は概ね一致しているといってよい。だが，本書ではこうした従来の形式に拘束されることなく，学説によってこれまで主張されてきた各項目の中で重要な意味を持つと思われる事項を，それぞれ独立別個に捉え，本書の視点に基づきいかに考えるべきか

を取り上げることにする。

4-2-2 営利性
これについては，既に述べたので繰り返えさない。

4-2-3 取引の安全ないし迅速性
　企業は同種の行為を継続・反復して行う。一定の行為を企業行為として継続・反復して行うのは，利潤追求のためであるから，必然的に安全かつ迅速にこれが行われることを要する。商法の対象はこの企業行為であり，故にこれら取引の安全ないし迅速性が商法の特色となる，とするのがこれまでに主張されてきた学説の概要である。
　取引を法的にいえば契約である。締結された契約が安全に行われるべきことや迅速に行われるべきことは，商人に必要なことであろうが，取引の相手方である顧客・消費者・非商人にとっても同様であり，締結された契約，即ち，**取引の安全性・迅速性は万人が求めることで企業関係に特有なものとはいい難い**。パン屋である商人が，パンの代金支払を安全・迅速に求めるように，パンの買主である非商人も商品であるパンの引渡を安全・迅速に求めることは商人と変わるものではない。**問題は**，取引成立に至る過程，法的にいえば**契約締結に至るまでの過程**に関することである。
　運送契約を例に問題を考えてみる。1-2-2で述べたように，契約の際には運送約款が運送会社によって利用される。運送会社は運送契約を毎日多数の顧客を相手に，何回となく多数回継続・反復して行うため，いちいち一人一人を相手に運賃その他の条件を交渉によって決定することは不便であり現実的ではなく，それを行っていたのでは運送業を営むことができない。したがって，企業行為として運送を営む運送会社は迅速に事業を遂行する必要上，事前に運賃その他の条件を決定しておき，非商人である顧客にそれを提示（→約款の提示）し，約款に従うか運送の依頼をやめるかの選択を求めることになる。商法が約款を商法の法源として認める根拠もこの迅速性にある。
　企業は同種の行為を継続・反復して行うから，取引の安全性・迅速性が必要であるとする主張は，運送会社＝商人が約款を用いて迅速かつ安全に

取引をなす方法＝約款取引＝を認めることになり，主張者が意図していなくとも，このことが商人の利益を商人が欲する通りに是認することに結びついてしまう。

　というのは，約款が総体的には妥当な内容を有するものであったとしても，その中に顧客である非商人にとり不利な条項が一つでもあれば，約款による取引を認めることは，取引の安全性・迅速性の名目の下に，非商人にとって不利な内容を有する約款による契約を認めてしまうことになるからである。商人と非商人の利害は対立するのが常で，非商人にとって不利な内容は，商人にとって有利な内容であると考えてよい。取引の安全性・迅速性の保護といった，社会的に当然の要請を認めることが，実際には，**商人の思うがままの利益を約款契約を認めることにおいて保護することとなる構造がそこに存在する**。学説が主張してきた，取引の安全・迅速性が，経済的力量の大きい商人とそれが小さい非商人間の契約を，商人の側に立って，商人の欲する条件において法的に実現する機能を果たす必然的な社会的構造の存在である。

　運送会社の約款利用による取引形態を否定することは非現実的で，本書もこれを否定するものではない。しかし，取引の安全・迅速性とは，取引のみならず，取引に至る過程をも含めて，商人は同じ行為を継続・反復して行うプロなのだから，これらの指導理念は，非商人の側にとって安全であり迅速であるべきことを，商人が特に留意すべきことを表す概念として解すべきであろう。交渉力が対等ではない者の間で締結された契約を，交渉力の小さい者が不利になるにも拘わらず認めることは，いかなる法律による場合であろうが否定されるべきもので，商法といえども例外ではないと考えるからである。

4-2-4　外観主義

　外観法理ともいわれるもので，ドイツ法において形成発展させられたものがわが商法に取り入れられた。商取引は迅速に行われることを要し，取引の当事者は，取引内容を十分に調査検討することもさるながら，相手方が提示したものの外観を信頼して取引を行う場合が多い。そのため，取引の安全を確保するには，外観を信頼して取引する，この「信頼」を法

的に保護する必要性がある。

　実社会においては，外観と実体が異なる場合は少なくなく両者の間に齟齬が存在することが多い。例えば，社会的に無名なAが，一定の社会的評価を得ている他人の名義Bを借りて商取引を行っていれば，AをBと誤認して取引するのが一般的である。Bが取引の相手でなくAが相手であることは詳細に調査すれば判明することであろう。しかし，そうした調査に時間と費用をかけている間に，取引の機会を失ってしまうことも有り得る。だから，Bが取引の相手であると信頼して取引を行うのである。また，正式な手続で取締役として選任されていないのに，会社がこの者を取締役であると登記し，本人も取締役として振舞うときは，これを真実の取締役と信頼して取引するのが通常のあり方だと想像することは容易なことである。この信頼が法的に保護されないとなると，取引を行う者は，いちいち相手を調査してからでなければ取引ができないことになって頗る不便であり，取引の安全や迅速性が阻害されることになる。

　外観法理とは，実体とは異なる外観を創出した者は，これを善意無過失で信頼した者に対し，外観通りの責任を負わなければならないとする法理である。上記の例でいえば，Aに名義を貸したBは，AをBであると誤認し信頼して取引を行った者に対し，取引から発生したことについて，Aと同じ責任を負わねばならないことである。取締役の例でいえば，真実の取締役ではないのに，真実の取締役であるかのような外観を与えた会社は，外観を信頼して行為をしたものに対し，外観通りの責任を負うことである。会社は，本当は真実の取締役ではなかった等の主張をし，表向き取締役に見えたにすぎないとの抗弁をすることはできない。かかる取締役のことを**表見取締役**という（**表向き取締役に見える**）。

　無論，本人の了解無く無断で他人名義を使用しているときや，会社に無関係に勝手に取締役の名称を使用している場合は，本人や会社に責任は生じないこと当然である。

　支配的な学説が従来主張してきた外観法理の内容は以上のようなものであり，それは企業関係において要請されるもので，外観法理は企業関係を規律する商法の特質となると説明している。外観を信頼して取引を行うのは商人だけなのであろうか。非商人も同様である。否，非商人だからこそ

外観を信頼して取引を行うといってよい。いうまでもなく，商人は取引のプロであり非商人は素人である。取引相手が名義を借りている者であるか，真実の取締役であるかを認識する手段・方法に関する知識は，商人の方がはるかに多く有している。相手が創出した外観を信頼する度合いは，この意味において，非商人の方が数段高いといわねばならない。実際，非商人は商人が提示する外観を信頼して取引する他はない。

　非商人が日常行う取引の相手は商人が殆どで，非商人間の取引はごく例外的存在であるし，商人は，最終的には顧客たる非商人としての消費者にその商品・役務等を販売することによってのみ利益を得ることができる。そしてこの販売行為は，非商人の商人に対する信頼を基礎とするからこそ実現し得る行為である。非商人が商人の示す外観を信頼することなく，虚偽ではないかと常に疑っていたのでは，取引自体が成立しなくなる虞すら出てくる。

　商法が規律する企業関係においては，外観を信頼して行われた商人間の取引を保護することは必要であり否定されるべきではないが，非商人が商人の創出した外観を信頼して取引をするときの，その信頼を保護することが最も重要な課題であって，非商人の商人に対する信頼なくして企業行為は成立不可能といっても過言ではない。かくして，外観法理は，非商人が商人の提示する外観を信頼して取引をなすところの，非商人→商人の信頼に基礎を置く関係性を特に規律するものとして商法の特質となっていると解すべきである。

4-2-5　表示による禁反言の法理

　イギリス法で発展させられたエストッペルといわれるもので，単に禁反言の法理ともいい，わが商法も採用しているところのものである。

　取引を行う際に，相手方を信頼させる表示を行った者は，その表示を信じた善意の者に対し，その表示通りの責任を負い，表示したことが真実でなかったとしてもそのことを相手に主張することは出来ないとする法理で，表示した通りに従って責任を負担しなければならない。「**表示を信じた善意の者**」とは，過失無くして表示されたことを信じた者のことをいう。換言すれば，善意とは，不注意によって信じた場合でないこと，表示された

ことを信ずることについて不注意が無かった，無過失の善意者のことである。4-2-4で説明した外観法理ときわめて類似しており，わが商法にあっては，個別具体的な事例への適用において両者は同じ結果を導くものといえる。

　原理的な観点からいえば，禁反言の法理は，取引相手に虚偽の言動をしてはならないとする倫理的要請から出発している。当初イギリスでは，表示が真実とは異なることを表示者自信が認識しているのにも拘わらず，敢えて真実とは異なる表示を行ったこと（→故意による虚偽の表示）が禁反言法理の適用要件とされていたのはこのためである。他方，外観法理は，要するに相手が信頼する程度に外観が形成されていればよく，そうした実体とは異なる外観を創出した者が，外観創出について故意であったかどうかは問題としない法理である。勿論，両法理の適用については，外観を信頼した者が，信頼することについて善意であることが必要なことはいうまでもない。このように両者は類似しつつも，異なった面を持っていたのであるが，法理が発展するにつれ，現在のわが商法においては，同様な法理として存在している。

　禁反言の法理も外観法理と同様，商人間の取引において適用されるべきことは当然のことであるが，非商人が商人の行為を信じて取引をなした場合は，商人間の取引より以上に，商人がなした表示に対する非商人の信頼を，その表示が真実か虚偽かに関係なく非商人が過失なくして信頼した限り，商法が特に保護することを要求するためのものとして採用したと解すべきである。＊

　　＊外観法理については，岡川健二「私法に於ける Rechtsschein 法理の展開」法政研究4巻2号，禁反言の法理とわが商法の関係については，伊澤孝平「表示行為の公信力」有斐閣・昭和11年（再版は，昭和24年と56年）・107頁以下参照。

4-2-6　公示主義

　企業行為を安全・迅速・円滑に行うためには，取引相手やこれから取引を予定している第三者に対し企業に関する各種の情報を開示しておくことが要請される。例えば，会社の資本金，貸借対照表，取締役の氏名・人数，

株主名簿等々の重要書類の開示である。これらが第三者に理解できるよう公示（開示）されていれば，取引相手は事前にこれを閲覧して不測の事態を免れることができるとともに，安全を確認して取引を迅速・円滑に行うことができる。

商法はこうした要請に応えるものとして商業登記制度を設け，商人に対し一定の事項につき登記すべきことを定めている。現行の商業登記制度は，その目的である取引の安全・迅速・円滑にとって必ずしも十分なものではなく不足するところが多いが，一定の機能を果たしているといえる。

自らの情報を開示する公示行為は，企業行為を行う商人に求められるものではあるが，商人間の取引においてのみ意味を有するものではなく，商人・非商人の区別なく，商人と取引を行う者にとって必要なものであり，生活維持のために取引を行う非商人には特にこれが重要である。したがって，公示主義も，商人に比べて経済的力量の小さい非商人擁護の視点から，非商人が商人と取引を行う際に必要とする情報を公示するために商法の特質とされていると解すべきものである。

5　商人概念とその種類

5-1　商人概念とその種類

5-1-1　商人とは

商法は企業関係を規律する法であり企業法であることはこれまで何度も述べてきた。商法は，**規律の対象である企業活動ないし企業行為を商行為なる概念で表し，企業活動を行う者＝企業活動の主体＝企業行為の主体＝を商人という概念によって表している**。商法4条1項が，『商人とは自己の名をもって商行為を為すを業とする者をいう』と定めるのがこれである。商人概念と商行為概念は商法を構成する基本概念である。

5-1-2　商人の種類

商法は，三種類の商人概念を定めている。(1)固有の商人，(2)擬制商人，(3)小商人である。

(1)　固有の商人

商法4条1項が定める商人のことである。即ち，自己の名をもって商行為を為すを業とする者を，**固有の商人**という。

(a)　「自己の名をもって」とは

権利・義務の主体となることである。例えば，個人企業であるパン屋の営業主Aが自らパンの販売を行っているときは，パン屋の営業から生ずる一切の権利・義務は，営業主であるAに帰属する。この場合のAを権利・義務の主体という。経営主であるAは自ら仕事をせず，Bに一切を任せていた場合でも，法的には，パン屋の営業から生ずる権利・義務の総てはAに帰属するから，Aはこの場合も自己の名をもってパン屋の営業を行っているのであり固有の商人となる。Bは使用人，あるいは，労働者であり商人となるわけではない。

Aが個人企業を一定の手続に従って会社組織に改め，「〇〇パン会社」なる名称で営業を開始したときは，法的には，この会社組織，「〇〇会社」に権利・義務が帰属することになるから，〇〇会社が自己の名をもって商行為を行っていることになり，〇〇会社なる組織が固有の商人となるのであって，Aが商人となるわけではない。

(b)　「商行為を為す」とは

わが商法が定める，(イ)絶対的商行為（商法501条），(ロ)営業的商行為（商法502条）の二種類の商行為を行うことである。この(イ)，(ロ)の商行為は，わが商法上の商人概念を定める基礎となる商行為であるから，両者を基本的商行為と称する。商法典は，(イ)，(ロ)の商行為の他にもう一種類の商行為概念を定めており，上記の二種類だけが商行為ではない。これら商行為の詳細については，商行為法の部分において説明するのでここでは述べないことにする。

ただ，商人概念を理解するためには，絶対的商行為，営業的商行為について若干の説明を行わねばならない。「商行為を為す」という場合の商行為概念が全く不明であれば，商人概念を理解することが出来ないからであ

る。商行為を為すを業とする者が商人であり，ここに商行為とは，絶対的商行為と営業的商行為の二種類を意味する。

絶対的商行為とは，商法501条が規定する行為で，いくつかの種類が定められている。典型的なものをいえば，利益を得る意思で他人から仕入れてきて（→有償＝有料），その仕入れてきた物を売る行為である。実際に利益を得たか失敗して損をしたかは問題ではなく，要するに，利益を得る意思で行為をすれば，絶対的商行為に該当する。

営業的商行為とは，商法502条が列挙する行為で，ここに列挙された行為が営業として行われた場合にのみ商行為となると定める。例えば，他人から依頼されて一定の物を製造・加工したりする行為である。営業として行われることを要するから，内職として行う場合は，他人に依頼されて物の製造・加工を行ったとしても商行為とはならない。

「商行為を為すを業とする」という場合の商行為とは，商法が規定する右に挙げた，絶対的商行為と営業的商行為のことを指している。**注意を要するのは，商行為を行っただけで商人となるのではなく，商行為を為すを「業ぎょう」としなければ商人とはならない点である**。だから，商法上商行為とされる行為をしても，それを業としていなければ商人にはならない。ということは，「商行為を為す」に該当する者のなかに，商人（→商行為を業とする者）と非商人（→商行為に該当する行為を行うがそれを業としない者）が存在することになる。このことによってどのような問題点が発生するか等については，商行為法のところに譲る。

(c) 「業とする」とは

営利の目的で＝利益を得る意思で，同種の行為を継続・反復することである。一種類の行為だけでなく複数の行為を行う場合も当然含まれる。目的とする利益が多いか少ないか，現実に利益が得られたか，失敗して利益の獲得ができなかったか，得た利益をどの様に使用するか，使用しないで慈善事業に寄付するか，等は一切問わない。要するに，営利の目的＝営利の意思で継続・反復すれば，業として行ったことになる。継続・反復して行うとは，商行為を継続・反復して行う意思をもって行ったことが客観的に明らかであれば継続・反復して，という要件に該当し，実際には継続・反復できなかったとしても，業として行ったことになる。＊

＊この点については，服部栄三・商法総則(第二版)青林書院新社・1975年・174頁参照。

医者・弁護士等についても，営利を目的として活動していると考えることができるが，わが商法はこれらの者を商人としては認めていない。

(2) 擬制商人
商法4条2項が規定する商人のことであり，
　(a) 店舗その他これに類似する設備によって物品の販売をなすを業とする者
　(b) 鉱業を営む者
　(c) 民事会社

の三種類を擬制商人という。固有の商人のところで説明したように，商人とは自己の名をもって商行為を為すを業とする，と定めるのがわが商法であるから，商行為を業としなければ商人にはならないのが原則である。擬制商人といわれるものは，商行為を業とはしないが，外見的には商行為を業としている商人と類似した行為を行うため，第三者からすれば，商人であるか非商人であるか見分け難い。商法は，こうした商人と類似した行為を行う者を商人と看做すこととしたのである。看做とは，商人ではないが法律的に商人として取扱うことである。原理通りに考えると商人に該当する者ではないが法政策的に商人としてしまうことを擬制とも表現するので，これらの者を擬制商人と称する。

　(a) 店舗その他これに類似する設備によって物品の販売を為すを業とする者

商人は，店舗等の設備によって営業を行うため，これと類似した設備によって物品を販売する者は，原理的にいえば商人ではないが，第三者にとっては外見上商人のように見えるので，法的には商人にすべしとの判断に基づくものである。

例えば，古本業を営む商人A＝古本屋＝の隣に，同じように店舗を構えて，不必要となった自己の古本を売る者Bがいたとする。古本屋は，古本市場で売れるであろうと思われる古本を仕入れてきて販売する者であるから，その古本販売行為は商行為であり（先に若干説明した絶対的商行為のと

ころを参照），そしてAはこれを業とする者である。故に古本屋Aは商人である。Bの行う自己の不要となった古本を売る行為は，他から仕入れてきて売るのではなく，使用するために購入した本が使用済みで不要になったから売るのであり，これは商行為ではなく，Bは商行為をなす者には該当せず商人ではない。しかし，A・B共に店舗によって古本を販売しており，第三者である顧客からすれば，いずれが商人でありいずれが非商人であるかは区別し難い。こうした場合に両者を外見から区別することは法的にも困難であるし区別すること自体も妥当ではない。だから，理論的原則からいえば，Bは商人ではないが商人と擬制し，Bを商人として取扱うのである。

別の例でいえば，八百屋は仕入れてきた農産物を売ることを業とする者で商人であるが，その八百屋の隣で自己の畑で収穫した農産物を売る農民は，農産物を仕入れているわけではないから，同じく農産物を売っていても商行為をなす者ではなく，商人ではない。しかし，野菜を買う消費者が，外見から，一方は商人，他方は非商人，と区別することは困難であるため，法的に両者を商人として取扱うこととしたのである。ここでの**擬制商人の要件は，**

① 店舗その他これに類似する設備によること

店舗等により営業を行い商人と形式的外見を同じくすること。

② 物品の販売をなすこと

物品とは形のある物のことであり，他から仕入れたものではなく（他から仕入れてきて売ればその行為は商行為となる），自己が使用のために所有していた物を売るとか，原始取得した物（→自己が収穫した農林水産物）を売ることである。

③ 業とすること

業(ぎょう)とするとは，物品の販売行為を，**利益を得る意思と継続・反復する意思とをもって行うことである。**店舗その他これに類似する設備によって物品の販売をしていれば，その販売は，利益を得るためでありかつ継続・反復して行われるものであることが外見的に明らかなため，「業とする」ことに該当すると判断されることになる。何故なら，一回限りの販売のために店舗を構えることは有り得ず，また，店舗を構えていれば，第三者は営

業として（利益を得ることを目的として＝営利の意思で）行っているのであろうと判断するのが通常だからである。

(b) 鉱業を営む者

鉱業とは，鉄その他の鉱物を採掘してそれを販売する行為である。砂鉱業もこれに入る。鉱物の採掘は原始産業であり，原始産業は商行為とはならないが，鉱業は大規模な設備によって営まれるため，鉱業者を商人と思うのが一般的な感覚である。商法もこの点を踏まえて，鉱業を営む者を商人と擬制した。

(c) 民事会社

会社は商行為を業として行うことを目的とするのが一般的であり，「商行為を為すを業」とするから，固有の商人に該当する（商法4条1項，52条1項）。こうした会社を商事会社という。商行為を為すことを業とはしないが，営利行為を目的に設立された会社のことを**民事会社**という。**商行為ではない営利行為とは**，自己が収穫した農産物を売る会社であるとか，自らが水揚げした魚貝類を販売する会社等である。農産物や水産物を他から仕入れて売る場合は商行為で，自分達で収穫した農産物等を売る行為は非商行為であるため，これらの会社は商事会社ではなく民事会社と呼ばれる。商法の原則からすれば，民事会社は商行為を行っている者ではないので商人とはならない。

しかし，第三者から見たときには，民事会社も商事会社も会社なる組織で営利行為を行っており，一方は商人，他方は非商人と外見から区別することは困難であるし，そうした類似した外見を有するものを敢えて区別することも妥当ではない。商法が民事会社も商人であると定めた理由である。即ち，商法は，民事会社も商事会社と看做すとともに，商人と看做すことにした（商法4条2項後段）。

(3) 小商人

規模の大きい商人も小さい商人も法的には商人として変わるところはなく等しく商法の適用を受けるが，極端に小規模な商人に，原則通り商法の規定を総て適用することは実際的ではなくその必要もない。商法が小商人概念を設定し，これには商法の規定の一部適用除外を認めた理由である。

小商人とは，資本金50万円に満たざる商人で会社でない者（商法中改正法律施行法3条）である。だから，会社であれば資本金が50万円未満であっても，小商人とはならない。ここに資本金とは，会社の資本金の場合と異なり，総ての営業財産を金銭に見積もって評価したもののことで，金銭だけをいうのではない。例えば，100万円の営業車を買って営業をしていれば，代金が未払であったとしても，100万円の車という営業財産が存在することになり，小商人とはならない。あらゆる営業財産を計算して50万円未満である場合が小商人の要件である。

小商人ではない商人を普通商人ないし完全商人という。小商人と完全商人の違いは，小商人には，商業登記，商号，商業帳簿に関する商法の規定が適用除外となる点である（商法8条）。商業登記，商号，商業帳簿等については後に詳しく説明するのでここでは触れない。要は，小商人には右規定が適用除外とされる結果，小商人はこれらについて権利もなければ義務もないことを踏まえておけばよい。例えば，「〇〇商店」「〇〇屋」等を掲げて営業するのは小商人の自由なるも，これは商号ではなく登記することもできないといったようなことである。もっとも，小商人に該当する商人が現実に存在し営業活動を行っているかどうかは頗る疑問である。

5-2　商人資格の取得と喪失

5-2-1　自然人の商人資格の取得

(1) 資格取得の時期

商人の概念およびその種類については既に明らかにしてきた。そこで次に問題となるのは，いつ商人になり，いつ商人であることをやめたことになるのかである。商人の始まりと終わりは，商法の適用開始とその終了を決定することになるため，これを確定することは重要なことである。

法律上，人には自然人と法人とがあり，自然人とは我々人間のことである。人間は生まれると同時に権利能力を有し（民法1条の3），年齢・性別・能力に関係なく，商法4条に定める行為を行ったときに商人となる。より具体的にいえば，**商行為を為すを業として行ったとき**や，**擬制商人としての行為を行った等の時点**で，個人企業としての企業行為を行ったこと

になり**商人**となる。換言すれば，企業行為，あるいは，営業行為を行ったときが商人資格の取得時期である。実際問題としては，生まれて直ぐの赤ん坊が商行為を業として行い商人になる等のことはありえないが，赤ん坊の法定代理人である両親が子の代理人として商行為を業として行うことは考えられるので，理論的には，生まれたときから商人となり得ることを確認しておくことが必要である。自然人はこのように生まれたときから商人となることが可能であるものの，「可能である」ということと，実際に「商人資格を取得する」こととは別であり，生まれて直ちに商人資格を取得するのではない。実際に企業行為を行ったことにより商人資格を取得し，このときから商法の適用を受けるのはいうまでもなかろう。

　ところで，自然人は生まれて直ぐ商人になることができる可能性を有し，営利の意思で企業行為を行えば商人となることは既に述べた。だがこのことは，総てのあらゆる自然人が一人で単独に法律上有効な営業活動を行うことができることを意味するのではなく，有効な営業行為を行うためには行為能力者であることを要し，制限能力者の場合には，単独では瑕疵なき営業行為をすることができない。制限能力者が有効に営業を行うためには，以下の方法によることを要する。

　(a)　未成年者の場合は，法定代理人（→通常は親権者としての父母）の許可を得て行うか，法定代理人が未成年者に代わって営業を行う。未成年者が法定代理人の許可を得て営業を行ったときは，当該未成年者は成年者と同様に取扱われる（民法6条）とともに，この場合には登記をすることが必要である（商法5条）。

　(b)　精神上の障害により事理を弁識する能力を欠く常況にある者について後見開始の審判が行われたときは，後見人がこの者に代わって営業を行う（民法7条，8条）。

　(c)　精神上の障害により事理を弁識する能力が著しく不十分な者について保佐開始の審判が行われたときは，この者は保佐人の同意を得て営業を行うことになる（民法11条，12条）。

(2)　開業準備行為

　商人として商行為を行わなければ商法は適用されないが，営業目的であ

る本来の行為を行う前に，開業のための準備行為が行われることが多い。営業を開始するために店舗を建るとか，労働者の雇用準備をした等の行為である。この開業準備行為に商法は適用されるのであろうか。行われた一定の行為が「開業準備行為」と認定されれば，「開業準備」行為は商法503条1項が規定する付属的商行為の一種と解されているため，当該行為を行った者は「商行為を行った者」に該当し商法が適用されるといってよい。だが，何を基準にして開業準備行為であるか否かを決するかについては争いがある。

　(a)　画一的決定説
　①　営業意思表白説

開業広告をしたり，チラシを配布したり，看板を立てたり，商号を登記する等の行為をすれば，対外的に営業の意思が明らかにされたといえるから，この時点で個人企業の開業準備行為が成立し商法が適用されるとする説である。対外的に営業意思を明確にする特別な行為，看板を立てるとか，広告するとか，によって行為者の営業意思が表白されたと解し，この特別な行為（→開業意思表白行為）をもって開業準備行為と判断するのである。

　②　営利意思実現説

営業用机等備品の購入，機械の購入等が行われれば営業の意思が具体化されたと解することができる。だから，対外的に営業意思を表白する特別な行為がなされていなくとも，これら具体化の行為をもって開業準備行為とする。①の説との違いは，営業意思が対外的に表白されているか，行為者の営業を行う意思が主観的に実現されているだけでよいかである。「主観的」にとは，行為者の考えていることが行為として実現されていればよく，他人に対する関係において開業の意思が表白されていることまでは必要としないことを意味するものである。備品等の購入は，本人の頭の中との関係では（→主観的）営業のためであることは確実なことではあっても，それが他人に対し営業のためのものであると反映するとは限らないが，本人の考え＝頭の中＝主観が行為化されていればそれでよいとするのである。

　③　営業意思客観的認識可能説

営業用機械の購入，備品の購入等，行為者の営業意思が主観的に具体化されているだけでは足りず，それが営業意思の表われであると客観的に認

5　商人概念とその種類

識可能になったときが開業準備行為であるとする。①の説とこの説との違いは，営業の意思が特別な行為，例えば，広告とか看板を立てるとかにより表白されたとしても，この表白行為が営業意思の表われであると第三者が認識できるとは限らない。広告を出したが途中で開業を中止することもあるし，看板だけを立てた段階で中止する場合が考えられるからである。本説は，特定の相手方のみならず第三者からしても，一定の行為が営業の意思で行われたものであると認識できる状態があったときに，開業準備行為が成立するとする。もっとも，例外的な場合は別だが，一般的には，広告を出せば第三者も営業の意思があると判断し，営業意思が客観的に認識できる状態が発生したといえるであろう。

　①，②，③，の三説を画一的決定説と呼ぶのは，一定の基準に基づき，ここまでは開業準備行為ではないがここからは開業準備行為であると画一的に決しようとする説だからである。

(b)　段階的決定説

　段階的決定説は，開業準備行為が内在させる意味が対外的に反映する，その反映の度合いによって，開業準備行為は段階的に成立すると考える説である。営業用事務用品等の備品購入を例にいえば，購入者の主観（→頭の中）では，この購入行為は営業開始の準備行為であり，かつその意思は備品購入行為として外部に実現されているから，販売者である相手方から購入者である本人に対し，購入行為は開業準備行為であるとの主張をすることができる。しかし，購入者である本人から相手方に対し，購入行為が開業準備行為であるとの主張はできない。というのは，この段階では，購入者の営業意思は行為として明確になってはいるが，他人である相手方がこれを開業準備行為として認識できるとは限らず，備品販売者は，購入者が自己の個人用に購入したと判断する可能性もあり，購入者の主観と販売者の判断は別もので，購入者の主観どおりに相手方である販売者が認識するわけではないからである。販売者が，備品購入が営業用であると認識していれば，販売者は当然購入行為が開業準備行為であると主張するであろうから，販売者による開業準備行為の主張はこれを認めてもよいが，販売者がこのように認識できない場合もあるので，購入者側からは主張できないとするのである。

53

次に，備品購入行為は開業準備行為であるとの本人の主観を相手方が認識できる状況が客観的に存在する場合，即ち，購入者が開業準備行為として備品を購入したことを販売者である相手方も理解できる状況のとき，その相手方との関係においては，販売者は勿論，購入者からも購入行為は開業準備行為であるとの主張をすることができることになる。

　最後に，本人は勿論，相手方も備品購入行為を開業準備行為であると認識したとしても，相手方以外のその他の第三者が備品購入行為を開業準備行為と認識できるとは限らない。そこで，販売者である相手方＋その他の者が，当該備品購入行為が開業準備行為であると認識できる場合は，購入者はだれに対しても，そしてだれからでも購入者に対し，備品購入行為を開業準備行為として主張できることとなる。

　段階説とは，このように，行われた行為が内在させる意味の対外的反映の度合いを段階的に区分することによって，開業準備行為の成否を相手方あるいは第三者との関係において考えようとする説である。

　一定の行為が商行為になるか否かは，当該行為が企業行為として行われたか，別な表現でいえば，営業の意思でなされたか否かによって決定される。先の例でいえば，備品購入が営業の意思でなされたか自己の私用のためになされたかであり，前者の意思でなされれば商行為となる。この意味において，本人の意思とその意思の表われである行為が行われた時点によって開業準備行為の成否を決するのが基本的あり方であろう。したがって，原理的には，画一的決定説によるべきであると思う。ところが，意思とか行為は常に対外的にいかに理解されるかが問題であり，自分にとってのみ理解できる意思とか行為はそもそも意味を持ち得ない。他人に対する意思表示であるからこそ，そのあり様が検討の対象となるのであって，自己の自己に対する意思表示は問題とはならないし，行為についても，他人に向けられた行為だからその意味が問題となるのであって，自分に対する自らの行為の意味など吟味する必要はない。とすれば，自己の意思と行為が他人にとっていかなる意味を有するかを類型化し，そのあり様に従って開業準備行為の成否を考える段階説によるべきものと考える。ただ，これまでの段階説が主張してきたように細かく分けて考えることは必ずしも必要とは思われない。*

＊この点については，服部栄三・商法総則（第二版）・青林書院新社・1975年・262頁参照。

5-2-2　自然人の商人資格の喪失

　自然人が商人資格を失うのは，営業活動ないし企業行為をやめたときである。営業ないし企業の廃業時といってもよい。一般的には，営業活動を停止したときがこれに当たるが，営業活動を停止しても，残務整理が残っていて後始末が行われている場合は，その間はまだ商人資格を喪失したことにはならなず，これが終了した時点が商人資格の喪失時期である。また，営業主が死亡したときには，死亡した時点で当該営業主は商人資格を失うことはいうまでもないことである。

5-2-3　法人の商人資格の取得

(1)　法人の種類

　法人とは法が認めた一定の組織または団体であり，法律が定める手続によって設立されたもので，その典型は会社である。法人はその種類によって，公法人，公益法人，私法人，その他に区別することができる。公法人，特に国家は，法が認めた一定の組織または団体とはいうことができず，これ以外の法人と成立のありようが異なり特殊であるが，この点は商法に直接関係しないのでここでは触れない。以下それぞれの商人資格の取得について明らかにしてゆくことにする。

(2)　公　法　人

　公法人とは，国家や自治体（都道府県市町村）のことである。国家や自治体の目的は，国民や住民の福祉の向上と実現にあり，一見営利活動とは無縁に思われる。けれども，国民や住民の福祉の向上や実現のために必要な限度で営利事業を行うことは当然に認められる。例えば，市営バスの事業を行う等の行為である。これらの事業が商行為＝企業行為に該当する限りでは，つまり，バスの運行を行い利益を得るという面において，かつ，それを開始した時点において公法人は商人資格を取得し，その行為（→バスの運行事業）に商法が適用されることになる。

(3) 公益法人

公益法人とは，宗教，学術，慈善等の公益事業を行うことを目的に設立された法人のことである。公益法人は目的が明確に限定されているため営利事業＝企業行為を行うことはまれである。しかし，法人の目的とする公益を実現するために営利事業を営むことは当然に認められるべきである。例えば，学校法人は，一定の範囲内において営利事業を営むことを認められているのがその証左である。公益法人が営利事業を営むときは，その事業を開始したときに商人資格を取得し，当該行為に商法が適用される。

(4) 私法人

商人資格が問題となるのは，営利法人としての私法人であり，それは株式会社や有限会社その他の会社である。

営利法人は，通常商事会社であり，商行為を業として行っている。株式会社がその典型である。無論，商行為を業としていなくとも会社であれば当然に商人である（民事会社の例）。かくして，商行為を業とするか否かに拘わらず，会社であれば生まれながらに商人ということができ，商人資格の取得は，会社が**設立**されたときである。換言すれば，会社が**成立**したときである。会社は，法的には設立の登記をしたときが，設立＝成立であり，商人資格の取得は，設立登記が行われたときである。

5-2-4 法人の商人資格の喪失

(1) 公法人

公法人については，法人自体の消滅を考えることはできないため（市町村等の合併による結果をどう考えるかの問題は残されるが），公法人が行っている営利事業が廃業されたときに商人資格を喪失する。後始末が残っているときはこれが終了した時点である。

(2) 公益法人

公益法人が営利事業を廃業したときである。営利事業を廃業せず継続したまま法人自体が消滅することは考えられないから，営利事業を廃業したときに商人資格を失うと解することで十分である。後始末に関することは

公法人と同じである。

(3) 私法人

営利法人としての会社は，設立登記によって成立し，**清算登記によって消滅するのが原則である**。したがって，清算登記が行われた時点が商人資格を喪失する時期と考えてよい。しかし，清算登記を行ったが，残余財産が存在しその分配の清算が結了していない等の場合は，この結了までの間会社は存続し消滅せず，清算事務が終了したときに商人資格を失うことになる。

6　商　号

6-1　商　号

6-1-1　商号の意味

　商号とは，商人の営業上の名称である。商人が営業活動を行うときには，自己の名称を表示して行う。別な表現でいえば，**商号とは，商人の名前**でありこれなくして営業活動を行うことはできず，必ず一定の定まった名前をもって営業活動が行われる。「〇〇会社」「株式会社〇〇」「〇〇商店」といったようなものである。商人が製造・販売する製品＝商品に付する名称，「週刊〇〇」「〇〇牛乳」等は商号ではなく商標であり，こうした商品を製造・販売する商人の名称が商号である。

　商号は商人の名称であるから，商法上商人でない者の名称は商号ではない。共同組合や相互会社（＝生命保険会社）は商法上商人ではないから，これらの名称は営業を行うための名称ではあっても商法上の名称＝商号ではなく，商号に関する商法の適用はない。

　商号は商人が営業活動を行うに際し他人から自己を区別するために用いられるもので，営業あるいは営業活動と同じではない。営業行為を行う者の名前である。と同時に，名称であるから，文字により表示することがで

きるものであることを要し，**呼称できるものでなければならない**。記号，図形，マーク，等は呼称できないから商号たりえない。呼称できれば外国文字（例えば，syouhou）でもいいかの問題があるが，商業登記法との関係において日本文字であることを要する。外国語であっても，カタカナ，ひらがな，漢字，で表示しているものであれば，これらは日本文字であるから商号とすることができる。

　商人は営業活動を行うにつき，商号を用いて行うことは当然なるも，その他に，通称名，雅号，芸名等を使用することも自由であるが，これらは商号ではない。無論，芸名等を商号として選定すれば，それが商号となることはいうまでもなかろう。商号とそうでないものとの区別をこのように厳しく行うのは，後に述べるように，商号には特殊な法的効力が認められるからである。

6-1-2　商号自由の原則とその制限

　商号は商人がその営業のために自己を表示する名称であり，自らそれを選定する。わが商法は，英米法系と同じく**商号選定自由の原則を採用している**（商法16条）。したがって，商人は，他人の権利を侵害しない限り，自己の氏，氏名，その他をもって自由に商号とすることができ，営業実体と商号が一致する必要はない。江戸時代からの屋号「みそ屋」を商号とし「米屋」を営業していても問題とならないのはこのためである。もっとも，商号選定自由の原則とはいっても，全くの自由ではなく他人の権利を侵害する場合は勿論，その他いくつかの制限があり，一定の制限を含んでの自由である。以下，制限の内容につき明らかにする。

(1)　一般的制限

(a)　一営業について一個の商号選定のみが認められる。一営業とは，同一法人による営業，同一自然人による同一営業のことである。法人＝会社の場合は，複数の営業を行っていても会社が一つであれば商号は一つしか選定できない。自然人が複数の営業を行っている場合は，各営業ごとに商号の選定をすることができる。この場合でも，営業が複数であるから，その数だけの商号選定が認められるのであって，一営業一商号であることに

変わりはない。一営業一商号のことを**商号単一性の原則**という。

だが，商号単一性の原則は，実際には商号を登記するときに遵守されるべきことであって，登記に関係しなければ他人の権利を侵害しない限り複数の商号を使用することは**事実上自由**である。

(b) 公序良俗に反する登記はできない。公序良俗とは公の秩序善良な風俗（民法90条）のことであり，法秩序に反することや一般的常識人が考えて悪質下劣と思うような商号の選定は認められないことである。「麻薬取引商事」といった類の商号である。

(c) 不正競争の目的をもって他人の営業と誤認させるような商号を使用することはできない（商法21条1項）。**不正競争の目的，誤認，使用が要件**であり，他人の商号を不正競争の目的で使用することを禁止するものである。単に，不正競争の防止を目的とする規定といってもよい。Aの商号をBが使用する場合を例にいえば，商号は商人の営業活動における名称であるから，他人である第三者がBの営業をAの営業と誤認して取引する事態の防止と，Aの商号の保護である。Aの商号の保護とは，Aの営業活動を保護することである。無論，法人企業・個人企業いずれについても適用される規定である。

不正競争の目的とは，Bが商人Aの名声と実績に便乗して自己の営業を有利に展開するため，Aの商号と同一または類似の商号をAの同意なく無断で使用することである。AとBが同一の営業を行っている必要はなく，客観的にみて第三者がBをAと『誤認』する事態の発生があれば，不正競争の目的ありとすることができる。第三者による『誤認』の事態があれば，BがAの商号を侵害する意思を有していたかどうかは問題とする必要はない。第三者が誤認するような形態において他人の商号を使用することを禁止することが目的だからである。

不正競争の目的認定においては，商号を先に使用していたか後から使用したかが最も重要な点で，**商号の登記未登記は無関係である**。A・Bいずれの商号も未登記であるとき，Aの商号が登記されておりBの商号が未登記のとき，Aの商号が未登記でBの商号が登記されているとき，総て同様である。つまり，商号を先に使用していた者がいるときに，これを後から使用する者は，他人の商号を不正競争の目的で使用すると認定されること

になるのが殆どである。商号使用の後先が第三者による誤認の有無を判断する要素だからである。

ただ，同市町村内において，登記された商号と未登記の商号が競合する場合（登記された商号と未登記の商号が同一または類似のものである場合）には，登記された商号には特殊な効力が認められるので事情は多少異なるものの，未登記で商号を使用する者が不正競争の目的をもって当該商号を使用しているのではないことを証明すれば，引き続きその商号を使用することは可能である。上記証明が行われると，商号を登記した者のが未登記で商号を使用している者の，当該未登記商号を不正競争の目的で使用していると認定されることになり，未登記商号の使用者から商号を登記して使用している者に対し，その使用の差止請求と，損害賠償請求が認められることになる。ここでの証明とは，例えば，未登記商号は，先祖代々使用してきているものであり，商号を登記した者は，これを真似たものである等のことである。このように商号使用の後先が事態を決する最も重要な点である。尚，商号の登記に関して発生する諸問題については後に述べる。

(2) 会社についての制限

会社も商号を自由に選定できるが，商号中にその会社の種類に従った文字を必ず用いなくてはならない。「〇〇株式会社」「合資会社〇〇」の類である（商法17条）。「会社」の種類を表す文字は，商号中に用いればよく，商号の前に置くか，商号の最後に置くか，途中に置くか全く自由である。銀行，証券等の会社にあっては，会社の種類の他に，これらの種類についての文字をも用いなければならない。「株式会社〇〇銀行」「〇〇証券株式会社」の類である。

(3) 個人企業についての制限

個人企業は，商号中に会社なる文字を用いることができない（商法18条）。個人が会社の営業を譲受けて行う場合も個人企業であるから，会社の文字を商号中に使用することはできない。明確に会社なる文字を用いることだけでなく，第三者が個人企業を会社と誤認するような類似の文字を使用することもできないのは当然である。

6-2　商号の登記

6-2-1　商号登記

　個人企業においては，商号を登記するかしないかは自由で，商号の登記が強制されているわけではない。他人の権利を侵害・妨害しない限り，商号を未登記のまま使用していても特別に法的問題が発生するわけではない。無論，登記することも自由である。ただし，一旦商号を登記すると，以後はその変更・廃止について必ず登記することが必要である（商法15条）。

　会社は一定の法的手続に従って設立しなければならず，かつ，設立の登記をすることによって成立する。この設立登記を行うときは，必ず商号を登記することを要し（商法64条1項1号，188条2項1号），商号の登記なくして会社を設立することはできない。商号登記は会社設立登記手続の一部分となっているといえるから，会社が設立されれば商号は必ず登記されていることになる。個人企業においては，商号を選定・使用して営業を行うことと，その商号を登記することとは別なことで，登記するかしないかは自由であるのに対し，会社組織で営業を行う場合は，会社の設立なければ営業の開始もありえず，商号登記もなされていないことになる。会社が設立されていないのに会社の商号だけが登記されることはありえないことである。この意味において，会社の商号登記は強制であり登記しない自由は認められていない。

　個人企業の商号登記は商業登記簿に，会社の商号登記はその種類に従い，株式会社登記簿，有限会社登記簿，合資会社登記簿，等に登記される。

6-2-2　同一商号登記排斥権

(1)　商法19条の意味

　商法19条は，他人が登記した商号は同市町村内において同一の営業のために登記することができない旨を定める。具体的にいえば，製菓業を営むA株式会社は，設立時にその商号を登記しているので，同一市町村内にあって製菓業を営む者および営むことを予定しているものは，A株式会社の商号を登記することができないことである。

「同一の営業のために」とは，全く同一であることは必要でなく，総体的に類似していれば「同一の営業のために」の要件に該当する。例えば，パン・菓子その他製菓総てを製造・販売している者と，ケーキ類のみを製造している者とは同一の営業と判断される。他人が登記した商号と同一の商号を登記することができないことは勿論だが，類似した商号の登記も認められない。「同市町村内」については，東京都および政令指定都市では，これを区と読みかえる（商法中改正法律施行法5条）。

同市町村内において，同一の営業のために他人の登記した商号を登記できないことを規定する**商法19条は**，内容的にいえば，**同市町村内での同一商号二重登記の禁止を定めたもの**と解することができるから，商号の二重登記をしようとする者が不正競争の目的を有しているか否か等を問うことは必要でなく，要するに，同一営業について同一または類似の商号登記が禁止されるのである。商法19条が同一商号登記排斥権の規定といわれる所以である。

(2) 同一商号登記排斥権の法的性質

商号の二重登記禁止を定めた商法19条の法的性質に関しては学説上争いがある。登記官に対する効力だけを定めた規定なのか，それとも私法上の効力をも定めた規定なのかの争いである。論争点を具体的にいえば，既に登記されてある商号と同一ないし類似の商号の登記申請が行われたとき，登記官が誤ってこれを受理しその商号が登記されてしまった場合である。商法19条の商号登記排斥権が登記官だけに対する効力を定めた規定であると解すると，先に商号を登記していた者は，登記官が自己のミスに気付き，自らのミスを原因とする後からの商号登記者にその登記の抹消を求めない限り商号の二重登記はそのまま存在し続けることになる。

商号登記排斥権は，登記官に対する効力と私法上の効力をも定めたものでもあると解するときは，先に商号登記をしていた者は，後の商号登記が登記官のミスによるものであったとしても，後から同一ないし類似の商号登記をした者に対し，その抹消請求をすることができることになる。同一商号登記排斥権は，登記されている商号を保護するための規定であるから，**私法上の効力をも認めるべきである。**

6-2-3 同一または類似商号使用排斥権
(1) 不正競争の排斥

　商号の使用関係を商法19条が定める同一商号登記排斥権との関連のみで考えると，**同市町村内でなければ**，同一商号ないし類似商号を同一営業のために登記して使用すること，あるいは，登記していない商号＝未登記商号＝であれば同市町村内であろうとなかろうと他人の商号と同一または類似の商号を同一営業のために使用することは許されることになる。商法19条は，同市町村内での**商号登記排斥権**だからである。そこで商法は，不正競争の目的をもって他人が登記した商号を使用することを排斥する規定を設けた。

　商号の登記をした者は，不正競争の目的をもって同一または類似の商号を使用する者に対し，その使用の差止請求および損害が発生しているときには損害賠償請求をもすることができる，と定める（商法20条1項）のがそれである。不正競争の目的をもって使用することの意味については既に説明したので繰返さない（→商号についての一般的制限に関する部分参照）。**留意すべき点は**，不正競争の目的をもってとは，先に商号を登記して営業を行っている者Aの商号と同一または類似の商号を後から使用すれば，第三者がAの営業であると誤認するであろうことを意図してAの商号を使用することである。だから，使用する商号について第三者による誤認の虞がある限り，営業が同一でなくとも不正競争の目的は認定されることになる。例えば，商人Xが自己の営業を有利に展開する目的（不正競争の目的）で車の輸出入の営業のみを行う商社であるA株式会社と同一の商号を選定登記し，各種イベントの営業を行ったとする。A株式会社は車の輸出入に関係するだけであっても，通常，商社はあらゆる業種の営業を行うと考えるのが一般的であるから，商号が同じであれば第三者は商人Xの営業をA株式会社の営業と誤認する，といった場合である。もっとも，同一営業のときに不正競争の目的が認定され，異業種の場合に問題となることは少ないであろう。

(2) 法律上の推定

　同市町村内で，他人が登記した商号を同一営業のために使用するときは不正競争の目的をもって使用するものと法律上推定される（商法20条2項）。同一商号登記排斥権のところで述べたように，同市町村内で同一営業について同一商号の二重登記は認められないから，同市町村内で同一又は類似の商号が競合する具体的ケースは，登記された商号と未登記商号の競合に限られる。即ち，同市町村内で商号を登記している者が存在し，他方，未登記で商号を使用している者の商号がこの登記された商号と同一または類似しており，かつ，それが同一営業のために使用されているときである。この場合，未登記商号の使用者は，登記商号使用者よりもその商号を先に使用していたものであったとしても，不正競争の目的で使用するものでないことを証明しない限り，不正競争の目的で使用していると法律上推定され，商号を登記している者から，使用の差止請求や損害賠償請求をされる。

　証明の具体的態様は，未登記商号は先祖代々使用してきたものであり，登記された商号を真似たものではなく，真似ているのは，登記した商号を使用する者の方であるとの証明等である。

(3) 未登記商号の権利

　同一または類似商号使用排斥権は，登記された商号のみが有する権利ではなく，未登記商号についてもそれは認められる。商号を登記していない者がいたとしても（→未登記商号使用者），この者の商号を不正競争の目的をもって使用することはできない。他人の未登記商号Aを，不正競争の目的で使用する者が当該商号Aを登記したとしても，不正競争の目的で使用する場合は，当該商号の使用は認められず事態は同様である。使用する者，使用される者，両者の商号の登記・未登記に関係なく，他人の商号を不正競争の目的で使用することは許さず，違反者に対しては，商号使用の差止請求と損害賠償請求をすることができる（商法21条1項，2項）。**未登記の商号にも，同一または類似商号使用排斥権は認められているのである。**

　不正競争の目的で類似の商号を使用する者に対し，差止請求等の権利が未登記商号にもあるとすると，差止請求権や損害賠償請求権を付与することによって登記された商号を保護する商法20条の規定は無意味な規定なの

であろうか。否である。商号を登記した者と未登記で使用している者が存在し，その商号が競合するときは，未登記商号使用者の方が不正競争の目的で使用していると事実上推認されるし，同市町村内においては，未登記商号の使用は不正競争の目的で使用していると法律上推定されるから，商号登記には一定の意味があるということができ，登記された商号を保護する商法20条の存在意義もこの点にあるといってよい。換言すれば，登記商号と未登記商号が競合する場合は，不正競争の目的認定において，登記商号の方が事実上および法律上有利な立場に立つことができるのである。

```
＜商号に関する規定の整理＞
□同一商号登記排斥権（商法19条）
    他人が登記した商号は，同市町村内において同一の営業のた
    めに登記できない＝同一商号二重登記の禁止
□同一又は類似商号使用排斥権（商法20条1項）
    商号の登記をした者は，不正競争の目的をもって同一又は類
    似の商号を使用する行為を排斥できる権利
□不正競争の目的推定（商法20条2項）
    同市町村内で他人が登記した商号を同一営業のために使用す
    る者を，不正競争の目的で使用すると推定
□未登記商号の権利（商法21条1項，2項）
    未登記商号でも，これを不正競争の目的をもって使用する者
    に対しては，使用の差止と損害賠償ができる
```

6-3 商号権

6-3-1 商号権をめぐる論争

(1) 商号使用権と商号専用権

学説はこれまで，商号には商号使用権と商号専用権とがあり両者を併せて商号権という，と説明してきた。そして，**商号使用権**とは，自己の商号を他人に妨害されることなく自由に使用することができる権利であるとい

う。**商号専用権**については，他人が同一または類似の商号を不正に使用することを排斥することができる権利であるとする。

　商号使用権については見解が一致しており争いはないが，商号専用権についてはその発生要件に関して争いがあった。学説が従来，商号権を商号使用権と商号専用権に分けて考察しそれぞれを別個のものとして取扱ってきた理由はこの発生要件をいかに考えるかに関するものである。商号使用権は，商号を選定し使用を開始することによって発生するが，他人が自己の商号を不正に使用することを排斥する権利であるところの商号専用権はいかなる要件の下で発生するのか，単に商号を選定し使用を開始しただけで発生するのか，それとも他に何か要件が必要なのかである。争いの論点を具体的にいえば，商号専用権は，商号を登記することによって発生する権利か否かである。

　商号を登記しているとき，不正競争の目的でこれを使用する者にはその差止請求と損害賠償請求を行うことができることは，商法制定当時から法律上明確であった。しかし，他人の未登記商号を不正競争の目的で使用する者が存在する場合に，未登記で商号を使用している者は，不正競争の目的で自己の未登記商号を使用する者に対し差止請求を請求できるかどうかについては，昭和13年の商法改正までは法律上不明であった。したがって，不正競争の目的で他人の商号を使用することを排斥する権利である商号専用権は，**商号登記**によって発生し，未登記商号には他人が自己の商号を使用することを排斥する権利である商号専用権はないと解する余地があった。商号権を商号使用権と商号専用権に分けて考察し，それぞれの発生要件を明確にすることは，この意味において必要なことであったといえるし，発生要件について争いが生じることも必然であったといえる。

(2)　法改正による商法21条の新設

　昭和13年の商法改正により，商法21条が新設され，未登記商号であっても，これを他人が不正競争の目的で使用するときは，その使用の差止請求と損害賠償請求をできることが条文上明らかになり，現在これを否定する学説は存在しない。学説が争ってきた論点が法的に解消されたのである。にも拘わらず，学説は依然として，商号権を商号使用権と商号専用権とに

分けて説明している。両者が法的性質を異にするものであるならば，それぞれをを区別し別個に考察することは必要なことである。だが，**商号使用権と商号専用権は同じものであり一体のものとして理解すべきもので，区別すべきものではない**と考える。以下この点につき説明することにするが，その前に，商号使用権と商号専用権が，学説によってこれまでどの様に定義されてきたのかを再度確認しておく。

(a) 商号使用権

他人の妨害を受けることなく自由に商号を使用することができる権利，商号を他人に妨げられないで使用することができる権利，他人により商号の使用を妨げられない権利，商号の使用を他人により妨害されない権利，等々である。

(b) 商号専用権

他人が同一または類似の商号を不正に使用するのを排斥する権利，不正競争の目的で同一または類似の商号を使用する者に対して使用の差止を請求できる権利，他人が同一または類似の商号を使用することを一定の場合に排除できる権利，等々である。

6-3-2 商号使用権と商号専用権の法的性質

(1) 商号使用権

学説による商号使用権と商号専用権に関するそれぞれの定義規定は殆ど同じであり，そこに差異を読み取ることはできない。このことは，商号使用権の内容についての理解と，商号専用権の内容についての理解が学説上一致していることを意味する。

ところで，学説が定義する商号使用権と商号専用権の定義を比べてみても両権利はどこがどのように異なるのかは必ずしも明らかではない。言葉の上では，商号を自由に使用する権利（→商号使用権）と，自己の商号を他人が使用することを排斥する権利（→商号専用権）とは異なることはいうまでもないが，内容的には全く同じであるといわざるを得ないのである。

商号使用権とは，他人に妨害されることなく自己の商号を自由に使用できる権利のことであった。ここに自由とは，他人の権利を侵害・妨害しない範囲での自由である。自己の商号を使用することが，他人の権利，例え

ば，他人の商号を侵害・妨害することになる場合は，その使用は認められないから，あくまでも他人の権利を侵害・妨害しない範囲内での使用の自由である。と同時に，商号を自由に使用できるというときの自由は，自己の商号使用が侵害・妨害された場合の，その侵害・妨害に対する措置（→差止請求，損害賠償請求）を自らの内に含んだ上での自由である。これらの措置を含まない使用の自由は，単に言葉だけの自由であって，実際には使用の自由は一切保障されない。

　商号使用の自由は，他人の権利を侵害・妨害しない限りでの自由であり，かつ，商号使用の自由が侵害・妨害されたとき，侵害者ないし妨害者に対する使用差止等による商号使用自由の回復手段を含んだところの，使用の自由である。使用の自由という場合の自由は，他人の権利を侵害・妨害しない限りでの自由であるからこそ，自己の商号を侵害する者・妨害する者に対しその侵害・妨害の差止を請求できるのである。仮に，使用の自由にこうした制約がないとするなら，それは一切の制約なき下剋上であり，ルールなき行動のみが存在する何でも有りである。そうではないからこそ，使用の自由は一定の制約を前提にする自由であり，かつ，この自由を侵害・妨害されたときの自由を回復する手段を含んだ自由なのである。

　かくして，商号使用の自由は，商号の自由な使用に対する侵害・妨害を排除する手段を含んでこそ初めて商号使用の自由として成立し得ることになる。故に，商号使用権は，商号の不正使用を排斥する商号専用権と一体化しており，両者を別物と解することはできない。

(2)　商号専用権

　商号専用権から考えても事態は同様である。商号専用権は，他人が自己の商号と同一または類似の商号を不正に使用するのを排斥する権利であるが，他人が自己の商号を不正に使用することを排斥することにより保障せんとする対象＝内容は，商号の自由な使用である。だから，商号の専用とは，自己の商号を自由に使用することを保障することであり，商号の自由使用の保障に他ならない。商号の専用とは，他人を排除して自分一人が当該商号を自由に使用できることを意味し，内容的には商号の自由使用の担保そのものといってよい。商号専用権の内容がこれまでの学説によって，

商号の排他的機能であるとか，商号を排他的に使用する権利，と説明されたりするのはこのためである。

商号専用権の是認は，商号使用権の是認であり，商号使用権の確立は商号専用権の確立であって，商号専用権と商号使用権は内容的に同義語であるといわざるをえない。

(3) 商号使用権と商号専用権の一体化

以上のように，商号権を商号使用権と商号専用権とに分けて説明しなければならない根拠はどこにも存在せず，商号使用権と商号専用権は表裏一体ものであって，同一の権利と解すべきものである。

したがって，商号権とは商号使用の自由権のことであって，この自由が侵害されたり妨害されたときには，使用の自由が侵されたことになるから，当然に差止請求や損害賠償請求ができ，それは商号使用権そのものの行使であると説明されるべきこととなる。商号の使用差止請求や損害賠償請求を従来の学説は商号専用権といい，商号使用権とは別なものとしてとらえてきたのである。法的性質論としていえば，自己の商号を他人が不正の目的で使用することを排斥するのは商号使用権自体の効力であり，使用権と専用権は一体で同一のものである。

7　名板貸

7-1　名板貸

7-1-1　名板貸の意味

名板貸は，看板貸，名義貸ともいわれ，自己の氏，氏名，商号を使用して営業をなすことを他人に許諾することをいう（商法23条）。商号を貸す名板貸が一般的であるが，判例上では，氏や氏名を貸す場合も名板貸であるとするものが散見できる。**貸す者を名板貸人といい，借りる者を名板借人と呼ぶ**。商法が名板貸を問題とするのは，商号等の貸し借りをめぐる当

事者間の関係ではなく，名板借人とその取引の相手方との関係，およびこの相手方と名板貸人の関係を問題とするのである。

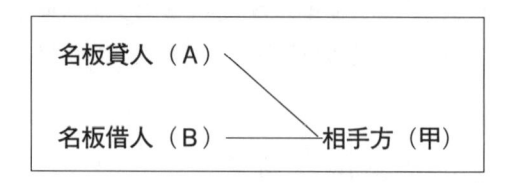

```
名板貸人（A）
名板借人（B）————→相手方（甲）
```

7-1-2 名板貸の具体的形態

　名板貸関係を上の図により簡略に述べれば次のようなことである。現実に取引を行うのは，名板借人Bと相手方甲である。しかし，Bは名板貸人Aの商号等を使用（→借用）して甲と取引を行っている。名板借人BがAの商号等を借用する結果，甲は，BをAと誤認して取引を行うことになり，A・B両者は，名板貸を行うことによって，甲が，BをAと誤認する外観を創出しているといえる。B・甲間の取引が障害なく進展していれば，名板貸が法的問題となることはない。ところが，Bが甲との取引において，代金を支払わない，契約どおりの商品を引き渡さない，等々の債務不履行をした場合，甲はBに対し責任を追及することは当然としても，甲はBをAと誤認して取引をしているために，Aに対しても責任追及を行う。Aは甲と取引はしていないものの，Bと名板貸を行い，甲がB＝Aと誤認する外観を創出しているので，Bが甲に対し負う責任と同じ責任を甲に対し負わねばならない（→Bとの連帯責任），と商法は定めた（商法23条）。

　名板貸の中心に存在する法的課題は，自己の商号等を使用して営業をなす者Bが負担する債務について，商号等の貸主である名板貸人Aがこの者（B）と連帯して責任を負うことである。名板貸人Aが自己の商号等の使用を名板借人Bに許諾したとき，BをAと誤認して取引した者（甲）に対して責任を負わねばならないのは，自己の商号等の使用をBに許諾することが，対外的には，BをAと誤認させることになるからである（→甲による，B＝Aの誤認）。名板借人の行為は名板貸人の行為である，と誤認させる外観を名板貸人自ら創出したから，そうした外観を信頼して取引をした者に対して責任を負うべきとするのが名板貸の法的根拠である。名板貸は，

商法の採用する禁反言の法理ないし外観主義に基づく制度であると説明されるのはこの意味である。

7-2 名板貸の成立要件と名板貸人の責任

7-2-1 成立要件

(1) 自己の氏，氏名，商号の使用許諾

　名板貸人として名板借人の債務につき責任を負うのは，自己の氏，氏名，商号の使用を他人に許諾した者である。使用の許諾は商号等に限らず，通称，芸名の使用を許諾した場合にも名板貸は成立する。

　商号等の使用許諾は，貸借契約に基づき行われるが，契約が行われていなくとも，他人が自己の商号等を無断で使用していることを黙認しているときは，暗黙の許諾があったと解することができ，黙示の許諾による名板貸が成立する。通称，芸名等の場合も黙示の許諾による名板貸が成立することに変わりはない。

　名板貸人の商号等を名板借人が使用するとき，名板貸人の商号等と名板借人が使用する商号等は，厳密に同じであることは必要でなく，名板借人と取引を行う相手方が，名板借人＝名板貸人であると誤認する程度に類似していればよい。判例には，以前「金森製材組合」の商号で木材業を営んだことのある者（氏は金森）が，自己の居宅内に，「金森木材」の看板を掲げて営業をなすことを他人に許諾した場合には，当該他人との間に名板貸が成立するとしたものがある。

(2) 商人間の関係であること

(a) 名板借人の商人性について

　商法23条は，「自己の氏，氏名，又は商号を使用して営業を為すことを許諾したる者は，自己を営業主なりと誤認して取引を為したる者に対し，その取引に因りて生じたる債務」について責任を負うと規定する。営業は商人が行う行為であって非商人はこれを行わない。だからこそ非商人なのである。

　とすれば，営業をなすことを許諾したとは，内容的に考察すると，商号

等の使用を許諾された者，即ち，名板借人は，営業をなすために商号の使用を許諾されていることであり，したがって，名板借人は商人であることが要件となっていると考えねばならない。学説の多くは，名板借人は商人であることを要しないと主張するが，その根拠は必ずしも明確とは思われない。また，条文上取引を為したる者に対し責任を負うと規定されているのは，商人を要件としていることの表われであるといえる。非商人が取引を行うことなどありえず,「非商人の取引」は形容矛盾である。商人だからこそ取引をするのである。

現実に即して考えても，非商人が他人の商号等を借りて営業や取引を行うことを想定するとはかなり困難である。次の(b)で述べるが，支配的な学説は，名板借人と同様，名板貸人も商人である必要はないと主張するから，非商人間でも名板貸が成立することを認めることになる。非商人は商人ではないから商号を有しない。にも拘わらず，そこに名板貸が成立するというならば，それは非商人間で氏，氏名を貸借することによる名板貸，氏，氏名の貸借にならざるを得ない。他人の氏，氏名を借りるとは，他人の氏名を借用することであり，他人名を名乗ることである。営業を行うことのない非商人が他人名を名乗るこうした現象は異常で，あり得ない事態というべきことである。また，そもそも非商人間に商法は適用されないから，非商人間で氏名等の貸借を行っても名板貸の規定が非商人間に適用されることもあり得ない。名板借人は商人であることを要するのである。

ただ，ここに商人とは，法的な意味での商人である必要はなく，名板借人と取引をする相手方が，名板借人のことを商人であると誤認する外観が存在すれば，法的には商人でなくとも，名板貸関係においては商人として考えるべきである。というのは，名板貸は実体とは異なる外観を創出した者と，それを誤認によって信じた者との関係だからである。商人と誤認できる外観の存在をもって，名板借人の商人性を判断すべき根拠である。

(b) 名板貸人の商人性について

名板貸は，名板貸人を営業主であると誤認して取引を行うことである。実際は名板借人Bと取引を行うのではあっても，名板貸人Aが取引の当事者であると誤認して相手方甲はBとの取引を行うことおよび，その誤認は，BをAとして，Bの営業をAの営業と誤認することである。商号等の使用

許諾が行われた結果，名板借人と取引する相手方甲は，名板借人Bの営業を，名板貸人Aの営業と誤認して取引をすることである。仮に，非商人も名板貸人となることができるとの見解に立脚しても，非商人が営業を営むことはありえず，故に営業主となることも考えられないから，名板借人と取引する相手方が名板貸人である非商人を営業主と誤認する事態が生じることはない。サラリーマンを営業主（＝営業者本人）と誤認する者はいないことを想像すれば，事態の理解は容易であろう。結局，営業を行っている者＝商人だけが，名板借人に商号等を貸した関係上，名板借人の行っている営業の営業主と誤認されることにならざるを得ないのである。名板貸人も商人であることが名板貸の成立要件であると解すべきである。

　無論，名板借人の商人性のところで触れたように，名板貸人は商人であるという場合の商人性も，取引相手が外観上商人と誤認する状況が存すれば，商人と判断されることはいうまでもないことである。

〈興味ある判例〉

　名板貸関係における，名板貸人と名板借人の商人性について，興味ある判例が存在するので紹介しておく。事実の概要は『東京地方裁判所の職員（労働者）は，裁判所とは無関係に，自らの福利厚生のために生活物資の購入等を行う団体を結成し活動していた。東京地方裁判所は，この団体からの要請に基づき，東京地方裁判所とは無関係であるのにもかかわらず，団体が，東京地方裁判所厚生部なる名称を使用することを許諾し，且つ，裁判所内の廊下の一部使用を許可していた』というものである。

　団体に商品を納入していた業者は，団体と東京地方裁判所との間に名板貸が成立するとして，団体が業者に負った債務の支払を東京地方裁判所に求めたが，支払を拒否されたため訴訟になった事件である。

　第一審，第二審，ともに業者の主張を認めなかったが，最高裁は名板貸関係の成立を認め，納入業者の請求を容認した（最判昭35・10・21民集14巻12号2661頁）。

　東京地方裁判所，および，東京地方裁判所厚生部なる名称を使用した団体，両者ともに非商人であるにも拘わらず，名板貸が認められたのである。しかし，これは名板貸が非商人間においても成立することを最高裁が認め

たものと単純に解すべきではない。

「東京地方裁判所厚生部」の名称は，裁判所の正規の部局であるとの外観を与える。厚生部を称する団体の商品購入行為は，厚生部なる名称の使用と商品の購入行為という点で，団体が商人であるがごとき外観を与え，それが営業＝購入した商品の販売＝をなしているかのような外観を商品納入業者に対し与える。東京地方裁判所厚生部は，架空の名称ではあっても，実際に存在することが予想されるような名称であり，東京地方裁判所の施設の一部を使用していることをも加えて考察すれば，いかにも実在しそうな名称であり団体である。そしてこの団体は，東京地方裁判所職員の福利厚生関係の範囲内において，各種物品の販売・購入を行うことを目的とする東京地方裁判所の一部局との予測を第三者に与える。換言すれば，団体の行う行為は東京地方裁判所の行為であり，団体＝東京地方裁判所という範囲において東京地方裁判所に商人性を外観上与える名称でもある。だから，外観上は，東京地方裁判所の一部局である厚生部という商人が納入業者と取引をする相手であった，そしてその厚生部は，裁判所の正規の部局であり，納入業者からすれば，営業主は東京地方裁判所であると理解すべきものであって，この点において名板貸が成立するのである。また，東京地方裁判所は，団体に対し，東京地方裁判所厚生部なる名称の使用およびその施設の一部使用を許諾していた。東京地方裁判所も東京地方裁判所厚生部の名称を使用した団体も，法的には商人ではないが外観上は「厚生部」という商人性を備えており，両者間には名称の使用等に関する許諾もなされていたために名板貸が成立すると判示されたのである。単に非商人間の名板貸が認められたのではない。

〈自分が自分を裁いてよいか〉

興味があるのは，最高裁が名板貸関係における商人性をどの様に判示したかの点だけではない。もう一つの興味ある点は，この事件の第一審は東京地方裁判所だったことである。つまり，第一審は，自分が自分を裁いたわけだから，第一審段階では，商品の納入業者が勝訴することのできない構造になっていたと考えてよいであろう。自らが自らを裁くことは，そもそも近代社会の法的ルールとして是認されることなのであろうか。検討を

要する課題であろう。

(3) 誤認による取引

　名板借人と取引する者は，名板借人の営業を名板貸人の営業であると誤認して取引を行ったことを要する。取引相手が名板借人の営業を名板貸人の営業であると誤認しなければ，名板貸人に責任は発生しない。誤認のあり方については，善意・無過失による誤認であることを要するかどうかにつき争いがある。自分の取引相手が名板借人ではなく名板貸人であると誤認するとは，名板借人が名板貸人の商号等を借用していることを知らなかった（＝善意）からである。善意であるから誤認するのであり，善意でない誤認はあり得ず，善意でないとき（＝悪意のとき＝知っているとき）には，誤認は生じない。つまり，**誤認は善意の場合だけ発生する**。

　名板借人Bが名板貸人Aの商号等を使用しているから，取引を行う者は，名板借人＝名板貸人と誤認するのであり，そしてこの誤認は，先に述べたように，取引を行う者が名板貸関係の存在を知らないため（→善意）誤認するのである。誤認＝名板貸の存在を知らないこと，と図式化することができる。この誤認が取引を行う者の不注意＝過失による場合でもよいのか，不注意による誤認は名板貸を成立させないとすべきか，の争いが無過失による誤認であるべきか否かの問題である。

　名板貸は，名板借人が名板貸人であるような外観を創出するものであって，通常はそうした外観の創出に名板貸人も協力をするから（→契約による名板貸），創出された外観は，取引を行う者にとってはかなり真実に近いものがあるといってよい。したがって，取引の相手方に誤認につき無過失を要求するのは酷であろう。相手方である甲が誤認することにつき重過失がある場合にのみ，名板貸の成立を否定すべきである。

7-2-2　名板貸人の責任

　名板貸は，7-2-1の(1)(2)(3)各要件を満たすことによって成立し，名板貸が成立することにより，名板貸人は，名板借人と取引した相手方に対し，取引により生じた債務について**名板借人と連帯して弁済の責を負う**。

　負うべき責任の範囲は，取引により生じた債務に限定されており，名板

借人が取引の最中相手方に対し傷害を負わせる等の不法行為をなしたとしても，その債務について名板貸人は責任を負わない。

8　商業使用人

8-1　商業使用人

8-1-1　商業使用人の意味

　商業使用人とは，**特定の商人に従属して対外的な営業上の業務およびその他の行為を補助する者**のことである。個人企業としてのパン屋を考えると，通常その経営は営業主によってのみ行われる。規模が大きくなる等の状況になってくると，職人を増やしたり，経営補助者を雇用する等のことをし，この経営補助者に一定程度経営を任せることを行うようになる。場合によっては，総ての権限を委譲しあらゆることを経営補助者に行わせることもある。

　一定の権限を委譲されて，あるいは，総ての権限を委譲されて，委譲した商人のために経営補助者として行為する者が商業使用人である。商業使用人を雇用し一定の権限を与えて業務を行わせる商人のことを営業主という。商業使用人を営業主との関係のみでいえば経営補助者であるが，これを対外的にいえば，経営補助者としての行為は，経営の補助行為であるから，自己に権限を委譲した営業主の代理人として行為を行うことであり，**その実体は商業代理人**ということになる。

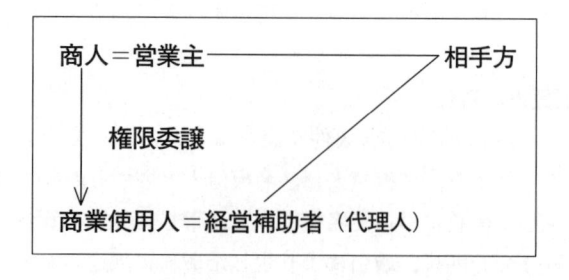

```
商人＝営業主 ─────────── 相手方
     │                  ╱
  権限委譲            ╱
     │            ╱
     ▼        ╱
商業使用人＝経営補助者（代理人）
```

経営補助者とは営業主から一定の権限を委譲され，その営業主に代わって，営業主のために行為する者（代理人）で，営業主から，一定の，あるいは，総ての権限を委譲された者であることを要し，何ら権限を委譲されていない者は，営業主の下で労働する者であっても，商業使用人にはなり得ない。例えば，管理職の地位にない労働者，職人，運転手等は，使用者である営業主のために労働する労働者ではあっても，そこでの労働は使用者である商人の指揮・命令に基づく労働であり，自主的な独自の判断によるものではない。だからこれらの者は，営業主から一定の権限を委譲され，その営業主に代わって自己の主体的な判断により対外的な行為をする者ではない。比喩的にいえば，これらの者は，営業主の手足の延長にすぎず，民法でいう使者であって，商業使用人＝代理人には該当しない。

商業使用人はあくまでも，営業主から権限の委譲を受けている者＝代理人のことである。商業使用人というときの，「使用人」の用語は，この意味において日常用語の用法とはかなり乖離していることになる。

8-1-2 雇用関係は必要か

商業使用人は，特定の営業主に従属して一定の行為を行う者であり，経営補助者のことであった。特定の営業主に従属するとは，特定の営業主の支配に服することである。商業使用人は，営業主に代わって行為をする者で対外的には営業主から独立して存在するのではない。商業使用人は自ら独立の商人になることはなく，営業主に帰属して行為をする者である。相手方からすれば，その行為のありようは，営業主の営業行為の一部分を形成することになり，これとは別に商業使用人が存在するわけではない。従属とはこの事態を表す表現である。

商業使用人がこのように特定の営業主に従属して，と定義される基礎には，営業主と商業使用人との間に雇用関係が存在するからである。商業使用人は，営業主との関係においては独立の存在でありつつも，雇用されていることにおいて営業主に従属し，営業主の代理人であることにおいて営業主に指揮・監督・命令される。商業使用人の行う行為が対外的には営業主の営業行為の一部分として現象するのは，商業使用人の代理人性と，雇用関係の存在によるものであり，故に，商業使用人は営業主と独立・別個

のものとして区別されないのである。特定の商人に従属して，とされるのもこのためである。営業主と商業使用人との間に雇用関係の存在することは不要であるとする学説もあるが，両者の間には通常雇用関係が存在している。商業使用人の一般的な具体的形態は，支店長，部長・課長等であるが，彼らは雇用されているからこそ，その雇用者＝使用者＝会社＝である営業主のために，委譲された権限に基づき一定の行為を行うのである。

　会社の代表取締役等は，会社に雇用されているわけではなく，**商業使用人ではない**。彼らは会社の機関であるから，その行為は会社の機関としての行為であって，会社という商人＝営業主＝を代理する商業使用人としての行為ではない。因みにいえば，会社は組織であり，自然人のように手や目や足や頭を有するわけではない。そこで，会社が自己の行為を行うときは，会社の行為として「だれか」自然人がそれを行う必要がある。この「だれか」とは，会社組織上一定の地位にある者（例えば代表取締役）を指し，この地位を会社の機関という。会社の機関とは，法的には会社自身のことである。

8-2　商業使用人の種類

8-2-1　商業使用人の種類

　商法は，三種類の商業使用人を定める。**支配人**（商法38条），**番頭・手代**（商法43条），**物品の販売を目的とする店舗の使用人**（商法44条）である。三種類というのは，番頭・手代は名称を異にするが両者をまとめて一種類の商業使用人と考えることによるものである。支配人であるとか，番頭・手代であるとか，使用人であるとか，用いられている法律上の文言が，日常用語としては死語に近いものであったり，特殊な職業においてのみ使用されるものであったりするので，文言に拘わらず，内容を現代に引きつけて理解することが必要である。

8-2-2　支配人

(1)　支配人の意味

　支配人とは，営業主に代わって，一切の裁判上または裁判外の行為をな

す権限を有する者のことである（商法38条1項）。一切の裁判上または裁判外の行為をなす権限とは，営業に関するあらゆる行為を，営業主に代わって行うことであり，支配人以外の商業使用人である番頭・手代等の選任を行うことであり，更には，営業主に代わって裁判に関する行為を行うことである。総ては営業主のために行われることではあるが，いわばオールマイティな権限を有することである。支配人は包括的代理権を有する者であるとされるのはこのためである。

　支配人を現代における具体的形態でいえば，本店の店長，支店長，営業所の所長等が支配人に該当する者である。支店長は，支店の業務一切につきオールマイティな権限を有し，営業に関する契約につき営業主の代理人として裁判を提起することもできるのもこのためである。

　支配人はこのように包括的代理権を有し営業主のために各種の行為を行う者のことである。しかし，留意すべきは，これら包括的代理権は，あくまでも支配人として選任された範囲内での包括的代理権であり，無制限ではない点である。例えば，〇〇株式会社A支店支店長として選任されたときには，A支店に関する営業についての範囲内において裁判上及び裁判外の行為を行うことができるのであって，〇〇株式会社全体の営業に関する包括的代理権を有するわけではない。個人企業の場合も同様に，営業主が〇〇営業所の所長（→支配人）を選任したときは，所長はこの〇〇営業所の営業に関する範囲内において裁判上および裁判外の行為をすることができるのであり，営業主の他の営業所である△△営業所の営業に関する権限までは有しない。支配人が有する包括的代理権は，支配人として選任された範囲内でのものであるとは上記のようなことをいうのであって，営業主の行う総ての営業につき包括的代理権を有するのではない。

　支店長である支配人に即していえば，その支店の営業に関する行為について，営業主に代わり裁判上および裁判外の行為総てを行うことができるのである。無論，営業主が，本店・支店を含め，総てについての包括的代理権を支配人に与えることも可能であり，このときには，選任された支配人は，営業主の営業総てに関して無制限な包括的代理権を有することになることはいうまでもないことである。この支配人を総支配人という。

(2) 支配人と包括的代理権

　支配人は，選任された範囲内において包括的代理権を有し，営業主に代わって営業に関する一切のことを行う者であるから，こうした「包括的代理権を与えられた者」が支配人である，と支配的な学説は定義する。支配人なる名称が用いられる必要はなく，名称に関係なく要するに，その内実において包括的代理権を有する者が支配人である。支配人が有する代理権を支配権と呼ぶこともあるのはこのことによる。一定の範囲内において，あるいは，場合によっては総てについて包括的代理権を付与された者のみが支配人であり，制限された代理権を付与された者は，包括的代理権を有する者に該当しないため支配人ではなく，支配人以外の商業使用人である。その際，この者に支配人の名称が付されていたとしても，**包括的代理権を有する者でなければ支配人たり得ず，名称は無関係である。**

　包括的代理権の存在をもって支配人と判断する点については，商法38条3項との関連から，支配的な学説のごとき理解には問題があると主張する有力な反対説が存在するが，支配的な学説の考えに従うべきであろう。というのは，支配人であるか，それともそれ以外の商業使用人であるかの区別は，営業主との関係において決定されるものであり，かつ，この区別は，営業主が商業使用人に付与した権限（代理権）が包括的であるかそれとも制限的であるかにより行われるものだからである。代理権の制限が僅かであった場合でも，その制限の故に，与えられている代理権は包括的代理権ということはできない。制限された代理権しか有しない者は支配人たりえない。商法38条3項は，善意者保護の制度で，この制度の存在と支配人とその他の商業使用人の区別に関する問題とは別個のものとして考えるべきである（商法38条3項については後に述べる）。

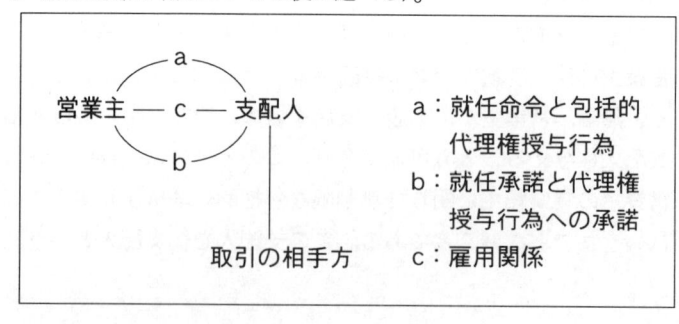

```
        a
       ⌒
営業主 ─ c ─ 支配人     a：就任命令と包括的
       ⌣                    代理権授与行為
        b               b：就任承諾と代理権
       │                    授与行為への承諾
   取引の相手方          c：雇用関係
```

(3) 支配人の選任と退任
(a) 選　任

　支配人の選任は，会社組織でいえば，従業員である労働者を，○○会社支店長，○○会社営業所長等へ就任させることであり，就任によりこの者は当該支店等における包括的代理権を営業主＝会社から授与されたことになる。個人企業の場合でも会社企業の場合でも，就任させる，就任する，の行為の他に，包括的代理権を授与する契約としての授権契約が別個に行われるわけではない。法的には，営業主による包括的代理権授与の意思表示は，当該労働者を支店長等へ就任させる行為の中に含まれており，労働者が支店長への就任を承諾することは，同時に包括的代理権授与への承諾でもあると解することになる。

　株式会社の場合，支配人の選任は取締役会の決議によることを要し（商法260条2項2号），この決議に基づいて会社の機関が選任を行う。代表取締役等が独断で選任することはできない。制限能力者でも支配人になることはできるが（民法102条），法人は支配人になることができず，支配人になることができるのは自然人だけである。

　個人企業のときには，営業主である経営者個人が支配人を選任することになり，個人企業であることによる特殊な法的制約はない。営業主が「一定の者」を支配人の選任を行う代理人に指定し，この「一定の者」に支配人を選任させる，代理人（→一定の者）による支配人選任も自由である。支配人の選任は，各事業所単位で行われることを要する。事業所とは，本店，○○支店，△△営業所，等のことであり，それぞれの事業所を単位として支配人を選任することができる。無論，選任することが強制されているのではなく，選任しない自由も当然にある。だから，法的な意味における支配人が存在しない支店・営業所等は珍しいことではない。かかる場合には，名称のみが支配人で，法的には支配人ではない者が存在するケースになるが，これは表見支配人の問題なので後に述べる。

　支配人を選任したときには，営業主がこれを**登記することを要し**，その登記は，支配人をおいた本店・支店等の所在地において行う（商法40条）。

(b) 退　任

　支配人に選任された者が支配人を辞めたときが退任の時期である。支店

長の例でいえば，栄転により支店長から本社の課長，部長に戻ったときであるとか，定年で営業主との雇用関係が終了することにより支店長を辞める場合である。栄転でもなく定年による退職でもなく，営業主と支配人の雇用関係は継続していながらも，各種事情により，支店長を辞任することも考えられ，このときの支配人の退任は，支店長職辞任の時点である。

支配人が支配人として選任されたまま，その有する代理権が法的に消滅することより支配人の退任が発生する場合もある。支配人が死亡したとき，破産したとき，後見開始の審判を受けたとき（民法111条1項2号，7条，8条），営業主が破産（民法653条）したときである。営業主が死亡しても支配人の代理権は消滅せず（商法506条），営業主の死亡は支配人の退任事由ではない。もっとも，会社の場合には，営業主とは会社であるからその死亡は有り得ないことである。

支配人の退任も登記事項であるから，退任があったときは，営業主はこれを登記しなければならない（商法40条）。

(4) 支配人の権限の制限

支配人の代理権は包括的なものであることは既に述べてきた。そこで，営業主が一定の制限付き代理権を支配人に与えたとき，法的にどうなるのかが問題となる。一定の制限とは，1000万円以上の取引の権限は与えない等のことである。

商法38条1項は，支配人は包括的代理権を有すると定める。したがって，支配人として選任された者は，営業主がその代理権を制限しても，対外的には必ず包括的代理権を有するものとして法律上取扱われる。これは営業主による支配人の代理権の制限を認めないことを意味するのではなく，制限することは自由だが，対外的には制限のないものとして取扱われるということである。制限は，営業主と支配人間（内部関係）においてのみ効力を有するのが原則となることである。

先の1000万円の例でいえば，営業主はこれを超える取引の権限を与えていないから，支配人は1000万円を超える取引はできない。にも拘わらず，支配人がこれを超える取引をしたとしても，営業主は取引相手に，支配人が権限を踰越した行為を行ったことを主張できないことを原則とすること

であり，営業主は支配人に対して制限違反を追及できるだけである。原則の意味は，制限のあったことを知っている者（悪意者）に対してはその制限を主張でき，制限の存在につき善意である者については，制限があったことを主張できないことである（商法38条3項）。制限の存在は知らなかったが（善意），知らないことにつき重過失がある者については，悪意者の場合と同様に取扱ってもよいであろう。

(5) 共同支配人

営業主は，数人の支配人が共同して代理権を行使すべき旨を定めることができ（商法39条1項），この場合の支配人を共同支配人という。営業主が，甲，乙二名の支配人を選任し，この二名が支配人に付与される代理権を共同で行使することである。物品を購入するとき，店舗を改装するとき，総て共同で行為をしなければならない。共同で行為をするとは，意思決定を共同で行うことであり，相手方との取引行為を二人で行うことではない。意思決定が共同で行われておれば，その意思決定に基づく行為は単独で行われても問題はない。取引を行う決定（→意思決定）を二人で行ったものであれば，実際の取引行為は一人で行うことができるとの意である。共同支配人は二人である必要はなく，三人でも五人でもよい。

支配人の代理権は包括的代理権であり，それに制限を加えても善意の者には対抗できないことから，ともすれば支配人がその包括的代理権を濫用する虞があるため，共同支配人制度が設けられた。支配人側からは能働的な行為をせず，単に相手方からの意思表示を受けるだけの受働的な場合は，この虞がないから，共同支配人として定められていても一人で有効な行為をすることは可能であり，共同支配人の行為の法的効果は営業主に生じる（商法39条2項）。例えば，代金の支払は明日行う，との意思表示を相手方から受ける等の類である。

(6) 表見支配人
(a) 表見支配人の意味と内容

包括的代理権を有するような肩書＝**名称は使用されていても，実体として包括的代理権を与えられていない者**を表見支配人という。本店または支

店の営業の主任者たることを示すべき名称を使用している商業使用人であって，実質は主任者（支配人）ではない者（商法42条1項）のことである。表見支配人は，支配人たるべき権限を持たないものの，使用する名称が自らをして支配人であるかのような外観を創出するから，この外観への信頼は保護されることを要し，包括的権限を有する真実の支配人と同一の権限を有するものと看做される（商法42条1項）。本店または支店の主任者たる名称を使用する者がいれば，相手方はこの者を支配人と考えて取引をするのが通常であろうから，法律上この者を支配人と看做ことにしたのである。

営業主から，一定の範囲内において，あるいは，総てについて包括的代理権を与えられているのが支配人であった。支店長や営業所長等が支配人の具体的形態である。支配人の要件は，包括的代理権の存在であるから，支店長，営業所長等の名称を与えられ営業主の営業を補助する者であっても，制限された代理権しか与えられていないときには，その者は理論上支配人たりえない。ところが，支店長，営業所長等の肩書をもって営業主のために経営補助行為を行う者がいるとき，その者が肩書とは異なり包括的代理権を有しなくとも，取引の相手方は肩書の故に，その者を支配人と誤認することが十分に予想される。支店長等の肩書きをもって営業活動を行っているのであるから，その者は当該支店の営業に関しては包括的代理権を持つと相手方は考え，その信頼の上に立って取引をなすのが通常だということである。とすると，原則的に考察すれば支配人ではないが，本店または支店等の主任者たる（→支配人たる）名称が使用されているときは，支配人であるかのような外観が形成されているので，この者を法律上支配人として取扱うべきであるとする要請が生じ，これに応えたのが表見支配人の制度である。

表見支配人（→表向き支配人に見える）の制度は，外観法理に基礎を置くとか，禁反言の法理によるものであるといわれるのは，上の事情を指すものである。ただし，この規定は，裁判外の行為についてのみ適用され，裁判上の行為には及ばない。

(b) 表見支配人の認定に関する問題点

㋐ 本店または支店の主任者

商法は，**事業所を単位**として支配人を選任することを認めている。した

がって,「本店又は支店」とは,商法上の事業所たる営業所としての実質を備えた施設としての本店・支店であることを要する。人的・物的設備が全くなく,賃借した6畳程度の部屋に机が一つ置かれているような場所をもって支店ということはできないから,そこにおいて支店長なる名称を用いて活動する者が存在したとしても,表見支配人には該当しない。反対に,「本店又は支店」の名称を使用していず,出張所等の名称を使用している場合であっても,それが独立して営業活動を行うにつき適した施設であり人的要素も充足されているときには,そこで使用される出張所長なる名称は,表見支配人の要件を満たすといえる。

　基本的には,先に述べたように実体的に判断すべきものと思われるが,外見的には事業所としての内実を有しているか否かが不明な場合がある。かかる場合には,「本店・支店」が用いられていれば当然,そうではなく,支社,営業所,出張所等の名称であっても,通常,そこにおいて一定の営業活動が行われるであろうことが一般的に予想される施設の名称であれば,事業所に該当すると考えるべきである。

　㈡　本店または支店の主任者たる名称

　「主任者たる名称」とはいかなる名称をいうのかについては,多くの判例がある。支店長がこれに該当することはいうまでもないことだが,支店長に類似する名称をどのように判断するかは必ずしも容易ではなく,多くの判例が出されているのもこのためである。

　副支店長,副支配人といった名称や,支店長代理,支配人代理等については,「主任者たる名称」と解すべきではない。支部長,支店主任,主幹についても同様である。最も問題となるのは,支社長の名称である。事案の内容にもよるが,判例は総じて支社を「本店又は支店」とは認定していず,支社長についてもこれを,本店または支店の主任者たる名称とは認めていない。

　本店の営業部長は主任者たる名称であるとする判例も存在するが,一般的にいって,部長は包括的代理権を有することはなく,一定の限定された業務についての代理権のみを有する場合が殆どである。例えば,人事部長は,営業主から人事についての代理権は与えられているが,その他については他の部長が代理権を有するといったように。本店の営業部長が主任者

たる名称であるとした判例は，それが「本店」の営業部長であったことを根拠としているが，部長である限り代理権の包括性に制限があると思われ，営業部長は主任者たる名称と考えるべきではない。

㈥　営業主による名称使用の許諾

真実の支配人ではないのに，「本店又は支店の主任者たることを示すべき名称を附したる」商業使用人が表見支配人である（商法42条1項）。これは営業主がそうした名称を付与したこと，換言すれば，営業主がそうした名称の使用を許諾していることであるから，営業主に無断で勝手に右名称を使用しているときには，表見支配人に該当せず，営業主はその者の行為について責任を負わない。

ここに許諾とは，明示による許諾に限らず，黙示の許諾も含まれる。だから，営業主は，使用の許諾をしていないのに，本店または支店の主任者たることを示す名称を用いて取引を行っている自己の商用使用人がいるとき，これを黙認していると，黙示の許諾があったとされ，当該使用人の行う取引について責任を負わなくてはならない。

㈡　相手方の善意

表見支配人の制度は，創出された外観を信頼した相手方を保護するものであるから，相手方は，表見支配人を真実の支配人であると信じて取引を行った者であることを要する。真実の支配人ではないことを知っていながら取引をした悪意者には表見支配人の制度は適用されない（商法42条2項）。

善意・悪意の判断時期は，取引行為の時点であり，取引後に表見支配人であることを知って悪意者となったとしても，行為のときに善意であれば悪意者ではない。

(7)　支配人の営業主に対する義務

支配人は包括的代理権をもって経営を補助する者であり，営業主に代わって裁判上の行為までをも行うことができる広範な権限を有するから，与えられた権限を濫用する虞が考えられる。商法はこの点を踏まえ，支配人の営業主に対する特別な義務を定めた。支配人は支配人であると同時に，営業主に雇用されている労働者でもあり，使用者＝営業主，労働者＝支配人，という労使関係において，使用者である営業主の指揮・命令に服して

労働する労働者としての義務を負うことは当然であるし，その他各種の義務や権利を有することはいうまでもないことである。商法が支配人に課す特別な義務とは，これら一般的な権利・義務の一種としての義務ではなく，支配人という地位から発生する特殊なそれである（商法41条1項）。

(a) 営業禁止義務

支配人は営業主の**許諾がない限り**，営業をしたり，他の会社の無限責任社員，取締役，他の商人の使用人となることができない。

営業をするとは，支配人が支配人であることを維持しつつ，他に何か自らの営業を行うことである。以下同様に，営業主の許諾がない限り，他の会社の無限責任社員や取締役，使用人となることができないとする意味は，支配人がこれらの職に就くことと支配人であり続けることの兼任を認めないことである。支配人は，包括的代理権を有し営業主に代わって営業主のためにその営業に関する行為を行う者で，その職務遂行は忠実・勤勉に行われることを要する。しかし，支配人が他に自己の職業を有する等のときは，支配人としての職務遂行もさることながら，自己の営業，あるいは，他の会社の取締役になっているときは，この仕事の方に精力を奪われ，支配人に求められる仕事の忠実性・勤勉性が削がれることになる。営業主の許諾なき限り兼業を認めない支配人の営業禁止義務規定は，これら支配人の忠実性・勤勉性を担保することにその根拠をおくものである。

なお，無限責任社員について簡単に説明しておく。先ず，商法上社員とは出資者のことを指す用語である（社員＝労働者ではない）ことを踏まえることが必要である。出資者とは，会社へ出資をする者のことである。出資額は，それぞれ一様ではなく，100万円の者，500万円の者等々で，会社が利益を上げると，その出資額の割合に応じて利益の配分を受ける。利益が無く会社が損失を被ったとき，その負担はどうなるか。

会社が利益を上げているとき，赤字になったとき，いずれであっても，一度出資した出資者の出資金は会社のものとなり出資者には戻ってこない。代りに利益の配分を受ける権利が付与されるが，損失については無関係であり，当初出資した出資金以外の負担を一切しないのが一般的な出資形態である。株式会社や有限会社がこうした会社である。ところが，出資後会社が赤字になればその損失についても責任を負担し，会社の債務がなくな

るまで一定の割合で債務弁済の責任を負う出資者＝社員も存在し，これを無限責任社員という。会社の債務がなくなるまで無限に責任を負うことから来た法的用語である。支配人になっていても，他方で営業主とは無関係な会社の無限責任社員になっていれば,「無限責任社員」であるため，こちらの方に精力を割いてしまうから，営業主の許諾なくしては許されないのである。

(b) 競業避止義務

支配人は営業主の許諾なくして，自己または第三者のために営業主の営業の部類に属する取引を行うことができない。これを支配人の**競業避止義務**という。

支配人は包括的代理権を有し営業主に代わって広範な業務を遂行することから，営業主の企業秘密に接することも可能であり，営業主と利害を衝突させることも考えられる。支配人に，その職務を勤勉・忠実に行う義務を負わせるとともに，競業避止義務を負わせた理由である。

営業主の営業の部類に属する取引とは，営業主の営業目的に関する取引のことである。営業主がパン屋だとすれば，パンの製造販売に関する取引が営業主の営業の部類に属する取引になる。

自己または第三者のためにとは，営業主の営業の部類に属する取引を，営業主のためではなく，自己または第三者の利益になるように行うことである。パン屋の支配人が，パンの卸販売を行う際に，知人の営むパン小売店に大幅な値引き販売をし，営業主の犠牲において知人（第三者）の利益を確保することがその例である。また，営業主と同じパンの卸販売業を支配人自ら開業し，営業主の得意先であるパンの小売店を，支配人の営業するパン屋の得意先になるよう取引を行うこと等である。

(8) 義務違反の法的処理

支配人が(7)で述べた義務に違反した場合，営業主は当該支配人に対し義務違反を追及することになるが，第三者との関係ではどの様に処理されるのであろうか。

(7)の(a)の営業禁止義務については，営業主と第三者との関係は発生しない。営業禁止義務は，支配人の営業主に対する忠実性・勤勉性の担保であ

ったから，これに違反した支配人については，支配人であることを解任し，損害があるときは，損害賠償請求をすればそれで解決できるからである。

(7)の(b)の競業避止義務については，支配人が営業主の許諾なくして自己のために取引をなしたとき，営業主はそれを営業主のために行ったものと看做すことができる（商法41条2項）。この営業主の権利を**介入権**または**奪取権**ともいう。競業避止義務は，営業主と支配人間での定めであり，第三者にとっては，義務違反問題は営業主と支配人における当事者間の内部問題にすぎない。だから，支配人の営業主に対する義務違反があっても，その行為は第三者との関係においては有効であり，営業主は義務違反を支配人に追及できるだけである。支配人が自らの利益のために義務違反行為をした場合は，第三者には関係しないからそれは営業主と支配人間の問題として考えることができ，このときに限り，営業主は介入権を行使できる。

パン屋の支配人の例でいえば，支配人が知人の営むパンの小売店に大幅な値引き販売をしても，それは知人の利益のためであり自己（→支配人）のための行為ではない。この場合営業主に認められるのは，支配人の義務違反の追及と支配人に対する損害賠償請求である。支配人が営業主と同じパンの卸売り業を開業し，営業主の得意先を奪い営業主の犠牲の上に自らの利益を確保したときは，支配人の行為は支配人自身の利益を目的としたものであるから，営業主はこれらの行為が営業主のために行われたものであるとすることができる。これが介入権の行使である。

(9) 介入権の消滅

営業主が支配人の競業避止義務違反行為としての取引を知ったときから2週間これを行使しないとき，また，支配人の競業避止義務違反行為としての取引行為がなされてから1年間これを行使しないとき，介入権は消滅する（商法41条3項）。

2週間と1年間は時効ではなく除斥期間としてのそれであるから中断はありえず，上記期間を経過することによって介入権は絶対的に消滅する。＊

　　＊時効の中断とは，内容的にいえば時効の更新ともいうべきもので，中断事由は民法147条に規定されている。

8-2-3 番頭・手代その他の使用人

番頭・手代は，現代的にいえば部課長のことである。部課長といった名称が重要なのではなく，営業主から一定の**限定された事項**についてのみ代理権を与えられ，当該事項に関する裁判外の行為につき営業主を代理する者を，番頭・手代，あるいは，特定の事項を委任された使用人という（商法43条1項）。例えば，人事部長は人事に関する事項の範囲内において，営業主に代わって営業主のために行為を行うことができるといったことである。部分的・限定的代理権を委譲されていることにおいて，包括的代理権を有する支配人とは対象的である。無論，部分的・限定的とはいえ，人事に関する事項の範囲内では包括的代理権を有することは指摘するまでもないことである。故に，営業主が人事に関する事項において人事部長の権限に制限を加えても，善意の第三者には対抗できない（商法43条2項）。

番頭・手代の選任，解任は営業主がこれを行うが，支配人も行うことができる（商法38条2項）。支配人の場合のように，番頭・手代の選任・解任は登記事項ではない。

8-2-4 物品販売店舗の使用人

物品を販売する店舗の店員は，営業主との関係でいえば，単なる労働者であり営業主から特別に代理権を与えられている者ではない。ところが店舗で物品＝商品を購入する者（→顧客）は，店舗の店員が，店舗での物品販売について営業主から代理権を与えられているとの考えの上で購入行為を行っている。もしそうでないとすると，顧客は無権限の店員と交渉しても意味がないから，一々営業主を相手に商品の購入を行うことが必要になり頗る不便であり，営業主の意思にも反する。商法が物品販売店舗の店員は，その店舗にある物品の販売に関する権限を有すると看做し，代理権を持たない店員に対し，代理権の存在を擬制したのである（商法44条1項）。

店舗にある物品であることを要するから，**店舗外に存在する物品**にこの**擬制は及ばない**し，店員が店舗にある物品の販売に関する権限を有しないことを知っている悪意者にも擬制は働かない（商法44条2項）。

9　代理商

9-1　代理商

9-1-1　代理商の意味

　商法46条は「使用人に非ずして一定の商人のために平常その営業の部類に属する取引の代理又は媒介をなす者」を代理商と定める。例えば，機械の販売業者からの依頼を受けて機械の販売を行ったり（取引の代理），この販売業者に機械の買主を紹介して機械の売買契約が成立するよう尽力する（取引の媒介）ことを業務内容とする商人を代理商という。機械の販売業者の代理人として一定の行為を行うから代理商なる名称がつけられている。機械の販売業者を本人といい，機械の買主を相手方という。

　一定の商人＝本人から依頼を受け，商品を売ったり，その商人のために顧客を紹介する代理商は，機械の販売業だけに見られる現象ではなく，運送業や損害保険業（相互会社としての生命保険業は営利事業ではないので，この生命保険会社の代理行為には商法適用はない）においても存在する。これら代理商は，取引の代理を行う締約代理商と，取引の媒介のみを行う媒介代理商とに分けることができるが，実際は双方を兼ねる場合が多い。

　取引の代理とは，本人に代わって本人のために取引を行うことである。機械の売買でいえば，本人から依頼されて本人のために，代理商自ら本人に代わって，かつ，本人の名前で顧客と機械の売買契約を行うことである。

　取引の媒介とは，本人から依頼されて機械を買うであろう顧客を本人に紹介し，本人と顧客間に機械の売買契約が成立するよう尽力することであって，自らは売買契約には関与しない。関与しないとは，売買契約の当事者とはならないことであり，契約関係の権利者・義務者にならないことである。

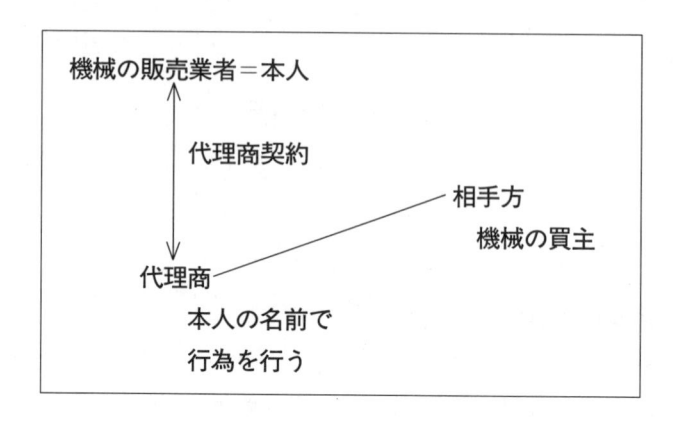

```
┌─────────────────────────────────────────────┐
│  機械の販売業者＝本人                        │
│        ↕                                     │
│        代理商契約                            │
│                          相手方              │
│        ↕                 機械の買主          │
│  代理商                                      │
│  本人の名前で                                │
│  行為を行う                                  │
└─────────────────────────────────────────────┘
```

　代理商は，本人の名前で行為を行う者であるから，第三者（→取引の相手方）との関係では本人の延長としてあらわれ独立の商人としては登場しないが，本人との関係では独立した商人であり本人に雇用されているわけではない。代理商とは，本人に代わって本人のために売買契約等を行い，その代償として報酬を受け取る商人のことである。本人と代理商との関係は，代理商契約（後述）により発生し，その内容も締結された代理商契約の内容によって定まる。「代理店契約」なる名称を付した契約を本人と締結したから代理商になるのではなく，締結された契約内容によって，代理商か否か，いかなる種類の代理商かが決せられる。

9-1-2　代理商の成立要件

　(1)　一定の商人のために，その営業の補助をする者であること

　「一定の」商人のためにとは，**代理商に業務を依頼する商人の特定**を要するとのことである。一定とは本人＝商人が一人であるべきとか数人であるべきとかの限定ではなく，特定していればよいのであって，量に制限を設ける趣旨ではない。代理商は不特定多数を相手にその業務を行うのではなく，一定の定まった＝特定の＝商人のために業務を行う者である。不特定多数を相手に営業を行うのは，問屋業や仲立業である。特定の商人が相手であれば，相手は一人であることを要せず，複数であってもよいが，本人と同業の者を複数相手にする場合には，代理商は本人の許諾を得なければならない。

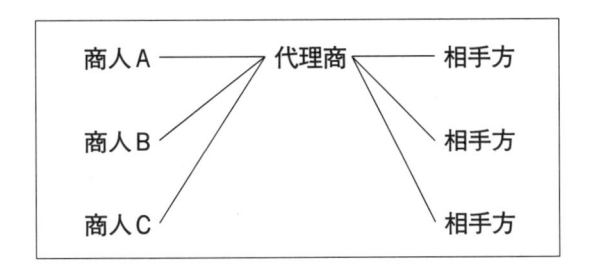

```
┌─────────────────────────────────────┐
│   商人A ─────→ 代理商 ←───── 相手方   │
│           ╱        ╲                │
│   商人B ──          ──── 相手方      │
│           ╲        ╱                │
│   商人C ──          ──── 相手方      │
└─────────────────────────────────────┘
```

　A・B・Cが同業のとき，Aの代理商がB・Cの代理商をも兼ねるには，Aの許諾を得ることを要し，かつ，BについてはA・Cの，CについてはA・Bの許諾を得ることを要する。A・B・Cが同業でないときには，本人と代理商間に特約なき限り本人の許諾は不要である。

　代理商は，一定の「商人」のためにその業務を補助するものであるから，代理商に仕事を依頼する**本人は商人であることを要し**，本人が商人でないときには，代理商関係は成立しない。即ち，非商人を相手とした代理商関係は存在しえない。代理商は本人に雇用されているのではなく，本人との関係においては独立の商人であり，相手方との関係でのみ本人の代理人として登場するのである。

(2) 一定の商人のために，平常その営業を補助する者であること

　代理商は本人のためにその営業の補助をする者で，補助は継続的であることを要し，臨時に一回限りで取引の代理または媒介を行っても，代理商とはなり得ない。代理が多数回行われていても，それがその都度一回一回独立した行為として多数回行われたものであったときには，継続的関係として代理が行われたことにはならず，代理商関係は成立しない。継続的とは，毎月業務内容が引き継がれて行く関係が本人と代理商間に成立するといった意味での継続であり，商法が**平常というのは**，この継続的関係をあらわす法的用語である。

(3) 一定の商人のために平常その営業の部類に属する取引の代理または媒介をなすを業とする者であること

　代理商による本人の営業の補助は，取引の代理または取引の媒介行為と

して行われる。取引の代理とは，既に述べたように，本人に代わって本人の名で本人のために取引を行うことである。取引の代理を行う代理商はそれ故に，本人から契約を締結する代理権を与えられているのであって，この代理商のことを締約代理商という。

取引の媒介とは，本人の依頼に基づき，顧客たるべき相手方を本人に紹介して，本人と相手方の間に介在して契約が成立するよう尽力（→媒介）することである。自らは契約行為を行わず，本人・相手方間に契約が成立するよう働きかけることであり，他人たる本人のために商行為の媒介をなす商人であるといえる。これを媒介代理商という。

(4) 代理商契約が存在すること

代理商は本人からの依頼を受けて行為を行う者であるから，委託者である本人と，この委託を受ける代理商間で，委託の申込みと委託を引受ける契約がなされることを要するのは当然のことである。この契約を代理商契約という。

代理商契約が存在しなければ，代理商はそもそも本人のために行為をしないであろうし，行為をしたとしても，本人は何も委託していないのであるから，代理商は報酬を請求することができないのはあたりまえのことである。

9-1-3 代理商契約の法的性質と本人との関係

(1) 代理商契約の法的性質

代理商が締約代理商であるのかそれとも媒介代理商であるのかは，代理商契約の契約内容によって決定される。つまり，本人が代理商に取引の代理までをも依頼したのか，単に媒介だけを依頼したのかである。本人の代理商に対する依頼は，本人・代理商間で締結される代理商契約によって行われる。

代理商を本人側からいえば，本人の営業の部類に属する行為（例えば，機械の売買）を委託することであるから，このように本人が代理商に対し法律行為（例えば，売買）を委託する関係は，民法上委任関係に該当し，**代理商契約の法的性質**は，名称が代理商ではあっても，**委任契約である**。

このことは締約代理商，媒介代理商いずれについても同じである。したがって，代理商契約には商法46条以下の代理商に関する規定が適用になるとともに，民法643条（委任契約）以下の規定も適用になる。

(2) 代理商と本人との関係

本人と代理商の関係は代理商契約によって発生し，代理商が有する代理権の内容・範囲もこの契約で定まる。本人から代理商へ代理権の授与を行う契約，**授権契約**＝代理商契約が内容を決定する。本人が代理商契約によって与えた権限外の行為を代理商が行っても，本人は責任を負わないのが原則である。だが，代理商の行う仕事の構造は，本人が代理商契約によって代理商に与えた代理権の内容・範囲と，代理商と取引をする相手方が，当該代理商が有しているであろうと通常考える代理権の内容・範囲との間に食い違いを発生させる。例えば，機械の販売業者が代理商に対し，機械販売の代理権のみを与え，これに付属する部品の販売は一切委託していなかったときでも，相手方は機械本体のみならず簡単な部品の売買についても代理商は本人から委託を受けていると思うのが一般的である。代理商が本人から与えられた代理権と，取引の相手方が「代理商が有するであろうと予想する」代理権の内容・範囲について乖離が生ずる例である。

実際に代理商に付与された代理権と，相手方である第三者が，代理商が通常有するであろうと推測する代理権とがその内容・範囲を異にする上記の様な場合は，民法の表見代理の規定（民法110条）が適用になり，本人は代理商のなした部品販売行為についても責任を負わなくてはならない。表見代理が成立することにより，代理商が行った行為について本人が責任を負うべきであるとすべきものは，例に挙げたごときケースに限られず諸々のことが想定される。とりわけ，物品販売の代理商については，取引の相手方は代理商が売買契約に関係することだけでなく，目的物についての欠陥，数量不足，納期の遅れ等々，契約の履行に関する通知を受取る権限までをも与えられているであろうと考えるのが通常と思われる。車の販売を委託された代理商が，車の部品の販売や，販売した車に欠陥があったことについての通知を受ける権限を本人から与えられているであろうと，相手方は考えるのが一般的だということである。事実として代理商に与えられ

た代理権の内容・範囲がどうであれ、法律上代理商はこれら物品の売買の履行に関する通知を受ける権限があるとされる（商法49条）のはこのためである。取引の代理を行う締約代理商は、かかる権限を与えられているのが通常であろうが、与えられていなくとも、「通知を受ける」権限ありと法律上擬制されているのである。「通知を受ける」権限であるから、これは受働的なものに限られ、例えば、数量不足であるとの通知を受ける等であり、能働的なもの、例えば、商品の納入は明日行う、といった通知を出すこと等についての権限の擬制は行われていない。

媒介代理商は締約代理商のように売買契約を代理するのではなく取引の媒介をするだけの者であるが、取引の媒介行為を行う「その行為自体」の性質により、相手側からは媒介の権限だけでなく取引の代理権をも有していると見られる場合が多いであろう。特に、物品の販売に係る媒介代理商の場合にはそうである。このこと故に、締約代理商について述べてきた通知を受ける権限に関する商法49条の規定は、媒介代理商にも適用になる。

9-2 代理商の権利

9-1-1 代理商の権利

代理商がいかなる権利を有するかは、代理商契約の内容に依存し必ずしも一様ではない。しかし、**代理商契約は委任契約**であることから、代理商契約において特別な内容を定めない限り、委任契約の性質から生ずる権利が代理商の権利として先ず考えられるところのものである。

9-1-2 費用前払請求権

代理商が代理権に基づき本人のために行為をするについて必要な費用があるときには、その前払の請求ができる権利である（民法649条）。無論、代理商はこの規定にも拘わらず、事前でなく事後に請求することも自由である。実際は、代理商契約によって後払とする特約がなされている。

9-1-3 立替費用償還請求権

9-1-2で述べた費用とは別個に、代理商が本人の代理行為を行うに際し

必要と判断して出費した費用があるときは，本人に対し出費したその費用の償還請求をすることができる（民法650条1項）。

　立替費用償還請求権は，償還請求であるから事後にしか請求できない。また，代理商の代理行為が終了した後に，結果的に考え検討してみたら，代理商は必要ではない費用を出費していたと評価できるものであっても，代理商が出費をなした当時，過失なくして本人のために必要であると判断して出費した費用であれば，当該費用の償還請求は認められる。とはいえ，実際の代理商契約においては，結果から判断して必要であったと客観的に評価し得る出費のみしか請求できないとする特約が代理商契約に盛り込まれることが多い。

9-1-4　報酬請求権

　代理商と本人の関係は委任契約であるため，民法上委任契約が無償を原則とすることからすれば（民法648条1項），代理商は本人のために行為を行っても報酬を請求できないことになる。ところが，商法には，商人が他人のために行為をなしたときには報酬を請求することができる旨を定める規定があり（商法512条），ここに民法と商法の競合が発生する。民法と商法が競合するときには，商法を優先して適用するとするのが法原則であるから（→商法は民法の特別法である），代理商が本人のために代理商契約に基づき行為をなしたときは当然に報酬請求権が発生する。

　本人と代理商の関係が委任契約であり，報酬支払について特に定めていなくとも，代理商について報酬請求権が発生するのは前記の理由によるものである。実際の代理商契約における報酬は，契約により出来高制に基づく手数料という形態を採っている。

9-1-5　留置権

　留置権は，代理商が本人のために費用を立替えたり，取引の代理または媒介をしたにも拘わらず，本人がその費用や報酬を支払わない等の場合に，**代理商が本人のために占有する物または有価証券**をこれら費用や報酬の支払があるまで自己の下に留め置くことができる権利である（商法51条）。代理商が代理商としての営業行為によって取得した本人に対する債権（報

酬請求権等）を担保するための制度である。先に述べてきた9-1-2,3,4の権利は，代理商契約が委任契約であることから派生している権利であるのに対し，留置権は，商法が代理商につき特別に認めた権利である。

　本人＝委託者と代理商の関係は継続的関係であるため，本人は代理商に対し取引の代理または取引の媒介を多数委託することになり，その結果代理商は本人のために物または有価証券を占有することは屡あり得ることである。例えば，代理商が委託者から販売用の機械を大量に預かる等である。このため，本人と代理商間には相互に債権債務を有し合う関係が成立する。代理商は，本人から委託された販売用の商品，売れ残りの商品，代理商が本人の委託に基づき商品を販売した売買代金（→代理商が売買を行った相手方の支払代金），代理商の取引相手である買主が代金を手形により支払ったときにはその手形，等を一時的に占有ないし所持することになる。しかし，これらは本人のものであるから，本人は代理商に対しこれらの引渡しを請求する権利を有する。他方代理商は，取引の代理等を継続して行う結果，本人に対する報酬請求権等を恒常的に発生させることになる。本人と代理商が債権債務を相互に有し合う関係が常態的に形成される。

　こうした相互関係の下では，本人が自己の債務（代理商に対する報酬支払義務等）を履行しないで権利（例えば，販売用に委託していた商品の返還請求権）を行使することは自らの要求のみを通そうとすることであり公平の原則に反することになる。この公平の原則の要請が，代理商は本人に対し，本人が代理商に負う義務を履行してから自己の権利を行使せよ，と主張し得る留置権の制度として法律上あらわれるのである。もっとも，留置権を排除する特約は認められるが。

　留置権の対象物である，代理商が本人のために占有する物または有価証券は，**本人の所有物である必要はなく他人のものであってもよい**。つまり，代理商が自己の営業に関係なく，他人から預かった本人宛ての物・有価証券（→預かっている間はまだこれらについての所有権は預けた者にあり，本人のものとはなっていない場合がある）であっても，代理商の営業行為によって生じた債権が支払われていない限りこれを留置しておくことができる。留置しようとする物または有価証券と，代理商が本人に対して有する債権との間に**関連性**（→牽連関係）のあることも必要ではない。先に述べた，

本人へ渡すよう他人から預かった物の例でいえば，この物と本人の委託を受けて代理商が行った代理行為とは何の関係もなく，偶然他人から預かったにすぎない。しかし，留置権の対象とすることができる。この点において，商法521条が規定する商人間で認められる留置権と代理商に認められる留置権とは法的性質を異にする。

9-3　代理商の義務

9-3-1　善管注意義務

他人のために行為を行う者は自己の行為を行うときと異なり，細心の注意をもって行うことを要請される。これを善良な管理者の注意義務（善管注意義務）という。代理商と本人＝委託者の関係は委任なので，代理商は，本人に対し善管注意義務を負う（民法644条）。

善管注意義務は，抽象的にいえば，上記のように他人のために行為をする場合には，自分の行為を行う場合に払うであろう注意に比べ，より一段と重い注意をもって代理商行為を行う義務であると説明することができるものの，具体的内容はケース・バイ・ケースで個別的に判断されることになる。大企業か中小企業かといった代理商の社会的地位，委託された商品の種別，本人と代理商の従来からの関係のあり方，報酬の多寡，等々により定まる。契約によって善管注意義務を軽減することも無論可能である。

9-3-2　通知義務

代理商が本人の委託に基づき取引の代理または媒介をなしたときは，遅滞なく本人に通知する義務を負う。これを単に**通知義務**と呼ぶ（商法47条）。通知義務を怠ったことにより本人に損害が発生したときは，代理商は本人に対し通知義務違反として損害賠償の責を負う。判例には，損害保険会社の代理商が顧客と損害保険契約を締結したことを本人である保険会社に通知しなかったため，保険会社が再保険に入る機会を失い損害を被った，この損害につき代理商に対し損害賠償責任を認めた例がある。

行為をしたときから遅滞なく通知すべき，と定められているが，特約によって「遅滞なく」を変更することは可能である。例えば，10日毎にまと

めて通知するといったように。

9-3-3 競業避止義務

代理商は，本人の許諾がなければ，自己または第三者のために本人の営業の部類に属する取引をなしたり，本人の営業目的と同種の営業を目的とする会社の無限責任社員もしくは取締役となることはできない（商法48条1項）。代理商の負うこの義務を**競業避止義務**という。本人のために行為をなす代理商が本人のためではなく，本人以外の者のために，本人の営業または本人の営業目的と同種の営業を目的とする者とかかわり合うときは，本人の利益と代理商の利益との衝突が考えられるので，その防止のための規定である。「本人の営業の部類」，「同種の営業」と限定されており，これ以外は本人の許諾がなくても行うことができる。

したがって，Aの代理商である者が更にBの代理商にもなろうとするときに，A・Bが同業種であれば，この競業避止義務が問題となるので，A本人の許諾なければBの代理商になることはできないし，Aの許諾を得てもBの許諾がなければ，Aの代理商のままでBの代理商となることはできない。同業種でなければ自由に行うことができる。

代理商が競業避止義務に違反した取引を行った場合，相手方と代理商間ではその取引は有効であるが，本人は介入権を行使することができる（商法48条2項）。介入権については，支配人のところで述べたのでそこを参照のこと。

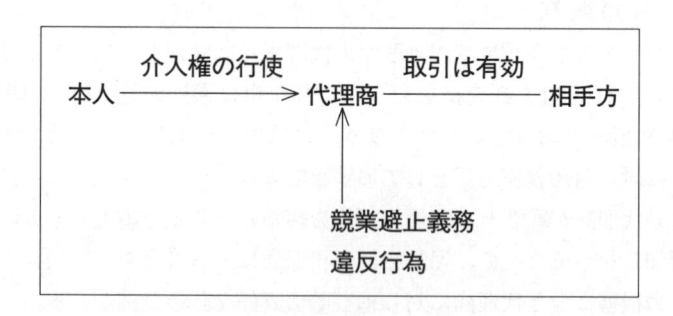

```
              介入権の行使        取引は有効
   本人 ─────────→ 代理商 ─────────── 相手方
                         ↑
                    競業避止義務
                    違反行為
```

9-4 代理商関係の終了

9-4-1 契約期間満了による終了
代理商関係は，代理商契約によって発生し，代理商関係の終了は，代理商契約によって定められた代理商契約の期間満了により終了する。

9-4-2 委任の終了事由による終了
代理商契約は委任契約であった。このため代理商契約の期間中といえども，委任契約の終了事由として民法上定められている事由が生じた場合には，これによって代理商契約は終了する。
① 本人の破産，廃業，解散
② 代理商の死亡，破産
③ 代理商が後見開始の審判を受けたとき
である。民法は本人の死亡を委任契約の終了事由として定めるが，これについては商法に特則があり，商法上は終了原因とはならない（商法506条）。

9-4-3 解約告知による終了
解約告知とは，解約の意思表示（→告知）をしたときから将来に向かって代理商契約を終了させることである。商法は，二つの場合を規定する。
① 代理商契約がその存続期間を定めていないとき→期間の定めのない代理商契約
本人・代理商いずれからでも，2ヵ月前に予告すれば，相互に相手に対し契約を将来に向かって終了させるよう告知することができ，告知から2ヵ月後に契約が終了する（商法50条1項）。2ヵ月の期間は，特約によって伸縮することもできる。
② 已むを得ない事由による解約
代理商契約に期間の定めがあるか否かを問わず，「已むを得ない事由」あるときには，本人・代理商いずれからでも相手に対し代理商契約終了の解約告知をすることができる。解約告知が行われると，代理商契約は告知がなされた時点から将来に向かってその効力を失う（商法50条2項）。

「やむをえない事由」とは，代理商が本人の委託に基づき販売した商品の代金を本人に引渡さず着服したとか，代理商が本人の指示を無視して再々越権行為を行うとか，本人が代理商に対し報酬や立替え費用の支払をしばしば怠る等のことをいう。

10　営業譲渡

10-1　営業譲渡

10-1-1　営業譲渡の意味

　一般に商法上「営業」とは，「営利の目的をもって同種の行為を継続・反復して行う」ことを指す。商人の営業活動という場合の営業がこれであり，それは行為概念である。しかし，営業譲渡というときの営業とは，商人が一定の営利活動遂行のために組織化した財産の全体を意味する。換言すれば，**営業譲渡における営業とは，営業財産のことである**。物的設備を中心とし，これに，権利関係，事実関係を含めたものが営業譲渡における「営業」概念である。事実関係とは，当該企業の社会的信用，取引慣行，得先関係，暖簾，ノウ・ハウ等である。

　商人は営業活動を行い自らを拡大し発展していく過程において，他の商人と結合しより大規模な発展を展望することもある。この結合には，自らが吸収される結合もあれば，自らが相手を吸収する結合もあり，その方法には合併を初め多くの方法がある。以下で述べる営業譲渡もその一つである。法人企業，個人企業いずれにとっても企業結合を行う際に重要な役割を果たす。

　営業譲渡とは，営業財産の譲渡を行うことである。譲渡は譲受人の存在を必要不可欠とするから，営業譲渡は営業の譲受と裏腹な関係にあり，営業譲渡の法的性質を考察するには，両者を一体のものとして捉えておかなければならない。譲渡人側からのみ考察することは，思わぬ欠陥を抱えることになりかねない。

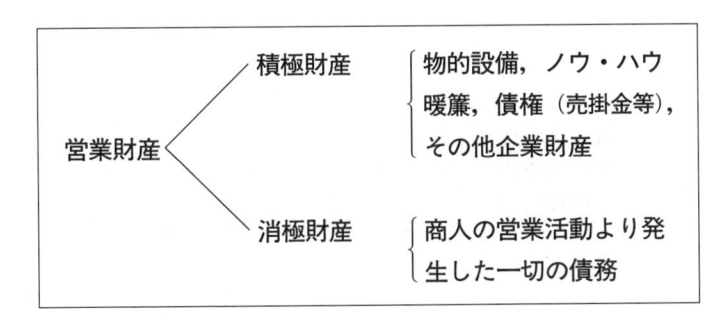

```
              ┌─ 積極財産 ┤物的設備，ノウ・ハウ
              │         │暖簾，債権（売掛金等），
   営業財産 ┤         │その他企業財産
              │
              └─ 消極財産 ┤商人の営業活動より発
                        │生した一切の債務
```

10-1-2 営業譲渡と集合物

　営業譲渡は営業財産の譲渡であって，一部を譲渡する場合もあるし全部を譲渡する場合もあり，具体的形態は営業譲渡の契約内容によって決まる。一般的に営業譲渡というときには，特別な意思表示なきかぎり，積極財産・消極財産両者が含まれる。無論，契約によって積極財産だけの譲渡に限定することもできるし，積極財産と一部の消極財産というのもあり得る。いずれにしろ，営業譲渡は一定の財産をまとめて譲渡する行為であることに変わりはない（しばしば全財産の移転として行われる）。

　一定の財産をまとめて譲渡するとは，単に財産がまとまって譲渡人から譲受人へと移転されることだけを意味するのではない。一定の財産が一体となることによって組織化された財産となり，そして財産が組織化されることによって特別な効力が生み出される。「財産をまとめて」移転するのはこのためである。工場の機械の譲渡だけを考えれば，それは単に中古の機械を移転することであり，それ以上の意味はない。しかし，これがその他の設備や施設と一体となり，ノウ・ハウ，得意先関係等と一体となって組織化さると一定の特別な価値を持つようになる。財産の組織化が生み出す目には見えない効果である。営業譲渡が一定の財産をまとめて譲渡する行為と定義されるのは，この効果＝価値を捉えるための表現である。

　営業譲渡はこのように営業財産をまとめて譲渡するところに意味があるから，営業譲渡契約も一つ一つの財産を移転する契約として行われるのではなく，営業財産をまとめて譲渡する契約として行われるもので，締結される営業譲渡契約は一つである。ところが，わが国の法制度は，集合物

第1部 商法総則

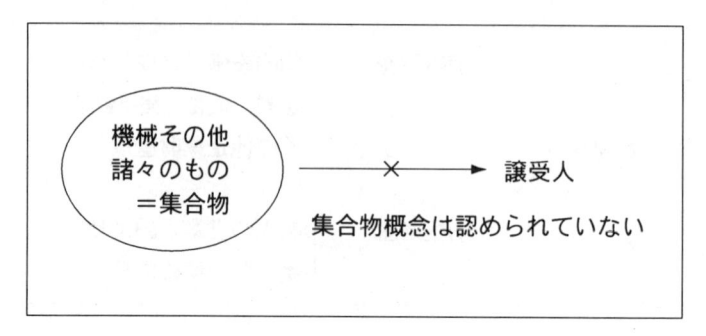

```
┌─────────────────────────────────────────────┐
│                                             │
│   ╭─────────╮                               │
│  ╱ 機械その他 ╲                               │
│ │  諸々のもの  │ ────×────▶ 譲受人           │
│  ╲ ＝集合物 ╱                               │
│   ╰─────────╯   集合物概念は認められていない   │
│                                             │
└─────────────────────────────────────────────┘
```

（→諸々の財産＝機械やその他のものを纏めて一つの物と考える考え方）の概念を認めていない。

　法的に集合物概念が認められているならば，一定の財産をまとめて譲渡する契約をもって営業譲渡契約と解すればそれで十分である。しかし，集合物概念が認められていず，かつ，営業譲渡契約はそれぞれの物や事実関係に即して多数の契約として行われるのではなく，契約は一つであるため，一定の財産を統合して移転する営業譲渡契約の法的性質が問題となるのである。そしてこの法的性質を検討する際には，一定の財産が一体となることによって発生する組織化による価値＝効力を捉えることを忘れてはならない。

　留意すべきは，営業は財産関係と営業を支える労働者とが一体となって「営業」となり得るが，商法上の営業譲渡にあっては，「営業」概念に労働者が当然に含くまれることはない点である。

10-2　営業譲渡の法的性質

10-2-1　学説の紹介

　営業譲渡は，特別に方式が決められているわけではなく（方式の自由），申込と承諾＝当事者の合意，によってのみ成立する諾成契約（債権契約）であることについては異論がない（実際は書面により契約が行われるが法的には，書面による必要はなく口頭で十分有効に成立する）。しかし，既に述べたように，組織化された財産の有する価値を譲渡する点を契約内容として法的にどう捉えるかにつき学説の対立がある。営業譲渡は，自由な方式に

よる諾成契約であることを前提に, いかなる内容を有する契約であるかを争点とする対立である。

(1) 営業財産譲渡説
営業譲渡は, 物, 権利, 事実関係を包含した組織的・機能的財産としての営業財産を一体として譲渡する契約であるとする。「営業財産」の一体的譲渡であるから, 特約なき限り当然消極的財産も含まれることになる。

(2) 営業有機体譲渡説
ここに有機体とは, 社会的有機体のことであり, 各々の各部分が一定の目的の下に全体として統一されていることである。営業譲渡という場合の営業とは, こうした意味での有機体であり, これを譲渡するのが営業譲渡であるとする。つまり, 物, 権利, 事実関係等の各部分が社会的有機体として統一されていることを強調するところに重点がおかれている。

(3) 営業組織譲渡説
営業とは財を中心とするものではなく組織であるとし, 組織に注目してこれを移転するのが営業譲渡であるという。ここに組織とは, 一定の意図の下に構築された人間関係のあり様, あり方である。だから, 事実関係や暖簾が中心となり, 物や設備は営業組織が移転されることに伴い譲渡人から譲受人へ移転されることになる。

(4) 地位交替承継説
企業者ないし営業主の地位に注目する主張で, この地位を譲渡するのが営業譲渡であり, 営業財産は地位譲渡の結果として譲受人に移転するとする。譲渡人が営業を譲渡することは, 譲渡人がその地位を譲渡し, 譲受人を譲渡の対象である企業の所有者たらしめることで, 譲渡人は譲受人を企業者ないし営業主の地位に就かせることを必要とすることになる。地位交替承継とはこれを表す表現である。

(5) 地位財産移転説

判例の採る立場であって，(1)と(4)を合わせたものということができる。即ち，営業譲渡は，企業者ないし営業主としての地位の交替承継と営業財産の移転であるとする。したがって，営業譲渡契約は，地位交替承継と営業財産の移転といった二つの要素から成立することになる。

10-2-2 法的性質

営業譲渡に関する学説の苦労は，営業財産が組織化されることによる価値を営業譲渡契約の中に法的性質として盛り込むことにある。地位交替承継説は，この点を最も真摯に追求した学説といってよく説得的である。だが，譲受人が営業を譲受けることは，譲渡人の地位に譲受人が就くこと＝地位の交替承継を内容とする側面を有するものの，物的設備その他事実関係等を移転させる効力が地位の交替承継が行われることにより当然に発生するとはいい難い。営業譲渡の中心には営業財産の組織化による価値が存在し，その移転は地位を交替承継移転させることによるものではなく，一体化した財産を譲渡することによって移転するのであり，この意味において地位の移転もさることながら一体化された営業財産を営業譲渡契約の要素と考えるべきであろう。また，営業譲渡を受けた譲受人が譲渡人の地位を承継し企業者ないし営業主となるのが通常ではあるが，譲受人が必ず企業者ないし営業主の地位に就くとは限らず，譲受けた営業をそのまま廃業することを目的に譲受ける場合もあり得る。

営業譲渡に関する多数説は，営業財産譲渡説といえるが，この説は物，権利，事実関係を一体とする営業財産を譲渡するのが営業譲渡と主張しているだけのことであり，財産が組織化されたことによる価値を契約論的に捉えることには諦念的のように思われる。営業財産の移転をもって営業譲渡と解することは，営業財産が移転するといった事実関係を述べたにすぎず，営業譲渡契約の「法的性質」を明らかにしているとはいえない。にも拘わらず，多数説の位置を占めているのは，営業譲渡の中心的実体は営業財産の譲渡＝移転であり，かつ，そのことをこの説が事実として端的に指摘していることによるものと思われる。

営業譲渡は一つの債権契約として行われると述べてきた。無論その通り

である。ところが，実際の営業譲渡はそれほどに簡単・簡素に行われるわけではない。例えば，アンパンを買う契約は，一個の売買契約であり，買主がアンパンを買うことを決心するまでの間，その内心においてアンパンにするかジャムパンにするか等各種の葛藤があったとしても，法的に契約は一個であり内容も単純である。これに対し営業譲渡契約は，最終的には書面において各種取り決めを明示し，それら全体を一個の契約として締結するが，締結に至る間には多数の話合いが行われ，大量の約束が積重ねられる過程を経ている。消極財産を移転するかどうか，特許権は別ものとして取扱うかどうか等々である。一挙に一個の営業譲渡契約が行われるのではない。約束は法的にいえば契約であるから，営業譲渡契約は多段階的に進行し，各段階の契約＝約束についての詰めが順調に進めば最終的な確認としての所謂営業譲渡契約が成立し，途中で利害の調整ができなかったときにはそれまでの総てが白紙に戻り営業譲渡は頓挫することになる。

　営業譲渡の事実関係に即して考えれば，営業譲渡は多段階的契約として行われ，それぞれの段階で行われた契約の最終的再確認が一個の債権契約たる営業譲渡契約となってあらわれる。各段階における契約は，その後の利害調整が成功しなかったときには白紙撤回されるわけで，これら途中経過ともいうべき契約は，法的には最後の総合的契約に至るまでは解除権を留保して締結された契約といえるであろう。そして最終的合意が行われたときは，留保されていた解除権は消滅し所謂意味での営業譲渡契約として集約され一本化され，一個の包括的契約となって成立する。

　したがって，営業譲渡契約は多数説のように営業財産の一体的譲渡と解することで十分といわざるを得ない。財産の一体化による組織的価値，地位の交替承継等は契約内容であって，法的性質としては営業財産の譲渡を目的とする債権契約以上ではないと考えるべきであろう。

10-2-3　営業譲渡の要件

　個人企業が営業譲渡を行ったり，営業を譲受ける場合には，特別な法的規制はなく全くの自由である。譲渡人と譲受人間で営業譲渡について合意をすれば営業譲渡契約は成立する。これに対し会社の場合には特別な規制がある。

営業の全部または重要な一部を譲渡する場合

　　□合名会社・合資会社──総社員の同意を要する（商法72条，147条）
　　□株式会社──────株主総会の特別決議を要する（商法245条1項1号）
　　□有限会社──────社員総会の特別決議を要する（有限会社法40条1項1号）

営業の全部を譲受ける場合

　　□合名会社・合資会社──定款変更を伴なうときにのみ総社員の同意を要する（商法72条，147条）
　　□株式会社──────株主総会の特別決議を要する（商法245条1項3号）
　　□有限会社──────社員総会の特別決議を要する（有限会社法第40条1項3号）

　会社がこれらの規制に反する営業譲渡または譲受けをしたときその行為は無効である。営業の一部譲受けについては，特別な規制は存しない。＊

　　＊平成12年の改正商法は，企業組織再編に対応するための会社分割法制を創設し会社組織における営業譲渡を規定することとなった。新設分割（商法373条以下，有限会社法63条ノ2以下），吸収分割（商法374条ノ16以下，有限会社法63条ノ7以下）の規定がそれである。したがって，会社分割としての営業譲渡については，これらの規定を踏まえる必要がある。詳しい内容は会社法に譲る。

10-3　営業譲渡の効果

10-3-1　営業財産移転義務と対抗要件具備義務

(1)　財産移転と対抗要件

　営業譲渡が各種の物や事実関係を含めた営業財産を一体として移転する一個の包括的契約であるとしても，集合物概念が認められていないことから，契約内容としては，譲渡対象である，物，権利，等々について一つ一つ明示し特定して移転についての合意をすることになる。だが，それで総

てが終了するわけではない。営業譲渡契約によって決められた範囲内にある営業財産を，譲渡人が譲受人に移転する義務は営業譲渡契約によって発生しているし，所有権も移転しているが，更に加えて，一つ一つの物，権利，事実関係等それぞれについて，譲渡人は譲受人のために対抗要件を備えることを要する。

　不動産は登記名義を譲渡人から譲受人に変更し，動産は一個一個引渡を行い，特許権等については登録の変更を行う等である。譲渡人が有する貸金債権を譲受人に移転する権利関係の移転については，債権譲渡の手続きに従い，譲渡人が，借主である債務者の承諾またはこの者へ債権譲渡の通知をする必要がある（民法467条）。譲渡人の借金を譲受人が引受ける等消極財産の引受けについては，譲渡人，譲受人，譲渡人に債権を有する者（→譲渡人が借金をした相手）の三者間で，譲受人が譲渡人の債務（借金）を引受ける（肩代わりする）ことについての合意を要する。この合意なくして譲受人による譲渡人の債務引受け行為を有効に行うことはできない。

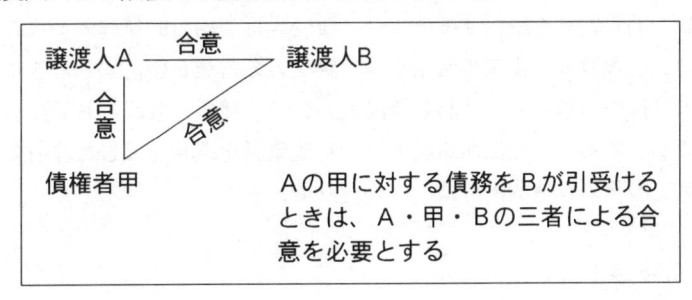

```
譲渡人A ──合意── 譲渡人B
  \         /
   合意   合意
    \   /
   債権者甲    Aの甲に対する債務をBが引受ける
              ときは，A・甲・Bの三者による合
              意を必要とする
```

(2)　事実関係の移転

　問題となるのは，得意先関係，ノウ・ハウ等の事実関係の移転をどのように行い，いかなる状態が生ずれば移転があったと考えるかである。営業財産を一体化して移転したとしても，これら事実関係が譲受人に移転されていなければ，それは単に物や権利関係を一体として移転しただけのことであり，財産が一体化することによる特別な価値が移転されたことにはならない。得意先，ノウ・ハウ等の事実関係が，一体化された財産と結合することによって初めてその価値が出てくるのである。**営業譲渡の特殊性はこの価値の譲渡にあるので**，これら事実関係の移転手続は重要である。

とはいえ，事実関係の移転については，機械の引渡や不動産の登記名義変更のごとく移転が客観的に認識できるものではないため，何をもって移転行為が行われたと見るかは容易でない。具体的には，得意先への紹介・推薦，製造技術の訓練行為等が移転手続といえるが，それは譲受人が得意先を確保したり技術を習得するまで何回も繰り返し行われることが必要で，数回では終わらない場合が多いであろう。しかし，譲渡人が得意先を数度に亘って紹介し，製品の製造技術を十分に移転させたと考えても，譲受人は得意先を獲得していないとか，技術は未だ習得できていないと思っていることもあり，事実関係移転の有無に関する現実の判断は簡単でなく，争いの原因となる可能性もある。

10-3-2　競業避止義務

　営業譲渡契約の目的は，譲渡人が行っていた営業を譲受人が継承して行うところにある。営業譲渡が行われたにも拘わらず，譲渡後も譲渡人が依然として同じ営業を継続するときは，譲受人は契約目的を達成することができない。譲渡人が従来の営業を続け譲受人の営業と競合するときには，譲受人は技術力等において勝る譲渡人との営業競争に敗れるおそれが考えられるからである。商法が譲渡人に対し**競業避止義務を課した理由**である。競業避止義務の具体的内容は，次の通りである。

(1)　特約をしなかったとき

　競業避止義務につき当事者が特に定めることをしなかった場合，譲渡人は同市町村および隣接市町村内において，20年間同一の営業を行うことができない（商法25条1項）。

(2)　特約のあるとき

　譲渡人が競業をしない旨の取決めを行った場合，その取決めは，同市町村および隣接市町村内において，かつ，30年を超えない範囲内で有効に成立する。未来永劫競業しない等の特約は，30年間を超える部分が無効となり，総てが無効となるのではない（商法25条2項）。

(3) 不正競争の目的による競業

譲渡人は(1)と(2)に掲げた競業避止義務を負わない場合がある。即ち，当事者間において競業避止義務を免除する特約が行われた場合である。無論，こうした特約は有効である。譲渡人は特約によって競業避止義務なしとされたのであるから，譲受人に関係なく営業譲渡を行った翌日から，同じ営業を継続して行っても原則として問題とはならない。

しかし，譲渡人が特約によって競業避止義務を免除された場合であっても，不正競争の目的をもって譲受人と競業することは許されない（商法25条3項）。ここに不正競争の目的をもってとは，譲受人に，「被害を与える意図で」「重大な影響が出るであろうことを知りつつ」「損害が発生するであろう虞のある方法で」等により譲渡した営業と同一の営業を行うことである。同市町村および隣接市町村内でなく，遠く離れた場所で行ったとしても，不正競争の目的がある限り当該競業行為は禁止される。

10-3-3 債務負担義務

営業上負担した債務を譲渡人がまだ弁済していない間に営業譲渡が行われ，かつ，譲受人が譲渡人の消極財産は引受けない旨を内容とする営業譲渡契約が締結されたとき，譲渡人の債権者は弁済を受ける機会を失い損害を被る虞がある。例えば，譲渡人が購入した物品の代金をまだ支払っていないときに営業譲渡が行われると，譲渡人は営業譲渡をしているので，営業からの利益で物品の代金を支払うとことができず不払になる事態が予想される。譲受人が譲渡人に代わって物品の代金支払を引受けていない場合には特にその可能性が強い。商法はかかる場合に備え，営業譲渡契約において譲渡人・譲受人間で，譲受人が譲渡人の債務を引受けないと定めたとしても，一定の場合に譲受人は譲渡人の債務を弁済する責を負うべきことを定めた。

(1) 商号の続用あるとき

(a) 譲渡人の営業によって生じた債務について，譲渡人が責任を負うことは当然であるが，営業譲渡の際に譲受人が譲渡人の商号を続用するときは，譲受人も弁済の責を負う（商法26条1項）。譲渡人と譲受人両者が債権

者に対し**連帯して譲渡人の債務**につき**責任を負う**ことである。

ここに商号の続用とは、全く同一の商号を続用するときおよび、通常同一と見られる商号を続用することをいう。同一商号と判断された判例上の例には、「株式会社日本電気産業社」と「株式会社日本電気産業」、「大阪屋」と「株式会社大阪屋」等がある。

譲渡人の有する債務が営業によって生じた債務であれば、商号の続用がなされている限り営業譲渡の当時譲受人がその存在を知らなくとも責任を負わなくてはならない。当該債務が不法行為を原因とする損害賠償債務であっても、それが営業によって生じたものである以上は責任を負う。

(b) 商号を続用する場合でも、譲受人が、営業譲渡が行われた後遅滞なく、譲渡人の債務について責任を負わない旨の登記をしたときは、譲受人は譲渡人の債務について責任を負わない（商法26条2項前段）。

また、営業譲渡が行われた後遅滞なく、営業の譲渡人および譲受人より、譲受人は譲渡人の債務について責任を負わない旨を通知したときは、この通知をした者に対しては責任を負わなくてもよい（商法26条2項後段）。したがって、責任を負わない旨を登記したときと異なり譲受人は、通知をしなかった者に対してのみ譲渡人の営業によって生じた債務について責を負うことになる。

営業譲渡が行われて商号の続用があるとき、譲受人が譲渡人の債務を負担する債務負担義務は上記の通りであるが、注意すべき点は、本来の債務者である譲渡人や連帯責任者である譲受人に対して弁済の請求を行う者がいる場合（→譲渡人の債権者）、その者が譲渡人または譲受人に対し営業譲渡後2年内に請求または請求の予告を行わないとき、**譲渡人に対しては以後請求することができなくなる**点である（商法29条）。この2年は時効ではなく除斥期間である。2年経過後は譲受人に対してのみ請求することができ、譲渡人の責任は2年経過することによって絶対的に消滅する。

(2) 商号の続用なきとき

商号の続用がないときは、譲受人は譲渡人の債務につき責任を負わない。譲渡人は自己の債務を自ら弁済することになる。ただし、この場合でも、譲受人が譲渡人の営業によりて生じた債務を引受ける旨を広告したときは、

譲渡人に債権を有する者は，譲受人に対し弁済の請求をすることができる（商法28条）。

譲受人が譲渡人の債務を引受けるとの広告を行った場合における譲渡人と譲受人に対する請求権の消滅は，商号の続用があるときと同様，2年内に請求または請求の予告を行わないと譲渡人に対する債権は除斥期間経過により行使できなくなり（商法29条），以後譲渡人の責任は消滅し，譲受人にのみ請求できるだけである。

11　商業登記

11-1　商業登記

11-1-1　商業登記の意味

登記とは，一定の事項を登記所に備えてある登記簿に記載することである。商業登記は，商法の規定によって登記すべきとされた事項を，商業登記簿に登記することをいう（商法9条）。商業登記制度の主要な目的は，登記された事項を第三者が閲覧し，取引を行うか否か，行うとしてもいかなる規模で行うか等々の判断をするその判断材料を提供するところにある。

取引相手の資本金，業績，取締役の氏名等を知らずして取引はできない。無論，登記制度がなくともこれらの事項は調査することにより判明するが，調査には時間と費用を必要とし煩雑でもあるから，取引を行うについて重要と思われる事項を登記させておくと，取引を行う者は登記を閲覧することによって判断材料を手にいれることができ，より迅速に取引を行うことができることになる。継続・反復して行われる企業取引においては，商業登記制度は不可欠なものといえる。また，登記をする商人にとっても，自己と取引する者が登記を閲覧したかどうかを問わず，その者は登記した事項を周知しているとして取扱えば便益を得ることができる。かくして商業登記制度は，商人と取引をなす者，登記を義務づけられた商人，双方の利便を目的とするものということができるであろう。

商業登記は，商法が定める事項を商業登記簿へ登記することである。故に，商業登記簿以外の登記簿に登記するものは商業登記ではない。例えば，企業財産として土地・建物の不動産があり，これらが企業財産の重要な部分を形成していても，その登記は不動産登記簿に登記されるものであるから商業登記でない。

商業登記簿の種類には，商号登記簿，未成年者登記簿，後見人登記簿，支配人登記簿，合名会社登記簿，合資会社登記簿，株式会社登記簿，有限会社登記簿，外国会社登記簿の9種類がある（商業登記法6条）。これら9種類のどれかの登記簿に登記を行うのが商業登記であり，これ以外の登記簿への登記は企業に関するものであっても商業登記ではない。

11-1-2　商業登記事項

商業登記に関する事項は，絶対的登記事項と相対的登記事項に分けることができる。**絶対的登記事項**とは，法律が必ず登記すべしと定めている事項であり，義務づけられた登記事項ともいえる。法律によって登記事項とされているものの殆どはこの絶対的登記事項と考えてよい。絶対的登記事項のうち，本店の所在地において登記すべきとされる事項は，支店の所在地においても登記しなければならない（商法10条）。ただし，法律が特別に例外を定めている場合はこの限りではない。

相対的登記事項とは，登記するか否かが自由な意思に委ねられている事項のことで，任意的登記事項ともいわれる。既に述べてきたところの例でいえば，個人企業の商号は，登記するかどうかは当該個人の自由で，相対的登記事項ということができる。ただ，相対的登記事項であっても，一旦登記をしてしまうと，その後は登記した事項に変更・消滅があれば必ずその変更・消滅を登記しなくてはならない（商法15条）点は留意する必要がある。

11-1-3　商業登記手続

商業登記は登記を希望する者の申請によって行われる。申請がないのに登記所が勝手に登記をしたり登記の抹消をしたりすること（職権登記）は原則として認められない。

登記の申請は本人申請である。個人企業の場合には，当該企業の営業主，会社の場合は代表者が申請を行う。勿論，代理人による申請や後見人による申請も許される。申請は書面によることを要し，口頭による申請は認められていない。障害者のことを考えるとこの点は検討課題とされるべきことであろう。登記が錯誤に基づくときや行った登記に遺漏があったときには，登記の更正を行うことができる。

　商業登記は登記すること自体が目的ではなく，登記された事項を第三者が周知できるようにしておくことに意味がある。第三者が知ることができないとすれば，個人の日記の類と同じで取引に関する便益は何もない。第三者が商業登記簿を閲覧できるのはこのためであり，謄本・抄本を請求し，その郵送をも請求できるのである。商法は，これに加えて，登記所は登記した事項を遅滞なく公告しなければならないと定め，登記事項の周知を意図している（商法11項1項）。ところが現在この公告については行われていない。公告に関する適当な方法が考案されていないことによる。

11-2　商業登記の効力

11-2-1　一般的効力

　登記すべき事項は，登記前には善意の第三者には対抗できないが，登記および公告の後は善意の第三者にも対抗することができる（商法12条前段）。これを**商業登記の一般的効力**という。登記すべき事項総てについて認められる効力であることから一般的効力というのである。既に触れたように，現在,「登記及び公告」の公告は行われていないから,「登記及び公告の後」は，これを「登記後」と読み替えることになる。

　商法12条前段は，商業登記の一般的効力に関して，登記前と登記後とに分けて規定しているので，商業登記の一般的効力についての説明も，登記の前後に区別して行うことにする。

　(1) 登記前の効力

　登記すべき事項は，登記をしない限り善意の第三者に対抗することができない。「**対抗することができない**」とは，一定の事項（登記すべき事項）

が存在していても，そのことを善意の第三者には主張できないことを表す表現である。これまでに学習してきたところを例にして説明すれば，次のようなことである。営業主が支配人を選任したとする。支配人の選任は登記事項であるから，営業主が支配人Aを選任したとしても，これを登記していなければ，Aが支配人として選任されたことを知らない者（善意の者）には，Aが支配人であるとの主張をできないことである。商業登記は，一定の事実を登記することによって，当該事実を第三者に周知させることを主たる目的とするものであった。とすれば，登記をしていなければ，事実を知らない者に対して，その事実が存在することを主張できないことは当然のことであるといえるから，この当然の理が定められているのである。

「登記すべき事項は」と規定されているため，絶対的登記事項のみが対象とされているような感じを与えるが，そうではなく，**登記すべき事項とは**，登記できる事項総てを含んだものであって，正確にいえば，**登記することができ得る事項のことである。**＊

登記していなければ善意の者には対抗できないのであるから，悪意の者には登記していなくとも対抗できることになる。つまり，支配人Aが営業主によって選任されたことを知っている者（悪意者）については，これを登記していなくともAが支配人であると主張できるのである。善意・悪意の区別は，Aが支配人として選任されたか否かの事実に関する善意・悪意であり，Aが支配人として登記されているか否か，といった登記の有無に関する善意・悪意ではない。また，善意であること（知らないこと）が過失による場合（→不注意によって知らない事態に至った）でもかまわない。善意・悪意を判断する時点は，取引が行われた時点である。

登記すべき事項についての善意・悪意に関係なく，取引の当事者が合意によってAを支配人として認めることは自由であるし，悪意の第三者から営業主に支配人はAであると主張することも認められる。要するに，登記なきときは善意の第三者に対抗できないことである。

＊服部栄三・商法総則（第二版）・青林書院新社・1975年・480頁参照。

(2) 登記後の効力

一定の事項を登記すると，登記後は登記した事項については善意の第三

者に対しても対抗することができる。即ち，第三者が登記された事項を知らなくとも知っているものとされることになる。支配人Aの選任を登記した場合，営業主はAが支配人に選任されたことを知らない第三者に対してもAが支配人であることを主張できることである。

しかし，第三者が登記したことを知らないことについて正当な事由があるときには，登記をしていてもこの者については，登記した事項を対抗することができない（商法12条後段）。**正当な事由とは**，登記を閲覧しようと思ったが震災のため登記所が閉鎖されていたとか，道路が閉鎖されており登記所へ行けなかった等の客観的な事由をいう。主観的な事由である，旅行とか入院のため閲覧できなかった等は正当事由に該当しない。

正当な事由によって登記を知ることができなかったことを主張するためには，主張する者が正当な事由の存在を立証しなければならない。

11-2-2 特殊的効力

商業登記の一般的効力は，登記することができ得る事項総てについて認められる効力であったのに対し，**特殊的効力とは**，特定の場合に登記することによってのみ発生する特殊な効力のことをいう。

(1) 創設的効力

登記をすることによって新たに法律関係ないし法律事実が創出される，その登記の効力を創設的効力という。例えば，会社はその種類を問わず総て設立登記によって成立するので，設立登記は会社という法律事実を新たに創出することになる。創設的効力とは，このように会社の設立登記が会社という法律事実を生み出す登記であるところから，創設的効力を有する登記といわれるのである。また，会社の合併は，合併登記をすることによって法的効力を生じるから（商法102条），合併登記は新たに合併という法律関係の創出をもたらす登記であり，創設的効力がある。

会社の実体は，登記を行うまでに形成され事実としては存在するが（実体があるからこそ設立登記をすることができ，実体なきときは設立登記手続をできない），実体があっても設立登記をしなければ会社設立の法的行為がないため，法律上会社は存在し得ない。会社設立登記によってのみ会社と

いう法律事実が発生する。会社の合併についても同じで，合併登記を行うまでに合併に関する各種の準備や合併契約は行われており，社会的に見れば合併の実体は発生し存在しているが，合併登記が行われていないため法律上合併は存在し得ない。合併登記が行われることによってのみ合併の法的効力が生じ，合併という法律関係が創設されるのである。

創設的登記が行われると，登記によって創設されたところのもの（例えば，会社の設立登記が行われたときの会社設立）は，**天下万民に対し**主張できることになる。悪意者にも善意者にも主張でき，正当な事由によって知ることができなかった善意者にも，その創設（会社の設立等）を主張できる。創設的効力が特殊な効力であるとされる理由である。

(2) 補完的効力

詐欺や脅迫による取引行為は，詐欺・脅迫といった瑕疵（→法的欠陥）が存在するから，当該取引行為を取消すことができるのが法律上の原則であり，民法・商法いずれもこの原則に服する。ところが一定の場合に登記が行われると，こうした瑕疵があっても登記の後は取引を取消すことができなくなる場合がある。この場合の法的理屈は，詐欺・脅迫等の瑕疵（法的欠陥）が存在しても，登記の後はこの瑕疵を主張できないこととなる結果，当該取引行為の瑕疵が治癒（→補完）されたのと同様な効果をもたらすとの考えである。かかる登記の効力を補完的効力という。

例えば，株式会社を設立するとき，多くの資本を集めるため広く株式引受人を募集し株式の引受け（→株式を買うこと）を依頼することが行われる。そして予定どおり株式の引受けが行われると会社の設立登記がなされる。株式の引受けは，株式という権利の売買契約であるから取引であり，したがって，この取引に詐欺・脅迫，あるいは，錯誤があるときは，原則からすると，株式引受けの取消や無効を主張できることになる。しかし，会社の設立登記が行われた後は，これら取消や無効は主張できなくなってしまう（商法191条）。会社設立の登記に補完的効力があるからである。

(3) 附随的効力

登記の本来の目的から派生する附随的な効力のことであると説明されて

いる。会社の設立登記は会社を設立するためのものであり，これが本来の目的である。会社が設立（→会社の成立）されると，それによって各種の行為が可能となってくる。例えば，会社は株券（→株式という目に見えない権利を紙に書いたその紙片）を発行することが可能となる。設立登記が行われるまでは株券の発行は禁止されており，設立登記＝会社成立によってこうした行為が解禁されるので，株券の発行が可能になるのは，設立登記＝会社成立登記の附随的効力であると説明されるのである。

しかし，こうした効力を設立登記の附随的効力というべき必要性があるとは思えない。こじつけ的である。単に会社が成立したことによる効果というべきで，設立登記によるものではないと考える。もしこれが設立登記の附随的効力によるものであるとするならば，会社は設立登記によって設立される（→成立する）から，成立した会社の行為は総て設立登記の附随的効力によるものといわざるを得ず，妙なことになってしまうであろう。会社が売買契約を行うことができるのは，会社が成立したからであって，会社が成立していなければ会社そのものが存在せず売買契約自体も有り得ない。したがって，会社成立後の会社の行為は総て設立登記の附随的効力によるものと説明しなければならない。「妙なことになる」とはこうしたことである。

11-3　不実登記

11-3-1　不実登記の意味

商業登記についてこれまで述べてきた登記の各種効力は，一定の事実を前提に，これを登記することによって発生するものである。一定の事実が存在しないのに登記をしてもこれら登記の各種効力は発生しない。登記が行われることによって一定の事実が生み出されることはなく，そこには実体のない登記が在るだけで，登記が実体を創出することはないからである。実体のない登記，存在しない事実についての登記，事実と登記が異なる登記，いずれも同じことを意味する表現であるが，こうした登記のことを不実登記という。

不実登記は，事実が存在しないので，あるいは，事実と登記が異なるの

で，不実の登記がなされそれを信じた者がいても，**登記されたとおりの法的関係が形成されることは原則としてあり得ない**。しかし，例えば，不実登記が悪意で行われ，行われた不実登記を善意で信じた者がいる場合に原則を貫くことには問題がある。登記という外観を悪意で創出した者は，この外観＝登記を善意で信頼した者について外観どおりの責任を負うとする外観法理ないし禁反言の法理がそこで機能するべきといえるからである。

不実登記であっても，登記が行われると登記どおりの事実が存在するかのような外観が登記簿上に形成され，善意の者はこの登記による外観を信頼して取引をするのが通常である。このとき，原則どおりに，行われた登記は不実登記であるから登記されたような事実は存在しないとして処理すると，取引を行う際には，相手方の登記が不実登記か真実の登記かをいちいち調査してから取引をせざるを得ないとになる。これは登記の趣旨と制度を否定することと同じことであって到底容認することはできない。登記を信頼して取引を行った者の保護が要請される所以である。

11-3-2　不実登記の法的効果と要件

(1)　法　的　効　果

商法は，故意または過失によって不実登記をなした者は，不実の登記であることを善意の第三者に対抗することができない（商法14条）と定める。不実登記を故意または過失でなした者は，善意でこれを信じた者に対して，登記どおりの事実が存在するものとして法的関係を形成しなくてはならない。例えば，会社が故意または過失によって真実の代表取締役でないＡを代表取締役として登記した場合，この登記を善意で信じたＢとの関係においては，Ａを代表取締役ではないと主張することができない（対抗できない）ことである。換言すれば，会社はＢとの関係においてはＡを代表取締役として取扱うことであり，Ａの行為は代表取締役としての行為とされることになる。

商法14条による法的効果は，あくまでも登記を善意で信じた者に対する関係においての法的効果であり，**事実としてＡが代表取締役となることではない**。Ａは登記上代表取締役とされていてもその登記は不実登記で，事実としては代表取締役ではない。事実と登記は異なっており，だからこそ

不実登記なのである。登記のみによってAが代表取締役になることは絶対にありえない。登記が事実を創り出すことはなく，善意者との関係においてもこのことは変わらない。ただ，代表取締役Aの登記＝不実登記を不実とは知らずAが登記どおり代表取締役であると善意で信じた者については，その善意による信頼を保護する必要から，善意者との関係においてのみ法的にAを代表取締役として取扱うこととしたのである。法的にAを代表取締役として取扱うことと，事実としてAが代表取締役であることとは別個のことである。

(3) 要件
不実登記に関する法的効果が認められるための**要件**は次の通りである。
(a) 不実登記が故意または過失によってなされたものであること
「故意・過失」は不実であることについての故意・過失である。つまり，不実であることを知りながら登記をすること＝故意，注意をすれば不実であることを認識できたのに注意をしなかったから（不注意，注意を怠った）不実であることに気がつかず不実の登記をしたこと＝過失，である。過失の重軽は関係なく，過失がある以上要件に該当する。

事実に基づく真正な登記をしていたが，事実が変更になったにも拘わらず変更登記を故意・過失によって行わなかった場合も事実と登記が異なる状態が発生するので不実登記になる。また，第三者が勝手に不実の登記をしたのを知りながら放置しておいた場合も同様である。例えば，偽者が代表取締役になりすまし自己を代表取締役として登記したことを，真実の代表取締役＝会社が知りながら放置しておいたとか，第三者が不実の登記をすることに承諾を与えた等の場合である。

(b) 善意の第三者であること
故意または過失により不実の事項を登記した者は，登記した事項が不実であることを善意の第三者に主張することができないことが不実登記についての法的効果であった。即ち，不実登記の法的効果を享受することができるのは善意の第三者のみである。いうまでもなく，善意の第三者とは不実の登記であることを知らない者のことである。問題は，善意＝知らないことの対象が何であるか，何を知らないのかである。この点について学説

は対立している。

　善意の第三者とは，登記と事実が異なることを知らない者のことであって，不実の登記を不実の登記ではなく事実に基づく，あるいは，事実に裏付けられた登記であると信じた者である必要はない，とするのが有力説である。表現を変えていえば，登記を見て実際はそれが不実登記であるのに，真実の登記であると信じたことは必要でなく，事実と登記が相違していることを知らなければ善意の第三者であるとする説である。有力説の主張には必ずしも明確とはいい難いところがあるが，その主張が具体的にいかなる事態をもたらすのかを，代表取締役を例に明らかにしてみることにする。「登記を見ている必要はなく，事実と登記が相違していることを知らない」とは，代表取締役として振舞っている自称代表取締役を自称代表取締役とは知らずに真実の代表取締役と思い信ずることであり，この信じた者が善意の第三者ということになり，この善意者には，自称代表取締役は自称であり真実の代表取締役ではないとの主張をできないことである。「そして」こうしたこととは別に，登記関係においても真実の代表取締役ではないのに自称代表取締役が代表取締役として登記されていた＝不実の登記がされていた，これが有力学説の説く具体的内容である。

　登記を見ていない者に対し，登記と事実が異なるか否かを問うことは，そもそも成立し得ない問いである。故に，有力説の理論は，要するに，登記とは無関係に，外観と事実が異なるとき（→外観＝自称代表取締役，事実＝真実の代表取締役ではない），事実を知らないで外観を信頼した者を保護する外観法理そのものといわざるを得ない。先に述べた「そして」以下の部分は，有力説の理論的根拠に直接かかわるものとはいえず，蛇足的付け足しといっても過言ではなかろう。

　不実登記の法的効力を規定する商法14条は，外観法理ないし禁反言の法理を具体化したものであることは否定できず，その基礎を外観法理として捉えることに異論はない。しかし，外観法理ないし禁反言の法理そのものによって不実登記の効力が認められるものであるなら，登記との関係においてこれを論ずる必要はなく，外観法理によって説明すれば足りることである。外観法理は商法の特質の一つではあるが，それは商法の個別的規定に具体化されたとき初めて機能するものと考える。商法が不実登記の効力

として，敢えて登記という外観を信じたときにのみ当該効力を規定しているのはその証左である。外観法理それ自体で保護される善意者は，善意であることについて過失なきことを必要とするが，不実登記において保護される善意者とは，不実登記を知らなかったことが過失による場合でもかまわないから，要件においても両者は異なるものである。

　不実登記における善意の第三者とは，不実の登記を真実と信じた者，登記と事実が異なることを知らずに登記されたことを真実と信じた者のことをいうと解すべきであろう。

12　商業帳簿

12‐1　商業帳簿

12-1-1　商業帳簿の意味

　商法は商人の営業上の財産および損益状況を明らかにするため，会計帳簿と貸借対照表の作成を義務づけている（商法32条）。商人が営業を行うに際して自らの営業活動による収益を記録することは重要であり，どんぶり勘定を継続し利益と損失の如何，更には企業の財産状況を把握しないときは，営業の成立自体が危うくなることも有り得る。商人がその企業経営を永続的に展開するためには，財産状況を把握するための帳簿が必要なのはこのためである。商人が自己の存立・維持を目的として作成するのが帳簿ではあるが，仮に，これだけが帳簿の目的であれば，その帳簿はいかなる種類の帳簿であろうと自由であり，かつ，その作成は法律によって強制されるべきものではない。要は，商人自身が自己の財産状況を理解できるものであればよく，そして他人にはその財産状況を秘密にすることができる複雑怪奇なもの，暗号のごとき他人が理解できない文字で作成されたものであればより都合がよいことになる。

　商法が商人に商業帳簿の作成を義務づけるのは，商人の個人的目的のためではなく，他人のためである。商人と売買契約を行う者，商人へ金銭を

貸すことを予定している者等々にとっては，取引相手となる商人の財産状況を知ることは重要である。個人企業，会社いずれについてもこのことは妥当するが，特に株式会社や有限会社では，取引相手にとっては会社財産だけが頼りで，会社に財産がないときは代金等の支払を受けることができなくなってしまう。取引の安全を確保する観点から，第三者である他人に取引相手の商人の財産状況等が理解できるよう，整然かつ明瞭に記載した（商法33条1項）一定の帳簿の作成が商人に義務づけられているのはこの意味においてである。

12-1-2　商法上の商業帳簿

　商業帳簿とは，商人がその営業上の財産および損益の状況を明らかにするために作成するもので，要件事実的にいえば次のごとくである。

　商人が作成するものであること。非商人の個人財産の状況を明らかにすることを法律で義務化することは許されず，商人が作成するものに限定されるのは当然のことである。ただし，小商人は対象外である。

　営業上の財産状況を明らかにするものであること。営業上の財産状況とは，当該企業の財産状態・財政状態のことで，どれだけの財産がいかなる価値形態において存在するかを明らかにする帳簿である。価値形態とは，不動産としてあるのか動産として存在するのか，現金の形態か，貸金の形態か，といったことである。

　損益の状況を明らかにするものであること。損益の状況とは，一定の営業活動期間（商法上は一年）内に，企業活動によりどれだけの利益があったか，あるいは，損失であったか，のことであり営業活動の結果報告ともいうべき記録のことである。

　財産状況が一定の時点における営業財産の全体的なものであるとすれば，損益の状況は一定の期間内における営業活動の記録である。営業活動により一時的に利益があっても全体的財産状況としては依然危機的状況であったり，反対に，一時的に営業の失敗で損失を抱えたとしても，企業の全体的財産状況としては全く安泰ということもある。

　商法32条1項は，会計帳簿と貸借対照表の作成を要すると定めるので，商法上作成が義務化されている商業帳簿とはこの二種類の帳簿を指すこと

になる。もっとも，商法が商人にその作成を義務づけている帳簿ないし書類はこの二種類に限られるわけではない。例えば，株式会社においては，営業報告書等の計算書類の作成が義務づけられていたり（商法281条），株主総会議事録の作成（商法244条1項），株主名簿の作成（商法223条）等が義務づけられているが，これらは財産状況や損益の状況を明らかにするものではないため法律上義務づけられていても商業帳簿ではない。

12-2 会計帳簿と貸借対照表

12-2-1 会計帳簿

　会計帳簿という名称の帳簿が存在するのではなく，一定の時期における営業上の財産およびその価格，取引その他営業上の財産に影響を及ぼす事項を記載した帳簿を，商法上会計帳簿という（商法33条1項）。

(1) 個人企業の場合
(a) 開業のときおよび毎年一回一定の時期に於ける営業上の財産およびその価額
(b) 取引その他営業上の財産に影響を及ぼす事項

　この(a)，(b)，を記載した帳簿が商法上作成を義務づけられている会計帳簿である。

(2) 会社の場合
(a) 成立のときおよび毎決算期における営業上の財産およびその価額
(b) 取引その他営業上の財産に影響を及ぼす事項

を記載した会計帳簿の作成が義務づけられている。

　営業上の財産とは，土地・建物・機械・商品・材料等であり，貸金も営業上の財産に入る。「その価額」とは，これら営業財産の価値のことである。例えば，土地についていえば，当該土地の取得価額である。建物や機械についても同じく取得価額であるが，これらについては毎年減価消却をした後の価額を記載する必要がある。

　取引その他営業上の財産に影響を及ぼす事項とは，営業財産の増減，種

類の変更(例えば,全体的な財産価値が不変でも構成内容に変更があり,土地を失った代りに他社の株式を取得したといったこと)等である。営業財産の増減や変更を発生させるのは営業活動である取引によるから,中心となるのは,企業活動それ自体を記録した帳簿ということになるが,必ずしもこれに限られるわけではない。災害等の自然現象によっても営業財産は減少するから,これらを記録する帳簿も作成することを要する。

12-2-2 貸借対照表

商人の財産状態の概要を明らかにする一覧表を貸借対照表という。個人企業では,開業のときおよび毎年一回一定の時期に,会計帳簿に基づいて作成しなければならない(商法33条2項)。会社においては,成立のときおよび毎決算期に於いて会計帳簿に基づき作成しなければならない(商法33条2項)。

商業帳簿である,会計帳簿と貸借対照表は10年間保存することを要する(商法36条1項)。10年間の期間の起算点は,帳簿閉鎖のときである(商法36条2項)。

第2部　商行為法

1　商行為法の目的

1-1　商行為法の目的

　商法総則において明らかにしてきたように，商法は企業関係を規律するところの法＝企業法であった。企業関係を規律するとは，企業行為，営業行為，企業に関すること，営業に関することを規律することである。商法は，企業行為ないし営業行為を行う者，換言すれば，企業行為ないし営業行為を行う主体のことを商人と定めた。パン屋が営業を行うとき，その営業は企業行為であり，企業行為者＝営業行為を行う者＝企業の主体はパン屋である。いうまでもなく，このパン屋が商人である。

　商人は企業行為ないし営業行為を行うから法律上商人とされ商法の適用を受ける。だから，商人であっても企業行為，営業行為を行わなければ商法は適用されない。例えば，商人は企業行為をも行うが，非商人と同様結婚をしたり，友人と映画を見たり，喫茶店でコーヒーを飲んだり等々企業行為以外の行為をも行う。これらの行為は商人としての行為ではなく非商人としての行為であるから，これには商法の適用はなく，民法が適用される。そこに存在するのは非商人と非商行為である。商人が企業行為を行った場合にのみ商法が適用されるのであって，商人のあらゆる行為に商法が適用されるわけではない。**商人だから商法の適用をうけるのではなく企業行為を行ったから商法の規制対象となるのである。**角度を変えていえば，企業行為を行うから商人なのであり，そうした企業行為を行う商人だから商法が適用されるのである。

　会社の場合も同じで，慈善事業へ寄付をするとか，町内会のイベントへ寄付をするといった行為は，宣伝行為として行われることのない純粋な寄付である限り企業行為ではなく，これらの行為には商法の適用はない。行われた行為が企業行為であったときに限り商法が適用されるのである。

　商法の適用を受ける行為＝企業行為のことを商行為という。一定の行為

が商行為であるか否かを決することは、当該行為に商法を適用するためで、非商行為＝非企業行為への商法の適用を回避することである。一定の行為を商行為であると決定する作業は、商法を適用するための前提行為と表現することもできる。したがって、いかなる行為に商法を適用するかの答えを求めることが、一定の行為を商行為とすることの意味であり、**商行為法の目的がこれである**。

「商人とは商行為を為すを業とする者」(商法4条1項)で、商行為概念が明確になれば商人概念も明らかになり、商法の適用を受ける行為と民法の適用対象となる行為の区別も可能となる。**法構造的にいえば、商人、商行為、業**とする、の三者が明らかにされれば、商法の対象となる行為が確定されるのである。商人、業とする、の二者については既に商法総則において説明してきたので、最も中心となる商行為概念を以下において説明し、商法により規律される行為＝商行為の内容を明らかにしていく。

商行為概念とその内容を明確にすることは、商法を適用する行為の明確化であって、それは同時に、商法という「法」領域を確定することでもあり、更には、商法が適用される場合と民法が適用される場合とでは、法的にどの様な違いがあるのかを明らかにすることでもある。具体的にいえば、非商人間＝素人間の売買には民法が適用になり、商人間、商人と非商人間の売買には商法が適用になるが、民法が適用される場合と商法が適用される場合とではいかなる違いがあるのかである。

1-2　商法の定める商行為

1-2-1　商行為の種類

わが商法の規定する商行為は、(1)絶対的商行為(2)営業的商行為(3)付属的商行為の三種類である。商法総則において説明したように、わが商法は商法の適用に関し商行為法主義と商人法主義の折衷主義を採用している。

商行為法主義とは、一定の行為類型を列挙し、列挙した行為＝商行為を行った者に商法を適用する方法である。商人法主義とは、先ず商人概念を定めて、この商人が行う行為＝商行為に商法を適用する方法である。わが商法はこの両者を採用する折衷主義である。商行為法主義は、一定の列挙

された行為を商行為とし，この商行為を行うのが商人であるから商法を適用することであり，商人法主義は，商人が行う行為は商行為であるから商法を適用することであり，方法は異なるが商行為を行った者に商法を適用すると考える点では全く同一である。商行為概念を明らかにすることが重要な所以である。

(1) 絶対的商行為

商法501条が規定する商行為である。4種類の行為類型を掲げ，この行為を行った者に商法を適用する規定であるから，商行為法主義に基づく規定といえる。絶対的商行為は，商人非商人を問わず，ただの一回しか行わなかった場合でもその行為は商行為とされ，その結果商法が適用される。絶対的商行為とは，こうしたことから付された名称である。だが，非商人が偶然一回だけ行った行為に商法を適用すべき法的必要性が存在するとはいいがたく，この点はわが商法の問題点であり，商行為法主義の方法的問題点ともいえる。

(2) 営業的商行為

商法502条が規定する商行為である。12種類の行為類型を限定列挙し，非商人が行うときには商行為とはならないが，商人が行うことによって商行為となる行為である。これらの行為は営業として行われたときに（→商人が行ったときに）商行為となる。営業的商行為の名称はここから付されたものである。営業的商行為も，一定の行為類型を列挙しそれを商行為と定め，該当する行為を行った者に商法を適用する方法によるもので，商行為法主義に基づく規定である。

(3) 付属的商行為

商法503条の規定する商行為あって，商人がその営業のために行う行為は商行為であるとする。商人概念を前提にした商行為概念であり，商人法主義に基づくものといえる。商人という属性を有する者が行った行為を商行為とすることから，付属的商行為といわれる。

1-2-2 商行為の分類

各種商行為は通常次のように分類される。

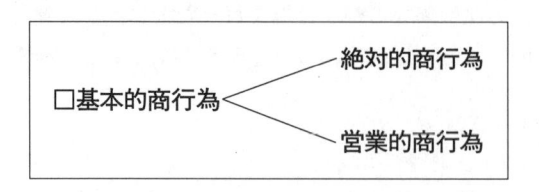

```
□基本的商行為 ─┬─ 絶対的商行為
              └─ 営業的商行為
```

この二者を基本的商行為というのは，商法上の商人概念を定める基本となる商行為だからである。

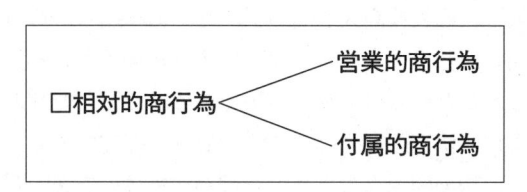

```
□相対的商行為 ─┬─ 営業的商行為
              └─ 付属的商行為
```

この行為を相対的商行為というのは，営業行為として行われた場合に限って商行為となる，あるいは，商人が行ったときにのみ商行為となる，との限定付きであって（相対的），絶対的ではないからである。

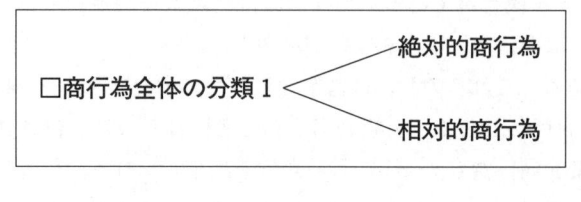

```
□商行為全体の分類1 ─┬─ 絶対的商行為
                    └─ 相対的商行為
```

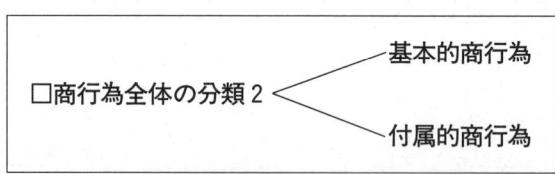

```
□商行為全体の分類2 ─┬─ 基本的商行為
                    └─ 付属的商行為
```

分類1は，行為の性質による分け方で，分類2は，商人概念を定める基本となるもの（→基本的商行為），商人概念を前提とするもの（→付属的商行為），といった方法論的な視点を踏まえたものである。

商行為の内在的性質や方法の違いによる分類は以上であるが，この他に，

1 商行為法の目的

一方的商行為と双方的商行為とがある。これは商行為の性質，商行為を決定する方法の違いによる分類ではない。

商人―非商人の取引は商人にとってのみ（一方にとってのみ）商行為であり，非商人にとっては商行為ではないことから，一方的商行為という。

商人―商人の取引は双方にとって商行為であるから，双方的商行為という。以下商行為の内容について説明することにする。

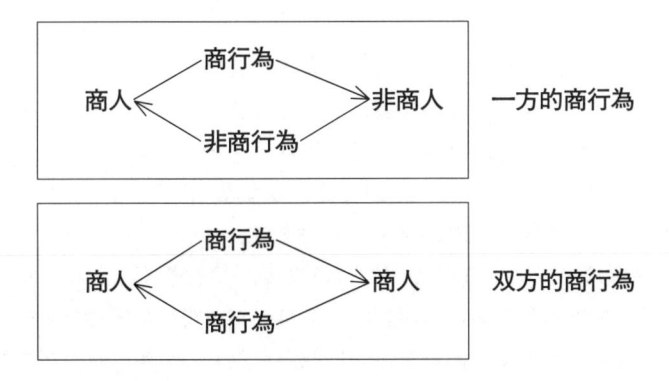

```
         商行為
商人 ←――――――→ 非商人    一方的商行為
         非商行為


         商行為
商人 ←――――――→ 商人     双方的商行為
         商行為
```

1-3 絶対的商行為

1-3-1 絶対的商行為の意味

絶対的商行為（商法501条）とは，商人であろうが非商人であろうが，一度行っただけでも商行為とされ商法が適用される行為である。「絶対的商行為」の名称はここから由来している。非商人が一回限り行った行為でも絶対的商行為に該当すれば，当該行為には商法が適用されることになる。

1-3-2 絶対的商行為の内容

絶対的商行為は次の4種類の行為である。

(1) 投機購買とその実行行為（商法501条1項1号）
投機購買と**その実行行為の二つの行為**で，それぞれが独立して絶対的商行為となるが，通常両者は一体として観念され，かつ行われる。
　(a) 投機購買

利益を得て他に譲渡する意思をもって，動産・不動産または有価証券を有償で取得する行為である。理解し難い表現だが，「利益を得て他に譲渡する意思」とは，営利意思，投機意思といわれるもので，儲ける意思のこと，利益を得ようとする意思のことである。だから，投機購買とは，利益を得ようとする意思で他人から仕入れ（→有料＝有償），その後に（時期はいつでもよい）仕入れよりも高く売って差額を儲けようとするときの，他人から仕入れる行為である。

より具体的にいえば，不動産等を後に高く売ることを予定して仕入れること，仕入れと後に売る価格の差額を儲けようとの意思で不動産等を買入れる行為である。**要件としていえば**，対象が動産・不動産・有価証券（→手形，小切手，株券等）であること，差額を儲ける意思（営利意思）があること，買入れること（→有償で取得すること）である。

営利意思の存否は取得する時点（→仕入れる時点）で判断する。したがって，営利の意思で取得した後に気が変わって自己が消費した場合であっても投機購買となる。反対に，消費を目的に取得したものが後に値上がりしたので売却し差額を得たとしても，投機購買にはならない。

(b) 実行行為

投機購買したものを目的に従って売却する行為である。売却であるから有料で行うことである。売却ではなく交換でもよく，加工してからの売却でもよい。利益の多寡は無関係で，売却や交換が行われている限り，思惑がはずれ損をしたとしてもそれは投機購買の実行行為である。

以上，(a), (b), 双方を総合していえば，営利の意思で取得すればその行為は投機購買としての絶対的商行為となり，実際に売却することを要しない。売却や交換がなされることによって利益を得たときは当然，損をしたときでも実行行為があったことになる。得た利益をいかに処分したかも問わない。(a), (b), 双方の行為が行われたとき，あるいは，一方の行為のみが行われたとき，いずれも絶対的商行為である。

(2) 投機売却とその実行行為 (501条1項2号)

投機売却と**その実行行為**の二つの行為で，それぞれが独立して絶対的商行為であるが，通常両者は一体のものと観念されかつ実行されることは投

機購買の場合と同様である。
　(a)　投機売却
　他人より取得すべき動産または有価証券の**供給契約**である。理解し難い日本語だが，投機購買の反対に当たる行為と考えるとよい。実行行為と合わせて具体的にいえば，先に他人に車を売却する約束＝供給契約をしておき，その後に当該車を買入れてきて先に締結しておいた売却契約に従って売却し，差額を儲ける行為である。同じことだが，最初に契約した売却価格よりも安く車を仕入れてきて，契約どおりの価格で売り差額を利益とする行為と表現することもできる。

　投機売却とは，前もって行うところの「他人に車を売却する契約」のことである。条文にいう供給契約とはこのことである。何故こうした供給契約を行うのかといえば，仕入れてきた車を前もって締結しておいた供給契約に従って売り，差額を儲けるためであるから，この前もって締結しておいた「他人に車を売却する契約」行為＝車を供給する契約＝投機売却行為は，営利の意思で行われることを要する。営利の意思とは投機意思のことであり，投機購買の場合と全く同じで，儲ける意思のことである。

　単純にいえば，価格を決めて売る約束行為を投機売却というのである。「売却」であるから当然有償行為である。そして，投機売却を行うのは，後により安く仕入れて供給契約の価格どおりに売って儲ける行為を予定しているからであり，このこと故に，投機売却は営利意思で行われることを要する。だから，最初から他人に，仕入れ原価で売る意思で契約をすることは営利意思を欠くから，投機売却にはならない。営利意思の存否は，投機売却である他人への供給契約締結の時点で判断する。

　対象となるのは，動産・有価証券であり，不動産は含まない。不動産については，事前に売る約束をしていても当該不動産を実際に取得してくることは困難なことが多いからである。

　(b)　実行行為
　投機売却である供給契約を履行（実行）するため，**有償**で供給契約の対象物を仕入れて来る行為である。先の車の例でいえば，売る約束をしておいた車を，買主に引渡すため仕入れてくる行為である。加工して売却しても実行行為である。**仕入れて来るだけで実行行為に該当し**，目的どおり最

初の約束に従い売却できたか出来なかったは問題ではない。仕入れてきたものの気が変わって自らが使用したとしても実行行為はあったことになる。無論，予定した利益があったか損をしたかも問題ではない。要するに，投機売却契約を履行するため，有償で目的物を取得する行為が実行行為である。これを実行購買ともいう。

(3) 取引所に於ける取引（商法501条1項3号）

取引所とは，証券取引所や商品取引所のことである。これら取引所の施設やそこで行う取引については，証券取引所法，商品取引所法の特別法によって規律されている。

現在取引所での取引は，その取引所の会員だけが行えるシステムになっており，会員以外の者が取引を行うことはできない。証券取引所を例にいえば，証券取引所で取引を行うことができるのは，証券取引所の会員である証券会社だけである。したがって，株式を買うときは，証券会社に購入を依頼し，証券会社が依頼者の依頼に基づき株式を購入する。そして依頼者は証券会社に手数料を支払，証券会社はこの手数料を会社の収入とするのである。

取引所の会員は総て商人（会社）であるから，非商人が直接取引所において取引を行うことはあり得ず，取引所に於いてなす取引を絶対的商行為と定めなくとも，そこで行われる行為は必ず商行為である（→会社の行為は原則として総て商行為）。この意味において，取引所に於いて行う取引を絶対的商行為とする必要性は存在しないといえる。

(4) 手形その他の商業証券に関する行為（商法501条1項4号）

手形その他の商業証券とは，有価証券のことと解すべきである。旧商法との沿革的な流れを踏まえると，単純に有価証券とはいい切れない点もあるが，現時点では有価証券といってよい。具体的には，手形，小切手，株券，貨物引換証，倉庫証券，船荷証券等である。

手形その他の商業証券に**関する行為**とは，手形・小切手の発行（作成行為）やその交付（手形・小切手を受取人に引渡す行為），手形の裏書行為（受取人が受取った手形を他人に譲渡する行為），株券の作成等の行為である。

商行為概念を明確にする目的は，商行為と定めた行為に商法を適用することにあり，そして商人概念を規定するためであった。有価証券に関する行為のみを商行為として行う商人は存在しない。手形を例にいえば，商人が手形行為を行うのは，一定の取引を行った代金支払のためや代金受取りのためであるから，手形行為の前提となった行為を商行為とすればよいことで，手形行為を敢えて絶対的商行為とする必要はない。この意味において，本号は商人概念を規定する機能を果たす役割を有していない。他方，非商人が手形行為，例えば，手形の発行を行うことは考えられないから，非商人が行った絶対的商行為（＝手形に関する行為）に商法を適用する機能も果たすことにはならない。要するに，商人概念を定める機能もなければ，非商人の行った行為のなかで商法を適用すべき行為を定める機能も有していず，商行為法の目的からは無意味な規定である。

例外的に非商人が手形行為を行ったと仮定しても，それは商法517条以下において商法の適用される行為とされることになり，わざわざ本号を定める意義は存しないのである。

絶対的商行為は以上の4種類で，商人は勿論非商人がたった一回行っても商法が適用される行為である。しかし，非商人の行為に商法を適用する根拠は頗る疑わしい。特に，4種類のうちの2種類については規定の存在そのものの意義が失われていることを考えると，絶対的商行為全体についての再検討が要請されるであろう。

1-4　営業的商行為

1-4-1　営業的商行為の意味（商法502条）

営業的商行為とは，商法502条が列挙する12種類の行為を営業として行ったときにのみ商行為となる行為である。**要件は**，営業として行ったことである。**営業としてとは**，「業とする」ことと同じで，同種の行為を営利の意思で継続・反復することである。**営利の意思とは**，利益を得る目的で行うことである。内職（例えば，和裁，洋裁等の内職）を継続・反復して行うのは，利益を得るためであるから，形式的に考えると内職も営業的商行為に該当する。しかし，内職行為に商法を適用すべき必要性はない。商法50

2条1項但書が，12種類に該当する行為であっても「専ら賃金を得る目的をもって物を製造しまたは労務に服する者の行為はこの限りにあらず」と定めた理由である。賃金を得る目的とは，日常用語的に簡単にいえば，生活維持の目的で働くことである。

営業的商行為として，12種類の行為が列挙されており，これは限定列挙であるとされている。限定列挙とは，12種類の行為を12種類に限定することで，類推解釈を行い類似の行為に商法502条を拡大適用することを許さないことである。

1-4-2　営業的商行為の内容

(1)　投機貸借およびその実行行為（商法502条1項1号）

投機貸借およびその**実行行為**は，それぞれが独立して商行為となるが，投機貸借行為がなければ実行行為は存在し得ない。しかし，投機貸借行為は行われたが実行行為を欠く場合は存在する。以下説明することにする。

(a)　他人に**賃貸する目的**をもって，動産・不動産を有償取得する行為と，他人に賃貸する目的をもって動産・不動産を**賃借する行為**を，**投機貸借**という。即ち，他人に貸すことにより利益を得る目的（→賃貸することにより利益を得る目的）で，動産・不動産を有償取得すること（＝購入すること）および，他人に貸して賃料を得る目的で，動産・不動産を有料で借りてくる（→賃借）行為のことである。より簡単にいえば，賃料を得る目的（＝貸すことによって利益を得る目的）で，動産・不動産を有料で取得したり，賃料を得る目的（貸すことによって利益を得る目的）で，他人から動産・不動産を有料で借りる行為を投機貸借という。

賃貸とは有料で貸すことであり，有料で貸すとは利益を得るためであるから，当然そこには投機意思（利益を得る意思）の存在が見られる。賃貸するために動産・不動産を取得したり，賃貸するために動産・不動産を借りてくる行為（→賃借行為）を，投機取得，投機賃借と呼ぶのはそのためである。投機意思の存在と当該行為が営業として行われることが投機貸借の要件である。目的物は，動産・不動産である。

(b)　実行行為は，取得した，あるいは，賃借してきた動産・不動産を目的に従って他人に有料で貸す（賃貸）行為である。賃貸することによって

1　商行為法の目的

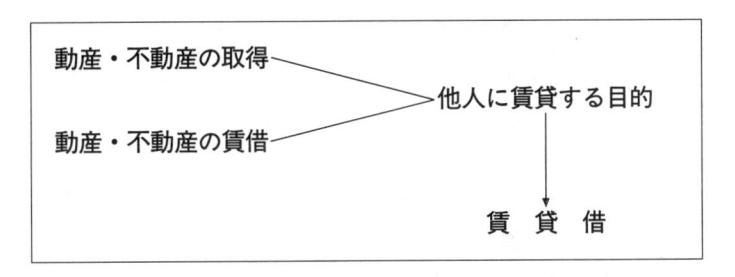

```
┌─────────────────────────────────────────┐
│  動産・不動産の取得 ─┐                    │
│                     ├─ 他人に賃貸する目的 │
│  動産・不動産の賃借 ─┘         │         │
│                                ↓         │
│                            賃 貸 借      │
└─────────────────────────────────────────┘
```

現実に利益を得たか損をしたかは問わない。得た利益をいかに処分したかも問わない。

　本号の具体的企業形態は，レンタル業，リース業である。レンタカー業，レンタルビデオ業，貸衣裳業，各種機械のリース業が該当する企業である。

　(2)　他人の為めにする製造又は加工に関する行為（商法502条1項2号）
　「他人のために」とは，別名，他人の計算で，ともいわれ，他人の負担で材料を買入れたり，他人から材料の提供を受けて製造・加工を行うことである。

　製造・加工とは，実際の製造・加工行為を指すのではなく，製造・加工行為を行う契約を締結することである。現実に製造・加工を行うのは企業に勤務する労働者であって労働者を雇用している使用者ではない。労働者を雇用している営業主である使用者が他人のために，製造・加工を引受ける契約が商行為なのである。

　他人のためにする製造・加工業の具体的企業形態は，クリーニング業，和洋裁業，注文家具製造業等である。クリーニング業でいえば，依頼者から洗濯物を受取りクリーニングの引受けを行う際の，洗濯物を受取る契約が他人から材料の提供を受ける行為である。そして，クリーニングは法的に，洗濯を行う契約であり，洗濯は加工行為であって，本号に該当する企業である。

　(3)　電気又は瓦斯(ガス)の供給に関する行為（商法502条1項3号）
　電気会社，ガス会社の電気・ガスの供給契約のことである。電気・ガスの供給契約は，法的には売買契約である。だから，営業的商行為として定

めずとも，売買契約を業として行えば商法が適用されることになるのだが，商法は敢えてこれを営業的商行為と規定した。なお，これらの供給行為は，電気事業法，ガス事業法の特別法によって規制されるため，商法の適用は排除されることになる。

(4) 運送に関する行為（商法502条1項4号）

運送とは，人・物を一定の場所から一定の場所まで運ぶ（運送）ことをいう。対象によって区別すると，旅客運送と物品運送と分けることができる。場所的に区分すると，陸上運送，海上運送，空中運送に分けることができる。内水運送（湖上の運送等）は陸上運送に含まれる。「運送に関する行為」とは，こうした運送という事実行為を意味するのではなく，運送行為を引受ける契約のことである。運送契約は，通常の契約と同様申込みと承諾によってのみ成立する諾成契約である。

商法の対象とする運送はこれら総てであるが，陸上運送法，海上運送法，空中運送法，旅客運送法等の特別法が存在し，また運送契約はいずれも約款によって締結されるから，商法の規定が機能する場面は少ない。非商人が日常的に経験する運送契約を営業として行っている商人の例として，宅急便会社がある。

(5) 作業又は労務の請負（商法502条1項5号）

本号は，**作業の請負**と**労務の請負**という全く異なる二種類の行為から成立している。

作業の請負の典型的例は，土木建築（所謂土建業）である。それは一定の仕事の依頼とその完成，そして報酬の支払を内容とする請負契約（民法632条）である。建設会社，土地造成会社等が具体的なものである。

労務の請負とは，労働力を必要とする者に労働力を供給する契約である。例えば，道路工事会社に依頼されて道路工事に従事する労働者を供給するとか，船会社に依頼されて港湾労働者を供給する行為である。その仕組みは，営業として労働者の供給を行う者＝労務の請負業者は，先ず労働者を自己の下に集め，供給先の依頼に基づき必要な員数を供給する。労働者が受取る労働の対価である賃金は，供給先から直接労働者に手渡されるので

はなく，労働者全員の賃金全額が供給元の会社に支払われ，供給元の会社から労働者へ支払われるのである。したがって，供給元の会社によって労働者の受取るべき賃金の中間搾取が行われることが予想されるし，事実そうしたことが行われてきた。

1985年まで労働者の供給事業＝労務の請負事業を営利事業として行うことが禁止されてきた理由はここにあった。唯一の例外として，看護婦や派出婦の派遣において労務の請負事業が認められていたにすぎない。ところが，1985年に所謂労働者派遣法が成立し営利事業としての労務の請負が解禁され，現在ではごく一部の事業を除いて制限なく自由に行うことができるようになっている。労働者の賃金を中間で搾取することを企業行為として認めることには問題があるといわねばならないが，労働法学者は，総体としていえば，今日の事態を是認しているといってよいであろう（ただし，所謂労働者派遣法の認める派遣労働の場合は，派遣会社の行為が中間搾取に該当しないように法的構成が行われているが，理論と実態は異なるように見える。詳しくは労働法に譲る）。

(6) 出版，印刷又は撮影に関する行為（商法502条1項6号）

出版とは，書物等の出版業のことで，新聞社もこの出版業である。出版物を販売する卸業者，小売業者はこれには入らず，単に販売業である。印刷は印刷業を指し，撮影に関する行為は写真業のことである。

(7) 客の来集を目的とする場屋の取引（商法502条1項7号）

場屋営業といわれる企業行為であり，客が来集することにより利益を上げることのできるものである。銭湯，旅館，屋内スケート場，ボーリング場，映画館，料理店，等々さまざまである。

これらの営業行為は，銭湯は入浴契約，映画館は入場契約，飲食店は売買契約，といったように，法的性質からすれば異なるものが混在しているが，一定の設備に客を来集させ営業することにおいて共通していることから，まとめて一つの営業的商行為とされている。

(8) 両替その他の銀行取引（商法502条1項8号）

　両替とは通貨の交換行為であり，実際には銀行業と共に行われている。ところで，銀行取引とはいかなるものをいうのかについては争いがある。銀行とは銀行業を指し，所謂各種銀行，信用金庫，労働金庫等を意味することに異論はないが，**サラ金と呼ばれる消費者金融が銀行業に入るかどうか**については説が分かれる。銀行とは，受信（預金，貯金等金銭を預かること）と与信（金銭を貸し利息を受取ること）から成立するものであるのに対し，消費者金融は与信のみを行う者であるから銀行業には入らないとするのが多数説である。少数説は，消費者金融といえども，手持ちの金銭を貸すのではなく，他から借り入れて貸すのであるから与信と受信とがあり，銀行業ということができ，所謂消費者金融業の行為も銀行業に該当し営業的商行為であるとする。

　銀行業にいう与信は，他人に金銭を貸し利息を利益とすることであって，形式的な面に限っていえば，この点は銀行も消費者金融も同じで変わるところはなく，異なるのは利息の多寡だけである。しかし，詳細に検討すれば，銀行業での与信とは，現金を貸す与信だけでなく数字での与信も含んだものであり，手形の振出や受入れ等はこの数字の与信によって初めて可能となるものである。消費者金融の与信は要するに現金を貸すだけのことで，悪い言葉でいえば，単なる高利貸にすぎず，消費者金融が数字で与信をすることはないし，許されてもいない。銀行と消費者金融の性格は異なるものである。

　最も問題点となる受信行為は，銀行の場合でいえば，他人から金銭を預かることを受信といい，受信を行うのは，預かった金銭を与信行為の基礎とすることである。基礎とするとは，預かった金銭をそのまま他の者に貸し，貸すことによって利益を得ることをいうのではない。。銀行業は，銀行法の定めから明らかなように，受信により集めた金銭の10倍までを数字により与信とすることができるのであって，この10倍の基礎をなすのが受信によって集めた金銭額である。受信が与信の基礎をなすとはこのことであり，重要なのは与信ではなく受信の額なのである。消費者金融は，手持ちの金銭だけでなく，他から金銭を調達してきて貸す行為を行う，即ち，受信によって与信行為を行うことは当然としても，そこでの受信とは，要

するに借金ということだけの意味であり，与信と関係づけられた受信ではなく銀行業とは構造を異にする。

　また，銀行業における受信とは，あらゆる人間を対象にした制度的受信であり，通貨の最低単位である1円でも受信すべきことを義務づけられているものである。消費者金融がいかなるところのいかなる者から資金を調達しているかは不明であるが，その受信行為はあらゆる人間を対象とすべきことを，そして通貨の最低単位の受入れを義務づけられたものとしての受信ではない。

　銀行の与信と消費者金融の与信，銀行の受信と消費者金融の受信は以上のように性質的に異なるものであって，消費者金融が法的な意味での与信や受信行為を行っているということはできない。**消費者金融は単なる金貸であって銀行ではない**。少数説がこれら消費者金融の行為を銀行業と解し，それは営業的商行為であるから商法を適用すべきと主張するがその法的根拠は必ずしも明らかではない。消費者金融が会社組織によって行われる場合，会社は商人であり，商人の行為は商行為とされる結果商法が適用されるので，特段に消費者金融が行う行為を銀行業としての営業的商行為とすべき理由は存在しないであろう。銀行業の法的性質を正確にいえば，預金者が寄託者で銀行が受寄者となる消費寄託契約である。預金者は銀行に金銭を貸すのではなく，預ける（寄託する）のであり，銀行はこれを保管する義務を負う関係である。預金者である寄託者は銀行に保管料を支払う義務を負うが，銀行は預かった金銭を利用し同額の金銭を返還すればよいことから，実際は，保管料の支払を受けるのではなく、反対に利息を支払っている。このこと故に，預金者と銀行間には，民法666条が適用され，銀行が預金者から金銭を借りたのと同様に処理されることになる。

(9)　保険（商法502条1項9号）

　保険業者（保険者）は，保険契約者（保険業者と契約を行い保険料の支払義務を負う者）と契約を行い，保険料の支払を受けることと引換えに，一定の場合に保険金を支払うことを行う。保険業者がこうした契約を締結することを保険の引受ないし保険契約の引受といい，本号での保険とはこの保険契約の引受けのことである。各種損害保険がここでの保険である。

社会保険，介護保険，相互保険（＝生命保険）等は非営利事業であるから，保険であっても本号での保険には入らない。

(10) 寄託の引受（商法502条1項10号）

寄託とは，他人の物の保管をすることであり，物の保管を引受ける契約が「寄託の引受」である。保管を依頼する者を寄託者といい，保管を引受ける者を受寄者という（民法657条以下）。**寄託契約の中心は，物の保管義務であり，受寄者は保管した物の現状を維持したまま保管し返還することを要する。**

具体的事業でいえば倉庫業がこれに当たる。車の駐車場経営も寄託の引受であると解する見解もある。しかし，駐車場の経営者は，駐車した車の保管義務を負うわけではない。駐車場内で事故が発生し車が損傷しても，駐車場経営者は当該事故について責任を負わない旨を明確にして契約を行っているのが一般的であるから，駐車場経営者に車の保管義務があるとはいえない。保管義務がなければ，寄託契約ではなく，単に車の駐車をする，させる，の契約にすぎないというべきであろう。法的にいえば，駐車場という土地の上の空間を利用する，利用させる，の契約である。無論，当事者間で保管義務を課すことは可能であるから，このときには寄託契約となることはいうまでもないことである。保管義務を特約していない場合の駐車場契約を寄託契約とすることはできない。こうした駐車場契約と同様なものに，コインロッカーの利用契約がある。コインロッカー経営者は，利用者の物の保管義務を負わないから，寄託契約ではなく，それはコインロッカーという空間の利用契約である。

(11) 仲立又は取次に関する行為（商法502条1項11号）

仲立（なかだち）と取次の二種類の行為が本号の対象である。**仲立とは，他人間の法律行為の媒介を行うことで，こうした仲立を引受ける契約が「仲立に関する行為」である。他人間の法律行為の媒介とは，他人間に立って，その他人間に法的関係が成立するよう尽力することである。成功すれば仲立をした仲立人に報酬請求権が発生する。例えば，機械の販売を依頼された者が，買主を探して，両者の間に売買契約（法律行為）が成立するよう媒介（尽

力）することである。あくまでも媒介であって，自らが契約の当事者とはならないことに注意を要する。媒介代理商に類似しているが，媒介代理商の場合には，「一定の商人のために」のみ媒介行為を行うことが要件となっているのに対し，仲立業にはかかる制約はなく，不特定多数を相手とする点で異なっている。

　商行為（機械の販売行為等）の媒介を引受けることを**商事仲立**といい，商行為以外の法律行為の媒介を引受けること（結婚の斡旋，不動産の斡旋等）を**民事仲立**という。本号での仲立とはこの両者を含むもので，いずれの場合でも，営業として行えば当該行為は営業的商行為となり商法の適用対象となる。

　取次とは，自己の名をもって他人の計算において法律行為を行うことで，これを引受ける契約が本号に定める「取次に関する行為」である。簡単にいえば，他人の依頼を受けて売買契約等一定の法律行為を自己の名で行うことである。他人Aの依頼を受けた取次業者Bが第三者Cと取引を行う場合，Aを委託者または委任者といい，Bを取次業者または受任者といい，Cを相手方という。取次に関する行為の法的性質は委任契約（民法643条以下）である。

　自己の名をもってとは，取引の相手方Cとの関係においては，取次業者Bが権利・義務の主体として行為をすることを意味する。したがって，相手方であるCは，Bを権利・義務の当事者と考えればよく，通常の取引のごとくBを相手として契約を行い，代金の支払，商品の引渡等，総てBのみを相手とすればよく，CはAの存在を考慮する必要はない。

　他人の計算においてとは，Bが行うCとの取引から生ずる一切の経済的効果(損益)はAのものとなることである。BがAの指示どおりに行為をすることが要求されるのはこのためであり，故にこそ，Bの行う取引から生ずる経済的効果の一切はAに発生するのである。機械の販売を依頼され，当該機械を依頼者の指示どおりに自己の名で販売し，代金を依頼者に引渡し，代りに報酬を受取る問屋業は取次業の代表的なもので，日常用語でいえば，商社がこれである。締約代理商に類似するが，代理商は自己の名で行為をせず，本人（依頼者）の名で行為をする者である点で異なるものである。

第2部　商行為法

(12)　商行為の代理の引受（商法502条1項12号）

　商行為の代理の引受とは，商行為を代理して行うことを引受ける契約のことである。代理を依頼する者を本人といい，これを引受ける者を代理人という。**商行為の代理の引受**であるから，本人にとって商行為ではないものを引受ける行為は本号から除外される。商行為の代理の引受は損害保険の代理店契約に基づく代理商（代理店）にその具体的なものを見ることができる。

1-5　付属的商行為

1-5-1　付属的商行為の意味

　商人がその営業のためにする行為を商行為とするものであり，これを付属的商行為という（商法503条1項）。商人概念を前提にし，その商人が営業のために行う行為を商行為と定めるもので，商人法主義に基づく規定といえる。絶対的商行為や営業的商行為が，一定の行為類型を商行為と定めるのに対し，商人の行う行為を商行為とすることにおいて方法的に異なっている。わが商法が，商行為法主義と商人法主義の折衷主義を採用することを表わす規定でもある。

1-5-2　付属的商行為の内容

　商法503条1項は，商人がその営業のためにする行為は商行為であると規定する。商人が自己の本業を行う行為はそれ自体が商行為であり，本条でいう「商人がその営業のためにする行為」ではない。付属的商行為とは，商人の本業に附随して行われる行為，あるいは，本業に関連して行われる行為のことである。**要件的にいえば，商人の行為であること，その営業のためにする行為**であることである。商人の行為であるから，固有の商人，擬制商人，小商人を含め総ての商人の行為が対象となる。

　問題は，その営業のためにする行為とはいかなる行為のことをいうのかである。支配的な学説によって付属的商行為の具体的な例としてしばしば挙げられるのは，店舗を拡充するための資金の借入れ行為である。例えば，パン屋が新しく店舗を開設する資金を銀行から借入れる行為である。ある

いは，営業税を支払うために借財をする行為も付属的商行為とされ，パン屋が労働者を雇い入れる雇用契約も商人の行為といえるから付属的商行為に該当するとも主張されている。

　これら資金の借入＝借財は商人の行為ではあるが，何故にそれが商行為とされるべきかの理由は必ずしも明らかではない。本業である営業行為の**維持・便益を図るための行為**＝付属的行為は商行為と解すべきと主張されるが，説得的な根拠が提示されているわけではない。本業以外の行為のうち，付属的商行為に該当するものとそうでないものとを区別する理論的基準が明確にされているとはいい難いのである。雇用契約にいたっては，これを付属的商行為と解し商法の適用対象とする意味が全く理解できない。というのは，雇用契約を付属的商行為としても，雇用関係に商法が適用されることは全く無く，それは労働契約として労働法によって規律されるからである。

　当然のことであるが，商人の行為であっても商法の適用対象とすべきものとそうでないものとが存在し，商人の行為総てが商法の適用対象となるわけではない。にも拘わらず，会社は生まれながらの商人であるから，会社の行為は総て付属的商行為であるとも主張されている。仮にこれを認めるとすれば，会社が宣伝を伴わない慈善事業への寄付を行ったときにもこれに商法が適用されることになるが，かかる行為に商法を適用すべき必要性があるとは思えない。商法503条1項が，「商人がその営業のためにする」行為を付属的商行為と定めたのは，商人の行為のうち，商法を適用すべき行為は「その営業のためにする」行為に限定する趣旨である。だから，商人の行為であっても，その営業のためとはいえない行為には商法が適用されないことはいうまでもないことである。個人商人の場合でいえば，その商人の婚姻関係に商法が適用されないのは，これは商人がその営業のために行う行為ではないからである。換言すれば，婚姻は商人としての資格で行う行為ではないからである。したがって，**その営業のためにする行為とは**，商人としての資格において行う行為であって，本来の営業行為ではないがこの本業である営業行為に密接不可分なものとして行われる行為と解すべきである。

　既に述べたように，支配的な学説は店舗拡充資金の借入れを付属的商行

為とする。資金の借入れは商人の資格において行われる行為であるから，この点では付属的商行為に該当するように思われる。しかし，これを付属的商行為とすべき必然性があるとは考えられない。というのは，資金の借入れ＝他人から金銭を受け入れる行為＝を営業として行うのことができるのは銀行に限られるから，店舗拡充のためとはいえ，資金の借入れ行為を行った商人の，当該借入れ行為を商行為とすべき法的必要性があるとは必ずしもいえない。商人の行った資金借入れ行為を付属的商行為とすることは，この行為＝借入れ行為に商法を適用することを目的とするものである。だとすれば，借入れ行為に商法を適用する必要性が存在しなければならない。商人の本業に関連する行為だから付属的商行為とすればよいというものはなかろう。しかるに，いかなる角度から考察しても，資金借入れ行為を付属的商行為とすべき理由は存しない。

付属的商行為とすべき商人がその営業のためにする行為とは，営業の宣伝・広告，営業用備品の購入，包装用紙等消耗品の購入，株式会社の行う株式の発行行為のことを意味するものと解すべきであろう。

1-5-3 付属的商行為の推定

商人は本業の他にこれに附随する行為を行ったり，これとは全く無関係な行為を行ったり，非商人の資格で行為をしたりと諸々の行為を行う。商人と取引を行う者は，これら商人の行う諸々の行為が商行為であるか否かによって商法の適否が決定されるため，当該行為が商行為かそれとも非商行為かによって利害を左右される場合がある。そのため，商人の行う各種の行為が商行為であるかそうでないかを確認した上で取引を行う必要がある。だが，この確認は必ずしも容易ではない。

そこで商法は，商人の行う行為は総てその営業のためにする行為であると推定した（商法503条2項）。つまり，商人との取引行為は，総て商行為と推定されるから，商人と取引を行う者は，当該取引が商人にとって商行為であると考えて行為をすればよいことになる。商人との取引が商行為ではないことを主張したい者は，自ら当該取引が商行為ではないことを法律上証明する必要がある。この証明が出来ない限り，当該行為は商行為として取扱われることになる。この推定規定（→証明なき限り商行為として取扱

```
┌─────────────────────────────────────────────┐
│  商人 ←──→ 相手方                            │
│   ↕                                         │
│         取引行為が商行為であると主張することが │
│         できる                               │
│  第三者                                      │
└─────────────────────────────────────────────┘
```

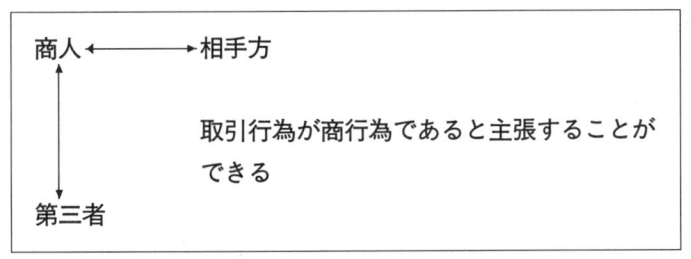

うこと）は，あらゆる者に対し効力を有する規定であるから，商人，相手方，第三者いずれも主張できる。

2　商行為法の民法に対する特則

2-1　商行為法の民法に対する特則
　　　——商行為法通則——

　一定の行為を商行為とする目的は，当該行為に商法を適用するためであり，それは商行為法の目的でもある。例えば，売買が行われたとする。売買契約は，民法の対象となる行為であるが，商行為として売買契約が行われると，商法の適用対象となり，その限りにおいて民法の適用が排除される。民法の規定するところと商法のそれとが内容的に同じであるなら，特段に問題とする必要はないが，両者は規定内容を異にするところがある。
　民法と商法は，一般法と特別法の関係にあり，民法を排除して商法が適用されることにより，民法で規律される場合とではいかなる違いが生ずるのか，商法は民法に対しどの様な特則を定めているのか，を明らかにしなければならない。というのは，これを明らかにすることが商行為法の民法に対する特則の内容を提示することであって，同時に，一定の行為を商行為とし当該行為に商法を適用することの意味内容を明確にすることだからでもある。
　わが商法は，絶対的商行為，営業的商行為，付属的商行為の三種類の商

行為概念を定め，一定の行為がいずれかに該当し商行為とされると商法の適用を受け，民法による規律とは異なって特殊に取扱われる，その特殊性（→民法の規定に対する商法の特則）を解明することが商行為法通則である。

2-2 契約の成立に関する特則

2-2-1 対話者間における契約の申込についての特則
(1) 対話者間において承諾期間を定めて契約の申込を行った場合
(a) 民法の原則

契約は申込と承諾の合致＝当事者の合意によって成立するのがわが国の法制度における原則であり，民法も商法もこの原則を採用する。契約の申込がいつまで効力を有するのかは，この意味においてきわめて重要である。

対話者間において承諾期間を定めて契約の申込を行った場合，申込をした者は期間中申込を撤回することができない。承諾期間中に相手方より承諾の意思表示がないまま承諾期間が経過すると，**当該申込は自動的に消滅する**（民法521条1項，2項）。無論，期間中に承諾の意思表示があれば，申込と承諾による合意が形成され契約は成立する。

対話者間とは，日常用語のそれと同じで，要するに，会話を交す者の間において行われる契約の申込のことである。だから，遠隔地であっても電話による契約の申込は対話者間のそれである。

(b) 商法の特則

対話者間において承諾期間を定めて契約の申込を行った場合の，当該申込の効力に関しては**民法の原則に従う**。即ち，民法も商法も規律内容は同じである。商法が対話者間において承諾期間を定めて契約の申込を行った場合について特に定めていないのはこのためである。

(2) 対話者間において承諾期間を定めずに契約の申込を行った場合
(a) 民法の原則

対話者間において期間を定めずして契約の申込を行った場合，相手方が承諾・不承諾の通知をするまでの間ならば，申込を撤回することができる（民法521条1項の反対解釈）。申込に対し相手が承諾すれば，申込と承諾に

よって合意が形成され契約は成立し，相手が申込に対し不承諾の意思表示をすれば契約は不成立となる。しかし，相手方が申込に対する諾否の意思表示をするまでならば，いつでも自由に申込を撤回できるのが民法の原則である。故に，相手方が申込に対し諾否の意思表示をしないことを理由に申込を撤回せず放置しておくと，当該申込は有効に存在し続ける。申込の効力を消滅させたいときには申込を撤回することを要する。

(b) 商法の特則

相手方が**直ちに承諾の意思表示をしない限り，申込の意思表示は自動的に効力を失う**（商法507条）。申込の意思表示を撤回せずとも申込が直ちに且つ自動的に効力を失う点が民法と異なる点である。

2-2-2 隔地者間における契約の申込についての特則

(1) 隔地者間において承諾期間を定めて契約の申込を行った場合

(a) 民法の原則

承諾期間中は申込を撤回することができない。期間内に承諾がないまま承諾期間が経過すると，申込は自動的にその効力を失う（民法521条1項，2項）。既に述べたところから明らかなように，民法にあっては隔地者間における申込の効力も対話者間の場合と異なるところはなく同じである。

隔地者間とは，対話者間以外の場合だから，手紙により契約を行うとき，電報で契約を行うとき等である。

(b) 商法の特則

対話者間におけると同様，承諾期間を定めて契約の申込を行ったときは，期間中は申込を撤回することができず，承諾期間が経過すると申込は自動的に効力を失う。隔地者間において承諾期間を定めて申込を行ったときは，民法・商法いずれも原則は同じである。

(2) 隔地者間において承諾期間を定めずに契約の申込を行った場合

(a) 民法の原則

相当な期間内に相手方が承諾をしないときは，申込を撤回することができる（民法524条）。「撤回することができる」のであり，撤回しなければ，申込はそのまま有効に存在し続ける。

相当な期間とは，隔地者間における申込であるから，手紙等により申込を行ったときは，それが相手方に到達するまでの日数，および，相手方が到達した申込内容を検討して契約の諾否に関する意思決定を行うことに要する日数を基礎とし，これに若干の余裕をもたせたもののことである。

(b) 商法の特則

申込を受けた者が相当な期間内に承諾をしないときは，相当な期間が経過することによって，**申込は自動的に消滅する**（商法508条1項）。

> 契約の申込の効力について要点をいえば，対話者間，隔地者間いずれについても，承諾期間を定めて契約の申込を行った場合の申込の効力は，民法・商法ともに同じ原則を採用する。承諾期間を定めずに契約の申込を行ったとき，民法と商法は異なる。

最近流行りつつある電子商取引を，対話者間の取引と解すべきか，それとも隔地者間取引とすべきかの争いがあり，法的解決が要請されている。

2-2-3 諾否通知義務と保管義務についての特則

(1) 諾否通知義務（商法509条）

(a) 民法の原則

民法上契約は申込と承諾の合致である合意によって成立する。承諾は明示的であろうと黙示的であろうと問わないが，要するに，合意なきところに契約の成立はありえない。必ず合意が必要である。

(b) 商法の特則

商人が平常取引をしている者から，自己の営業の部類に属する取引について契約の申込を受けた場合は，遅滞なく諾否を通知する義務を負い，通知をしなかったときは，**申込を承諾したものと看做される**（商法509条）。承諾をしていないのに，義務を怠ったときは法律上承諾したものとして取扱われるのである。

既に述べた契約の成立に関する申込の効力のところで明らかにしたところに基づき上記の場合を検討すると次のようなことである。対話者間において承諾期間を定めて契約の申込が行われたときは，承諾期間内に承諾を

すればよく，遅滞なく諾否の返事をする必要はないし，承諾期間を経過すれば申込は自動的に効力を失うので，申込が効力を失えば諾否の有無を問うことは必要なくなり，この場合に，通知義務が発生することはない。また，対話者間で承諾の期間を定めないで契約の申込が行われたときは，直ちに承諾をしなければ申込は自動的に効力を失うから（商法507条），この場合も諾否通知義務が発生する余地はない。したがって，商人の諾否通知義務は，隔地者間において承諾期間を定めずになされた契約の申込に関することであって，諾否通知義務発生の**第1の要件**がこれである。

第2の要件は，「商人が平常取引をしている者」からの申込であること。「平常取引をしている」とは，継続・反復して取引を行っていることであり，取引関係が継続している状態を指す表現である。従来取引を行ってきただけでは不足で，今後もその継続が予定されていることを必要とし，将来も含めた概念である。

第3の要件は，「その営業の部類に属する」取引についての申込であること。即ち，商人が自己の本業に関して申込を受けたときであり，その営業の部類に属する取引とは，本業に関する取引のことである。

第4の要件は，商人が申込を受けた場合である。申込をする者＝申込者は商人に限定されず，非商人の申込であってもよい。とはいえ，商人と継続的取引関係にある者の申込に関する通知義務であるから，非商人が商人と継続的取引関係に立つことは考え難く，実際には，商人間においてのみ機能することになろう。

(2) 保管義務（商法510条）

契約の申込と共に物品＝商品が送られてくることはしばしば経験する事実である。

(a) 民法の原則

申込を承諾するなら，送付されてきた当該商品をそのまま受取り代金を支払うことになる。申込を拒否する場合は，契約を締結しない旨を通知するか，そのまま放置しておけばよい。送付されてきた物品＝商品については，返還したり保管する義務はない。勝手に使用すると申込を承諾したことになる。

(b) 商法の特則

商人がその営業の部類に属する取引＝本業に関する取引の申込を受け，その申込と共に物品が送付されてきたときは，申込を拒絶する場合であっても，送付されてきた当該物品を**申込者の費用**で保管する義務を負う（商法510条）。申込者の費用でとは，具体的には，保管に要した費用を申込者に請求するとか，申込者払で倉庫業者に保管を依頼するとかである。

申込と共に物品の送付をした者とこれを送付された商人間に過去取引があったか否かは関係がなく，全く取引をしたこともなく面識のない者からの場合であっても右保管義務は生ずる。ただし，この保管義務は，送付された物品の価額が，物品を保管するに要する費用（申込をした者が負担する）を償うに足りないとき＝保管の費用の方が物品の価額よりも多いとき，または，物品を保管することによって物品の送付を受けた商人＝保管義務を負う商人が損害を被るときには免除される。

2-3 代理に関する特則

2-3-1 代理権行使に関する特則（商法504条）

代理とは代理権を与えられた者（B）が，代理権を与えた者（A）のために，与えられた代理権に基づき相手方（C）と行為を行い，その法的効果がA・C間に発生する法律関係である。Aを本人といい，Bを代理人という。

(a) 民法の原則

代理関係成立の**第1要件は**，先ず，本人が代理人に代理権を与えること

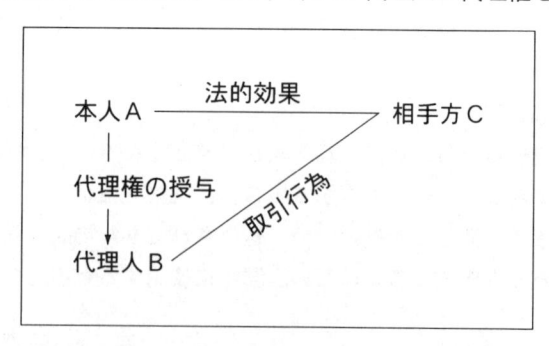

である。何らの代理権もないＢがＡのために行為をしたところで，代理関係が成立することはあり得ず，それはＡの代理人を自称したＢの単独行為であり，Ａ・Ｃ間に法的関係は一切成立しない。本人から代理人への代理権の授与は，授権契約によって行われる。Ｂがいかなる代理行為をすることが可能かは，この授権契約により授与された代理権の権限内容により定まる。

第２の要件は，Ｂが相手方Ｃと取引を行う際に，Ｃに対してＡの代理人として行為をする者であることを示して行うことである（民法99条）。Ｂが相手方Ｃに対しＡの代理人である旨を示すことを顕名主義という。

代理人が顕名主義に反して行為をしたときでも，相手方がＢの行為はＡの代理人としての行為であると知っているとき，または，それを知ることができる状況にあったときは，Ｂの行為はＡの代理人としての行為となり，Ｂの行為による法的効果は本人と相手方間に生ずる（民法100条但書）。相手方がＢの行為を本人のためになした代理行為と知らないとき，または，知ることができないとき，その行為は代理人自らの行為と看做される（民法100条本文）。

(b) 商法の特則

㈠ 非顕名主義

代理関係を発生させるためには，本人と代理人になろうとする者との間において授権契約がなされることを要し，代理権はこの授権契約によって与えられ，授権行為＝授権契約なき限り代理権は発生しない。民法も商法もこの点については同じである。異なるのは顕名主義に関してである。

代理人が相手方に対し本人の代理人であることを知らせないで行為を行ったときでも，言い換えると，代理人が相手方に本人の代理人であることを示さずに取引を行った場合でも，当該行為の法的効果は本人と相手方の間に発生する（非顕名主義，商法504条本文）。商人Ａの代理人として常時行為をする者Ｂは，相手方Ｃに変更がなければその都度代理人であることを示さないで行為を行うし，相手方Ｃも，ＢはＡの代理人として行為を行ったと考えるのが一般的だからである。**非顕名主義の根拠**はこれである。

もっとも，常時取引を行っている者以外の者との取引のとき，代理人であることを示さないで行為を行うと，相手方は行為者であるＢがＡの代理

人であることを認識できないことも予想される。この場合＝相手方がBを代理人であると知らないとき，Bを代理人と認識できないとき，相手方は実際に取引を行った代理人Bに対し，契約の履行を請求することもできる（商法504条但書）。つまり，相手方は本人に契約の履行を請求することもできるが，代理人に契約を履行するよう請求することもできるということである。とはいえ，実際には本人を知らないのであるから，相手方が本人に請求するケースは考え難く，代理人に請求することになろう。

　商法504条但書は，相手方保護の規定であるから，**相手方が過失によってBが代理人であることを知らなかったとき，本条但書は適用されない**。即ち，相手方は本人に対してのみ履行の請求をできるだけである。

　ところで，この商法504条但書が定める「代理人に対し契約の履行を請求することができる」とは，法的にいかなる意味を有する規定であるかの解釈につき学説は細かく分かれ一様ではない。本人，相手方，代理人の三者関係をめぐって，相手方は代理人と契約をしたのだが，本人と相手方間には法的効果が発生し，だから相手方は本人に請求することができる。しかし，相手方がBを代理人とは知らず，契約の履行をBに請求する場合，相手方は代理人に契約の実行＝履行を請求できるだけであり，相手方・代理人間に法的効果が発生しているのではないと解釈すべきか，それとも別な解釈をすべきかといった論争である。

　だが，意味のある論争とは思われない。というのは，相手方は代理人の行為が代理人としての行為であるとは知らないのだから，代理人を本人と考えて代理人に対し契約の履行を請求するのであって，本人に契約の履行を請求することを想定することは困難である。無論，偶然Bの行為をAの代理人としての行為であると知ったときは，本人Aに対し請求することも考えられる。相手方が偶然Bが代理人であることを知ることができ本人に請求した場合は，代理関係の原則に戻り，本人は契約責任を負担し代理人は責任を負わない。したがって，相手方がBの行為はAの代理人としての行為であると知る知らないに拘わらず，代理人たるBの行為によって相手方と本人間に法的効果が発生すると解すべきことが原則である。

　また，相手方がBの行為を代理人としての行為であると知らない場合，相手方は代理人に対し契約の履行＝実行請求をなし，代理人は契約の実行

責任を負うが，契約の実行責任を代理人が負うのは，代理人と相手方間に法的効果が発生しているからであり，法的効果の発生なくして契約責任を負うことはあり得ない。相手方と代理人間に法的効果は発生しないが，代理人は相手方に契約の履行責任のみを負うとの解釈は，契約が無効・取消されたとき，代理人は契約の無効・取消に基づく法的効果である原状回復（→契約が行われなかったのと同じ状態へと回復すること）を請求できない等の妙な結果を招きかねない。

(ロ) 非顕名主義の適用要件

商法の定める非顕名主義の特則は，本人のために商行為となる代理行為を対象とし，**相手方にとってのみ商行為となる代理行為には適用されない**。本人Aの代理人Bが代理行為を行うとき，Bの行為がAのために商行為であることを要件とする意味である。Bの行為が相手方Cにとって商行為となるか非商行為なのかは考える必要はない。

例えば，パン屋Aの代理人Bがパンの販売行為を行うのは，本人Aのための商行為であるから，Bと相手方C間には非顕名主義が適用になる。しかし，BがAの個人的趣味のために商法の本を本屋へ買いに行く代理行為は，相手方である本屋のためには商行為であるが，Aにとっては商行為ではないので（非商行為），非顕名主義は適用されないといったことである。

2-3-2 代理権の消滅に関する特則

(a) 民法の原則

代理権を与えたまま本人が死亡したとき，代理権は自動的に消滅し代理関係は終了する（民法111条1項1号）。

(b) 商法の特則

本人の死亡は代理権の消滅原因ではない（商法506条）。商法においては，代理権が与えられ代理関係が形成されている間に本人が死亡しても代理関係は終了しないのである。

商業使用人である支配人，番頭・手代は，商人（本人）の代理人として各種の行為を行う商人の代理人でありつつも，他面において，死亡した商人の営業組織の人的部分を形成するものであり，商人の死亡によっても消滅しない営業組織の物的部分と一体的に存在するものである。そして営業

組織は，半永続的に存続して行くことを目的とするのが常で，本人の死亡により営業組織は消滅することはない。商法が本人の死亡により代理関係は消滅しないと定めた理由である。

2-4　委任に関する特則

2-4-1　受任者の権限について

委任とは，一定の法律行為を行うことを委託（委任）する者と，この委託を引受ける者との間の契約である（民法643条）。契約内容は，委託された法律行為を行うことである。例えば，売買契約の締結を委託する者とこれを引受ける者との関係である。委託する者を委任者といい，委託を引受ける者を受任者という。

(a) 民法の原則

受任者は，委任の本旨に従い善良なる管理者の注意義務をもって委任事務（→委任された事項）を処理する義務を負う（民法644条）。非商行為の委任について，即ち，民法が適用される委任については，受任者は，委任された事項を，委任された目的に従って委任されたとおりに，細心の注意（→善良な管理者の注意義務）をもって行うことを要する。先の売買契約締結の例でいえば，受任者は，委任された売買契約を，委任された趣旨どおりに細心の注意をもって締結し，かつ，締結行為のみを行う義務を負い，委任されていない行為を行うことはできない。

(b) 商法の特則

商行為の委任においては，受任者は委任の本旨に反しない範囲内ならば，委任されていない行為もなすことができる（商法505条）。商行為の委任とは，受任者が委任されて行う行為が商行為であることで，委任と受任の関係自体が商行為であることを意味するものではない。委任者が商人であるか非商人であるかを問わず，非商人が商人に委任した行為でもそれが商行為であれば，本条の適用対象である。

委任の本旨に反しない範囲内の行為とは，委任された行為の本来的な目的に反しない行為のことである。売買契約の締結を委任された場合に，受任者が契約締結行為と売買代金の受取りを行ったとする。委任された行為

2 商行為法の民法に対する特則

は契約締結のみであるが，契約代金の受領は契約に附随した行為であるから，これを受取る行為は，委任の本旨に反しない範囲内の行為といえる。車の購入を委任されたのに，購入した車を転売するのは，委任された目的である購入を満足させることができないため，委任の本旨に反する行為と判断されることになる。

殆どの学説は，「委任の本旨に反しない範囲内」ならば，委任されていない行為をも行うことができるのは，商行為の委任に限られず民法上の委任においても同様であるから，商法505条の規定は民法の特則ではなく，当然のことを規定した注意的規定であると解する。しかし，商法が特に明示的に委任の本旨に反しない範囲の行為であれば委任されていないことも行うことができると定めたのは，委任された行為が商行為であることを考慮したものであることを踏まえるべきであろう。商行為は非商行為とは異なってより多くの必要的附随行為を伴うため，受任者がこれを処理することを可能とさせる規定が商法上要請されたと考えるべきである。したがって，商行為の受任者は，非商行為の受任者よりも広い範囲で，委任の本旨に反しない行為をすることができると解することになる。

2-4-2 効力の及ぶ範囲について

商行為の受任者は，委任の本旨に反しない範囲内で，委任されていない行為をも行うことができると定める規定は，内部関係においてのみ効力を有するのか，外部の第三者にも及ぶのかについて学説は対立しており，通説は前者である。

判例上の事例で論争点を具体的に説明することにする。受任者甲は委任者丙より支店の業務執行を委任されていた。甲は業務執行上の必要から，営業資金の借入れを行った。営業資金の貸主乙は，甲へ支店の業務執行を委任した委任者丙に対し，甲に貸した貸金の返還請求をすることができるか否かが争われた。

商法505条の規定は内部関係においてのみ効力を有すると解する通説の立場に立脚すると，委任者と受任者である甲・丙間は内部関係で，この甲・丙関係からすれば，乙・丙間は外部関係であり，乙は丙に対し貸金の返還請求をすることができず，甲に対してのみ返還請求ができるにすぎな

159

い。即ち，甲・丙間の委任関係に適用される委任に関する商法の特則である，受任者は委任の本旨に反しない範囲において委任されていない事項をも行うことができるとの規定は，甲・丙間（→内部関係）でのみ機能する。甲が委任された行為は支店の業務執行であり，営業資金の借入れ行為は委任されていない。営業資金の借入れ行為が支店の業務執行上必要不可欠なもので，委任された支店業務の執行の本旨に反しない行為であったとしても，商法の特則は内部関係である甲・丙間だけで効力を有するため，甲の行為が丙のための行為であったとしても，乙は丙に対し貸金の返還請求をすることはできない。通説によれば結論はこのようになる。

これに対し，委任に関する商法の特則が外部の第三者にも及ぶと解する立場に立つと，甲の資金借入れ行為が支店の業務執行上必要な行為であったとき，当該行為は委任の本旨に反しない範囲内の行為と解することができ，乙は丙に対しても貸金の返還請求をすることが認められることになる。

支店の業務執行上営業資金の借入れが必要であった場合，この借入れ行為は，委任の本旨（→支店の業務執行）に反しない範囲内の行為であるといえる。甲の行為がこのように委任の本旨に反しない範囲内の行為であるときは，委任に関する商法の特則が内部関係でのみ効力を有すると解し，乙は甲に対し貸金の返還請求ができるだけで丙には返還請求はできないと限定しても，乙の請求に基づき乙から借りた金銭を支払った甲は，丙に対し，委任の本旨に反しない行為であったことを理由に，乙に支払った額と同額の金銭を請求（償還請求）することになる。甲から請求された丙は，甲の行為は委任の本旨に反しない行為であるためにこれを拒否することができず，甲への支払をせざるを得ない。とすると，結局，丙が乙に支払ったこと同じであって，効力を内部関係にとどめておく意味は存在しない。

反対に，甲の資金借入れ行為が，委任された支店の業務執行上必要とは考えられない行為であったとすると，甲は委任の本旨に反する行為を行ったので，丙は，乙から請求されようが甲から請求されようが，甲の資金借入れ行為は委任の本旨に反する行為であることを理由に責任を負う必要はないと主張するであろう。したがって，甲・乙・丙の三者間での請求関係は，甲の行為が委任の本旨に反する行為か，委任の本旨に反しない範囲内の行為であるかによって決せられるのであり，内部関係でのみ効力を有す

ると限定すべき理由は存しない。あえて内部関係に限定したとしても，既に述べたように，甲の行為が委任の本旨に反しない範囲内の行為であれば，乙の請求は丙に及ぶのと同じ結果が発生し，効力を甲・乙間に限定する法的意味は何もない。

問題は，内部関係に限定すべきか，外部関係にも及ぶかにより解決されるのではなく，内部・外部に全く関係なく，**受任者甲の行為が「委任の本旨に反する行為か反しない行為か」**で決定されるべきことである。

2-5 商事債権の営利性

2-5-1 報酬請求権

他人から依頼された行為をしたとき，報酬を請求できるか否かは，行為を依頼されたときの契約内容によって決定される。商人の行為であろうと非商人の行為であろうと，契約で報酬の有無を定めることに差異はない。では，契約で報酬の有無を決めていなかったときはどうなのか。

(a) 民法の原則

非商人が他人のために非商行為を行っても，契約で特に定めていない限り，無償（無料）を原則とする。例えば，委任，寄託等がそれである。ただし，請負契約は例外的に有償（有料）である。

(b) 商法の特則

商人がその営業の範囲内において，他人のために行為をなしたときは，契約で定めていなくとも（→特約がなくても）**相当の報酬**を請求することができる（商法512条）。

「営業の範囲内」の行為とは，本業である行為に限らず，その他本業にとって利益となる行為，本業に便益をもたらす行為を含めた，一定の広がりを有する概念である。商人が一定の行為を行い，当該行為が「営業の範囲内」であるかどうかが不明なときには，「商人の行為はその営業のためにするもの」との推定規定（商法503条2項）が機能する結果，相手方が営業の範囲内の行為ではないことの立証をしない限り，商人に報酬請求権が発生することになる。

「他人のために行為をなす」とは，一般的には他人に依頼されて行う行

為を指し，行為の法的効果が他人に帰属するもののことである。例えば，売買代金の回収を依頼されこれを行ったとき，回収した代金は，依頼者である他人に帰属するといったようなことである。他人のために行った行為が同時に自己の利益になる場合でも，他人のためである。「他人のために」の他人は商人である必要はなく非商人でもかまわない。

　依頼がないのに，商人が他人のために行為をしたときはどうなるのであろうか。判例上の事例で具体的に考察することにする。

　不動産業者である商人甲は，Xよりその所有不動産Aの売却を依頼されていた。他方，別な不動産業者である商人乙は，Yより不動産の購入を依頼されていた。甲は，X所有の不動産AをYに売却することに成功した。

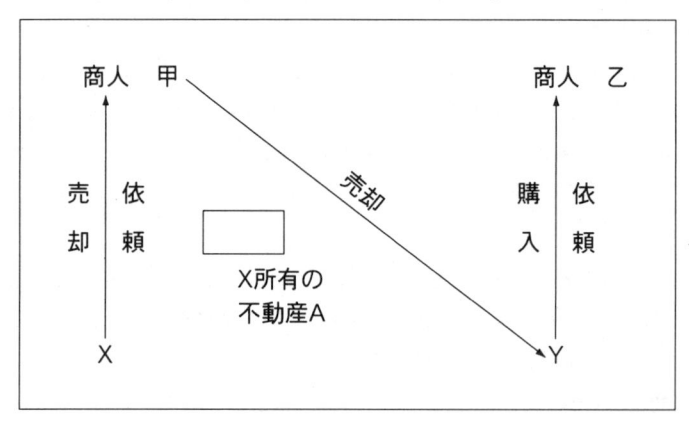

```
       商人　甲                商人　乙
         ↑                      ↑
     売　依                  購　依
     却　頼     ┌──┐        入　頼
              │X所有の│
              │不動産A│
              └──┘
         X         ＼          
                    ＼売却
                      ↘ Y
```

　先ず，甲はXとの関係では，Xの依頼を実現したから，Xに対し報酬請求権を有することはいうまでもない。次に，Yについて見れば，Yは乙に不動産の購入を依頼していたのだが，乙はその依頼を実現していない。Yが不動産購入という乙への依頼目的を実現できたのは甲の行為によるものである。甲がYのために（他人のために）行為をしたことと同じ結果が発生している。そこで，甲はYに対し，Yから依頼を受けていなかったものの，Yの利益となるような行為を行ったということができ，商人が他人のために行為をなした場合に該当するとして，報酬請求を行ったのである。

　事実だけを取り上げれば，甲は依頼されていない行為をYのためにYの利益となるように実現したことになる。果たしてかかるときにも，他人のために行為をしたことになるのだろうか。判決は，甲の行為はXのために

行った行為であり，その反射的利益がYにも及んだにすぎなく，甲はYのためにする意思があったとはいえないので，甲の行為はYのための行為とはいえないとした。当然の結論であろう。

しかし，この判例理論からすると，甲がYのためにする意思で行ったときは，甲はYに対しても報酬を請求できることにならざるを得ない。即ち，甲の他人のためにする意思と，甲の行為の結果が当該他人であるYの利益になるものであれば報酬請求権の発生を認めることである。判例理論を率直に読む限り，「他人のため」の行為を判断する際，その他人であるYの意思は考慮の外に置かれ，行為者である甲の意思のみが問題とされているだけである。

商人が他人のために行為をなした場合で，かつ，その行為の結果が当該他人（→Y）の利益となるものであっても，商人と他人Y間に依頼（委任）等の関係が存在しないときには，報酬請求権が発生すると解すべきではあるまい。依頼関係等の存在は不要だとすると，不動産業者である商人が，不動産売却の希望を有している者を偶然知って，その者に無断でこれを売却し代金を引渡したときは，報酬を請求できることになるが，日常感覚においても法的良識からしても上記事態は異常だからである。

2-5-2 利息請求権と法定利率

(1) 利息請求権

金銭消費貸借契約に関しての利息請求権である。金銭消費貸借とは，金銭の貸借のことで，例えば，100万円を借りて100万円を返済する契約である。貸借の対象となる100万円を元本という。

(a) 民法の原則

民法上金銭消費貸借は無利息が原則である（民法587条）。無論，合意によって利息を定めることは自由である。当事者間で定めた利息のことを約定利息という。例えば，年5分といったように定めることである。利率は5分に限られず，より低くてもより高くても合意されたものであれば問題はない。ただし，利息制限法に定める利率以上の高利は，当事者の合意によるものであっても無効である。

(b) 商法の特則

第2部　商行為法

　商人間において金銭消費貸借が行われたときは，特約がなくとも利息を請求することができる（商法513条1項）。特約によって無利息とすることも自由である。

(2)　法　定　利　率
(a)　民法の原則
　民法は無利息を原則とすることは既に述べた。したがって，民法上の利息の発生は特約が存在する場合に限られ，利率もこの特約によって決定される。だが，例外的に特約がなくても利息を請求できることがある。例えば，利息の特約をせず，AはBから一年間の約束で100万円を借り，期限内に支払わなかった。このとき，BはAに対し元本100万円の支払と，支払日より支払を受けるまでの間の遅延利息を請求することができる場合である。遅延利息の内実は，Aの債務不履行に対するBの損害賠償請求である。ところが，A・B間において利息の約定はなかったから，遅延損害としての利息を計算する利率の根拠が存在しない。そこで民法は，こうした場合の利率＝法定利率を年5分と定めた（民法404条）。
(b)　商法の特則
　商人間において金銭消費貸借を行ったとき，利息の約定がなくとも利息を請求できるが，利息の約定がないときは，利率が不明で請求すべき利息額を具体的に計算することができない。こうしたときに機能するのが商事法定利率であり年6分である（商法514条）。上記のごときケースにおいてのみ年6分の法定利率が適用されるならば何ら問題は生じない。ところが，商事法定利率を年6分と定める商法514条の条文は，商事法定利率を定めるにつき，「商行為によりて生じたる債務に関しては法定利率は年6分とす」ると規定している。商事法定利率が年6分であることに関する争いは

```
(イ)　商人A（売主）————商品————商人（B買主）
　　　債務者　　　　　　　　　　　　債権者

(ロ)　商人A（借主）————金銭————商人（B貸主）
　　　債務者　　　　　　　　　　　　債権者
```

存在しないが,「商行為によりて生じたる債務」とはいかなる意味かにつき学説が対立している。

(イ)　債務者Aが代金を受取っていながら,売買契約の目的物である商品を期日までに債権者であるBに引渡さなかった場合,BはAに対し商品の引渡しと損害賠償を請求することができる。

(ロ)　同様に,債務者Aが期日までに借りた金銭を支払わなかった場合,BはAに対し貸した金銭の支払と損害賠償を請求できる。

(イ)について：売買行為は商人Aが商行為として行った行為であり,商品を引渡さないのは,商行為により生じた債務を履行していないことである。契約を行う際,A・B間で前もって損害の発生を予想して損害賠償の額ないし率を定めていない場合,BがAに対して請求する損害賠償請求は法定利率によることになる。

(ロ)について：商人間の金銭消費貸借であるから,利息の約定がなくともBはAに利息の請求をすることができる。ところが,利息の約束をしていなかったため利率が定まっておらず,利息の請求は具体化できない。また,損害賠償請求についても,その額をいかなる算式により決定すべきかを当事者間の契約で事前に定めていないのが通常である。かかる場合,法定利率年6分が機能する。

(イ)は「商行為により生じた債務」そのものであり,(ロ)は商人間の金銭消費貸借で,いずれも商事法定利率が適用される事例で,ここまでは学説の対立はなく問題はない。しかし,先に掲げた例に類似しつつも相手方が非商人である場合に問題が発生し見解が対立するのである。

(イ)商人Aが非商人甲に商品を販売し,甲は商品を受取ったにも拘わらず代金の支払をしないとき,Aは甲に対し代金の支払と損害賠償を請求することができる。

(ロ)商人Aが非商人乙に金銭を貸し,乙が期日に支払をしなかったとき,Aは乙に対し貸金の支払と損害賠償の請求ができる。

```
(イ)　商人A（売主）────商品────非商人甲（買主）

(ロ)　商人A（貸主）────金銭────非商人乙（借主）
```

(イ)のとき，損害賠償請求はいかなる利率によって計算されるのか。通説・判例は，商法514条が適用され年6分の法定利率によるとし，(ロ)の場合も同じであるという。

商事法定利率を定める条文は，「**商行為によりて生じた債務**」についての法定利率を年6分とする。ところがこれら，(イ), (ロ)において問題となる債務は商行為によりて生じた債務ではない。(イ)の場合でいえば，代金の支払義務を怠っているのは非商人甲であり，Aが甲に対し損害賠償請求ができるのはこのためである。非商人甲が商品を買う行為は，非商行為であるから，Aの甲に対する損害賠償請求の算定は，年6分ではなく民法上の年5分が適用されるべきはずのものである。甲の債務（→Aに対する商品代金支払債務）は非商行為に基づく債務だからである。

(ロ)の場合も，非商人乙が非商行為として金銭を借りた行為が問題とされる行為で，対象となる債務＝非商人乙の商人Aに対する金銭支払債務は，非商行為に基づく債務で商行為に基づく債務ではない。故に，民法上の法定利率が適用される事例のはずである。

通説・判例は，(イ), (ロ)両者に商法514条が適用になり，商事法定利率は年6分であるとする。(イ), (ロ)のケースは商行為によりて生じた債務とはいえず，原理的には民法の法定利率年5分の適用される場合である。にも拘わらず，通説・判例が何故に商法の年6分の適用を主張するのか**根拠は必ずしも明確ではない**。通説・判例の基礎にあるのは，債権というも債務というも要するに同じものであり，表現を変えれば債権であり，別な表現でいえば債務といえるから，両者は同じものであるとすることである。

```
A（売主）――――商品――――B（買主）
```

の売買契約を例にいえば，行われている売買契約は一つで，二個の契約が行われているわけではない。この契約関係をAの側から見れば，商品を引渡して代金を得る関係と表現でき，Bの側から見れば，代金を支払って商品を得る関係と表現でき，両者は同じものの異なる表現関係である。だから，商品を中心に考察すると，Aが債務者，Bが債権者，代金を中心に考察すると，Aが債権者，Bが債務者となる。債権というも債務というも同

じものの裏腹な関係にすぎず，二つの異なるものを指称するものではない。したがって，一方は商人他方が非商人である場合も，双方が商人である場合も区別なく同一に取扱うと通説・判例は主張するのである。つまり，いずれについても商法を適用し，年6分の法定利率で処理することである。

上記のごとく通説・判例の主張するところは，契約関係は債権・債務関係として成立しており，この契約関係を債権者の側から見れば債権関係であり，債務者側から見れば債務関係であるとの指摘である。契約の対象物に即して区別すれば，商品に関しては売主が債務者，買主は債権者，代金については売主が債権者，買主は債務者であることの指摘である。

契約は債権債務関係として成立するから，通説・判例の指摘は双務契約関係の構造に関する当然の理であり，その限りでは異論のないことである。しかし，商事法定利率が適用されるのは，「商行為によりて生じた債務」であって，それが他方の側から見て何に該当するかを問題とするものではない。あくまでも商行為によって生じた債務が適用対象なのである。契約内容は，一方から見れば債権関係であるし，他方から見れば債務関係であるが，債務関係としての契約関係が商行為によるものであれば商事法定利率が適用になり，商行為によるものでなければ民法の年5分が適用されなければならない。

商法514条の規定は，債権債務関係が一つの契約関係から発生するとか，債権債務関係は同じものの裏腹な関係として存在するといったこととは無関係なことである。契約は相互に債権債務として存在することを前提に，負担する債務が商行為による場合を規律する規定である。通説・判例の主張根拠は意味を有するものとは思われず，非商人の犠牲の上に商人の利益を実現しようとするもので到底承認できるものではない。

2-5-3 立替金の利息請求権

(a) 民法の原則

民法においては，特約なき限り，他人のために金銭を立替ても立替金について利息を請求することはできない。例外は，受任者が委任された委任事務を行うために必要と考えた費用を出費したときで，出費および出費以降その支払を受けるまでの間の利息を請求することができる。

(b) 商法の特則

商人がその営業の範囲内において他人のために金銭の立替をしたときは，特約がなくとも立替日より支払を受けるまでの間，法定利率による利息を請求することができる（商法513条2項）。

「その営業の範囲内において」とは，金銭を立替た商人の本業の範囲内においてのことである。本業に関連しないことについて立替をなしても本条には該当しない。その営業の範囲内の立替であっても，金銭の立替をされた者にとってその立替が不必要な立替であったときも本条は機能しない。

2-6　商事債権の担保

債権の担保とは，債務不履行にそなえ予め債権が満足できるよう方法を講じておくことである。例えば，AがBに100万円を貸したとする。Bが期日通りに支払をしないとき，Aは裁判所に訴えて強制的にBから取立を行う。ところが，Bが貯金を使い果たし所有していた不動産等の財産も失っていると，裁判に勝訴しても現実には弁済を受けることができない。

そこで，AはBに金銭を貸す契約に際し，Bが期日に支払をしないときは，Bの不動産を差押て競売を行い，その代金から100万円の弁済をうけることができるよう予め備えをしておくことが考えられる。抵当権は，Bが100万円を支払わないとき，Bの不動産を競売しその代金から貸金100万円を取得できるようにする権利で，抵当権が100万円の債権を担保する。抵当権は担保物権の一種であるといわれる所以である。債権を担保するのはこうした抵当権に限られずその他各種の担保物権があり，また，債権は人的担保制度によっても担保される。保証人制度がそれである。

2-6-1　多数当事者間の債務についての連帯関係

(a) 民法の原則

一人の債権者に対し数人で債務を負った場合，特約なき限り，各債務者は平等の割合で義務を負う（民法427条）。Aから，B，C，Dが合計300万円を借りたとする。債権者Aに対し，債務者B，C，Dはそれぞれ100万円の支払義務を負うことである。B，C，Dの三者間の内部で異なる支

払義務を定めていたとしても，その定めは内部関係においてのみ有効であり，債権者Aとの間で特約をしない限り，Aに対しB，C，Dは平等の割合である100万円の支払義務をそれぞれ負担する。

(b) 商法の特則

数人がその一人また全員のために商行為となる行為によって債務を負担したときは，各債務者はそれぞれ連帯してその債務を負担することになる（商法511条1項）。民法が平等の割合によって債務を負担することに対し，連帯して債務を負担するところが特則である。連帯して債務を負担するとは，B，C，DがAから合計300万円を借りた場合でいえば，債権者Aは，B，C，Dに対しそれぞれ100万円を平等に請求することもでき，3人全員に300万円ずつを請求することもでき，Bには10万円，残りについてはC，Dに請求してもよいし，Bにのみ300万円を請求することもできることである。債務者B，C，Dの側からいえば，各自Aに対し300万円の支払義務を負うことである。

無論，Aが貸しているのは300万円だから，全員に300万円ずつを請求することはできるが，実際に取得できるのは300万円であり，900万円を取得できるわけではない。したがって，B，C，Dのうちだれかが300万円を支払えばAの債権は弁済されたことになり，後は，B，C，Dの内部関係の問題として処理される。連帯して責任を負うとは，このように債権者に対し債務者各自がそれぞれ300万円の支払責任を負うことをいい，債権者は全員に対し，あるいは，各人に対し，更には，どのような割合で誰にどのように請求するかも自由であることを内容とすることである。

要件は，数人の者がその一人または全員のために商行為となる行為によって債務を負担することである。例えば，不動産業者BがC，Dと共に，他に転売する目的でマンションを購入したときは，マンションの販売業者Aに対し，C，DはBの商行為のために共同で債務を負担した者に該当することになるから，B，C，Dは各自連帯してAに対する債務を弁済しなければならない。

2-6-2　保証人の連帯

保証人Cへの保証依頼はBによって行われるが，保証契約はA・C間で

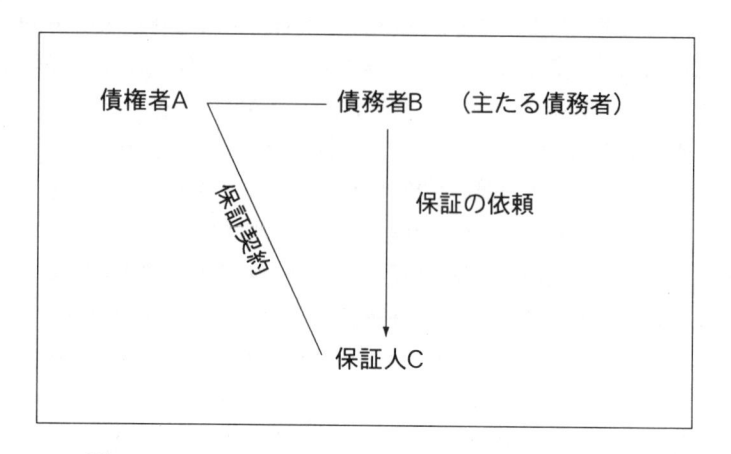

```
債権者A ─────── 債務者B　（主たる債務者）
  ＼                │
   ＼保証契約       │保証の依頼
    ＼             │
     ＼            ↓
       保証人C
```

行われる。主たる債務者Bが債権者Aに対する債務を履行しなかったとき，あるいは，主たる債務者が履行するかどうかに関係なく，保証人Cが主たる債務者Bに代わって履行をなすことを約するのがA・C間における保証契約である。

(a) 民法の原則

A・C間の保証契約は特約なき限り単なる保証で連帯保証とはならない。Aに対する債務をBが履行しないとき，あるいは，主たる債務者Bがその債務を履行するか否かに関係なく，Bの債務が履行期に至ったとき，Aは保証人であるCに対し，Bに代わって債務の履行をすべきことを請求したとする。このときCは，催告の抗弁権（民法452条）と検索の抗弁権（453条）を行使することができる場合が単なる保証である。

催告の抗弁権とは，主たる債務者が期日に債務を弁済しなかった場合に，債権者Aが，主たる債務者に請求することなく直ちに保証人へ支払請求をしたとき，即ち，債権者Aが主たる債務者Bに代わって保証人であるCへ債務の履行をなすべきことを請求したとき，Cは先ず，主たる債務者であるBに請求し，その後に保証人であるCに請求するよう主張できる権利のことである。

検索の抗弁権とは，債権者Aが先ず主たる債務者に請求したが債務が履行されなかったので，保証人Cに請求した場合でも，Cが，BにはAに対する債務を履行するだけの財産があり，容易にその執行が可能であるから，

Bの財産に対し執行をするよう主張できる権利のことである。

　保証人が数人のときは、各保証人は平等の割合で保証責任を負担する（民法456条）。主たる債務者Bの債務が300万円で、保証人が3人いたとすると、保証人が負担する各自の保証責任はそれぞれ、100万円となることである。これを分別の利益という。

　(b)　商法の特則

　主たる債務者の債務が商行為による債務であるとき、および、保証行為が商行為であるときは、特約がなくとも**当該保証は連帯保証**となる（商法511条2項）。

　「**主たる債務者の債務が商行為による債務である**」とは、債務が主たる債務者の商行為により生じた債務のことで、それが債権者にとって商行為となるものかそうでないかは問わない。債権者にとってのみ商行為となる債務は適用の対象外である。

　「**保証行為が商行為であるとき**」とは、保証行為が営業＝商行為として行われることで、例えば、銀行が顧客のために保証を行う場合等がこれに該当する。

　民法の原則である単なる保証と商法の特則である連帯保証との違いは、保証人が催告の抗弁権、検索の抗弁権を有しないことである。分別の利益も有しない。だから、債権者は主たる債務者の債務の履行期が到来すれば、主たる債務者に請求することもできるし、主たる債務者に請求することなく直ちに保証人に請求し支払を求めることもでき、保証人はこの請求に応ずる義務を負う。保証人が主たる債務者の代りに債務を履行した後の処理は、主たる債務者と保証人間で行われる。

2-6-3　流質契約の許容

　債権者がその債権の担保として、債務者から物を受取り、債務の弁済があるまで当該物を留置（自己のもとに留め置くこと）できること、および、債務が弁済されないときには、留置物から優先的に弁済を受けることができる権利を質権という。債務者の物を留置することによって債務の弁済を間接的に強制する担保物権である。

　(a)　民法の原則

債権者は，質権設定契約によって質権を設定し，債務者から物を受取り留置することができるが，流質契約は認められない（民法349条）。

質権設定契約とは，債務の弁済なされるまでの間，債務者（質権設定者）は債権者（質権者）に一定の物（質物）を預け，債権者は質物を債務の弁済があるまで留置し，期日までに弁済が行われなかったときは，留置した質物から優先的に弁済を受けることができるとの合意である。質物から優先的に弁済を受ける方法は，質物の競売等法律の定める手続によることが必要である。

流質契約とは，質権設定契約とともに，または，債務の弁済期以前に質権設定契約とは別に行われる契約において，債務者が債務を弁済しないときには，質物の所有権を取得する権限を債権者（質権者）に与える契約，あるいは，債務者である質権設定者が，質物を自由に他に転売して債務の弁済に当てる権限を債権者（質権者）に与える契約のことである。

要するに，債務者が期日までに債務を弁済しないとき，質物を債権者である質権者の自由にさせる契約を流質契約といい，民法上禁止される流質契約は，債務の弁済期（履行期）が到来する以前に行われた流質契約であることを要件とする。したがって，弁済期以降の流質契約は有効である。

(b) 商法の特則

商行為によって生じた債権を担保するために設定された質権については，流質契約を行うことが認められる（商法515条）。「**認められる**」とは，流質契約をすることが許されることであり，質権設定契約を行えば自動的に流質契約を行ったことになるのはではない。質権設定契約とは別に流質契約をしなければ，流質の効力は発生しない。

「**商行為によって生じた債権**」を担保するためとは，債務者にとって商行為となる行為によって生じた債権を意味し，債権者にとってのみ商行為となる行為によって生じた債権には適用されないと解すべきである。債権者Aに対し債務を負うBが質権を設定したとする。質権者A，質権設定者B，質物はBからAへ引渡され，Aがこれを留置する。この場合，Aの債権は，Bにとって商行為となる行為によって生じたものであることを要し，Aにとってのみ商行為である行為による債権には，流質契約を許容する本条は適用されないと解することである。

2-6-4　商人間の留置権

　留置権とは，他人の物の占有者がその物について生じた債権の弁済を受けるまで，当該物を留置しておくことができる権利のことである。例えば，車の修理屋が，車の修理代の支払を受けるまで，修理した車を自己のもとに留置く（留置する）ことができる権利（担保物権）で，車を留置することによって債務の弁済を間接的に強制することを目的とする。だから，車の修理を依頼した者は，修理代の支払と引換えでなければ車の引渡を請求することができない。

　留置権は，質権のように設定契約を行う必要がなく，車の修理を行ったことによって法律上当然（自動的）に発生する権利である。留置権が法定担保物権といわれる意味は，この当然に発生する事態を表す表現である。留置権によって担保される債権，上記の例でいえば，車の修理代請求権を被担保債権という。

(a)　民法の原則

　民法上留置権が認められるためには，留置権を行使しようとする者（留置権者）の債権が，留置物から生じた債権であることが必要である（民法295条1項本文）。車の例でいえば，留置権によって担保しようとする債権＝被担保債権は修理代であるから，この修理代が留置権の対象となる車の修理代であることが必要との意味である。修理とは無関係な車を留置することはできない。

　留置権の目的物（車）は，修理を依頼した者の所有物であることは必要でなく，他人の物でもよい。例えば，他人の所有物である車の修理を依頼された場合，修理屋は修理代確保のため，修理を依頼した者の所有物ではなくともこの車を留置しておくことができ，所有者からの返還請求に対しても修理代と引換えでなければ返還しない旨を主張できる。

(b)　商法の特則

　商法上留置権は，代理商，問屋，運送人等に認められ，広義にはこれら全体を商事留置権と呼ぶが，**狭義には商人間において認められる留置権を商事留置権**という。以下においての説明は，狭義の意味での商事留置権に関するものである。

商人間においては継続的に取引が行われ，相互に債権債務を有する関係が形成されることから，この事態に対応するものとして商人間の留置権が存在する。例えば，車の製造業者Aとその販売を引受ける販売業者Bとの関係でいえば，AはBに対し，Bが委託された車を販売したその販売代金の引渡債権を有しBはその義務を負う。BはAに対し，委託された車の販売を行ったことによる報酬請求権を有し，Aはその支払義務を負うといったごとくである。

かかる関係においては，AがBの所有物を占有することもあり，BがAの所有物を占有する場合もある。BがAに販売代金を引渡さないとき，Aは占有しているBの所有物を代金の引渡があるまで留置したり，BはAが報酬を支払うまでAの所有物である車を留置したりすることを認めるのが商人間の留置権である。Aが報酬を支払わないので，支払があるまでAから販売のために預かったAの所有物である車をBが留置するときを例にいえば，Bの留置権は，Bの報酬請求権＝債権を担保することを目的としているから，この場合の留置権によって担保される被担保債権はBのAに対する報酬請求権である。

商法は商人間の留置権について，「商人間において，その双方のために商行為によって生じた債権が弁済期にあるときには，債権者は弁済を受けるまで，債務者との間における商行為によりて自己の占有に帰した債務者所有の物又は有価証券を留置することができる」(商法521条本文) と定める。

(ｃ) 商人間の留置権が認められるための要件
(ｲ) 被担保債権についての要件
① 留置権に関する当事者双方が商人であること
② 当事者双方のために商行為である行為により生じた債権であること
③ 被担保債権が弁済期にあること（弁済期にあるとは，履行期日が到来していることである）
④ 留置物と被担保債権間には，当事者双方にとって商行為となる行為によって生じた債権と相手方の物といった関係が存在すること

民法上の留置権の場合は，被担保債権は留置物から生じたものであることを要する。例えば，車の修理代は留置物である修理をした車から発生し，故に，車を留置することができ，車以外の物を留置することはできない。

商法上の留置権は，こうした個別的な関連性の存在を必要としない。商人A・B間において両者のために商行為となる行為による債権を被担保債権とするものであれば，留置できる物は，被担保債権を発生させた物でなくとも留置することができる。

判例上の事件を例により具体的にいえば，次のようなことである。土木建設機械の修理業者甲は，土木工事業者乙から削岩機の修理を依頼され修理したが修理代金は未払であった。加えて，甲は乙に対し削岩機の修理代金とは別に，手形金支払請求権＝債権をも有していた。乙は甲に対し，削岩機の修理代金を支払い削岩機の引渡を求めたが，甲は手形金の支払が行われていないから，この支払いがあるまでの間削岩機を留置すると主張し，裁判所はこの主張を認めた。手形金支払請求権は削岩機の修理代金支払請求ではなく，削岩機の修理と手形金請求権との間に直接的な関連性はない。しかし，甲・乙ともに商人であり，手形金請求権が甲・乙間の商行為による行為から生じたものであるときには，甲は乙の所有物である削岩機を手形金の支払があるまで留置することができるのである。

㈹　留置権の目的物についての要件
①　債務者所有の物または有価証券であること

民法上の留置権は留置する物が他人の物であるか債務者所有の物であるかを問わないが，商人間の留置権においては債務者の所有物に限られる。債務者の所有物であれば，動産であろうと不動産であろうと問わない。＊

> ＊この点については，田邊光政・商法総則商行為法・第2版・新世社・1999年・190頁

②　留置の目的物は，債務者との間における商行為によりて債権者の占有に帰したものであること

この要件は，留置権の対象となる目的物の占有が，当事者間の商行為を原因とする占有であることを意味するものであり，占有が当事者間の商行為から直接に発生したことを要求するものではない。即ち，第三者から占有を取得した場合でもよい。

例えば，車の販売を依頼された者Bが報酬の支払がないので，販売を依頼した者Aの所有する車を留置するにつき，第三者CがAに納入すべき車を数台Aとの契約どおり直接Bへ引渡た場合に，Bがこの数台を留置する

といったことである。

2-7 商事債務の履行

2-7-1 商事債務の履行場所
(a) 民法の原則

契約を行っても，契約の目的物を引渡す場所＝履行場所が契約によって定まっていなければ履行することができない。特定物の引渡を内容とする契約（特定物の売買契約）において，履行場所につき特段の意思表示なきときは，債権発生の当時，当該目的物の存在した場所において引渡をなすことを要する（民法484条）。特定物とは，不動産（不動産は常に特定物である）や中古の動産（例えば，中古車）のことで，世界中に一つしかないもののことである。

特定物の引渡以外のことを履行の内容とする契約（例えば，金銭の返済）において，履行場所に関する特段の意思表示なきときは，債権者の現時の住所で履行をなすことを要する（民法484条）。つまり，債務者は債権者の現時の住所へ持参することによって履行しなければならない。

(b) 商法の特則

特定物の引渡を内容とする債務が商行為によって生じた債務であり，履行場所が行為の性質または当事者の意思表示から明確でない場合，履行は行為の当時に物が存在した場所で行うことを要する（商法516条1項）。

民法は単に，当事者の意思表示から履行場所が定まらない場合と規定するのに対し，商法においては，当事者の意思表示＋行為の性質から判断して履行場所を決めることができない場合と規定するところが異なっている。しかし，「行為の性質」とは契約の性質と解することができるため，契約の性質から履行場所が明らかになるのであれば，それは契約によって決められた履行場所が存在することであり，当事者の意思表示によって履行場所が定められていることでもある。とすれば，商法の規定は，当事者の意思表示から履行場所が明らかにならないときには，行為のときに契約の目的物が存在した場所で履行するべきことを定めた規定であって，民法の規定と差異を有するものではないことになる。

また，民法は，「債権発生の当時」物が存在した場所での履行と規定し，商法は，「行為の当時」物が存在する場所と規定し条文の文言が異なっている。ところが，債権・債務は契約によって発生するから，債権発生の当時とは契約が行われたときのことであり，商法が規定する行為の当時というのも，契約行為＝契約を行った当時と解することができるため，この点でも民法と商法間に差異は存しない。

特定物の引渡し以外の債務が商行為によりて生じた債務であり，履行の場所につき特段の意思表示なきときは，債権者の現時の営業所，営業所のないときはその住所において履行をなすことを要する（商法516条1項）。**民法と異なる部分は**，先ず，債権者の営業所へ持参することで，営業所がないときに債権者の住所へ持参すべきことである。

支店で行われた契約による債務については，当該支店において履行することを要する（商法516条3項）。

2-7-2 債務の履行または履行請求の時期

(a) 民法の原則

民法は債務の履行時期，履行請求の時期について何も定めていない。したがって，午前2時に債務を履行しようが，午前3時に債務の履行請求をしようが原則として自由であることになる。だが，午前2時に債権者の自宅を訪ね借りた金銭，500円を支払うとか，午前3時に電話をかけ貸金，1000円の支払を請求する行為は，約束に基づく場合は別にして，通常は許されないと解すべきである。許されないことの根拠条文はないが，敢えて条文上の根拠を求めるとすれば，民法1条2項信義誠実の原則である。

(b) 商法の特則

商行為によりて生じた債務の履行については，法令または慣習により取引時間の定めあるときは，その取引時間内に限り，債務の履行をなしたり，履行の請求をなすことができる（商法520条）。無論，特約があれば午前1時であろうが2時であろうがそれをなすことができる。

法令によって取引時間を定めている例としては，銀行の取引時間がある（銀行法15条2項に基づく大蔵省令）。慣習による取引時間としては，商店の開店時間と閉店時間がこれに該当するであろう。

2-8　商事債権の消滅

2-8-1　時効期間
(a)　民法の原則

民法上債権の消滅時効は10年である（民法167条1項）。時効中断の措置（民法147条）を採らない限り，10年以上経過することにより消滅する。

(b)　商法の特則

商行為によりて生じた債権は，商法典およびその他の法令に特別な定めのない限り5年で消滅する（商法522条）。

商法典中には5年以下の短期消滅時効を定める各種の規定が存在し，また，民法170条〜174条には，医者，弁護士等の債権に関する特殊な定め，生産者，卸売商人，小売商人が売却した産物・商品の債権に関する特殊な定め，飲食料等の債権についての特殊な定め等があり，不法行為についての特殊な定めもある（民法724条）。このため商法522条の規定する5年の消滅時効が適用されるケースはかなり限定されることになり，金銭消費貸借の場合にしか機能しないといってよい。

商行為によりて生じた債権でそれが金銭消費貸借に関するものであるときに，商法522条が定める5年の消滅時効が適用される。

2-8-2　商行為によりて生じた債権とは
(1)　通説の内容

上記(b)に述べたように，商法522条の定める5年の消滅時効が適用される場面はかなり限定されたものであるが，一定の機能を果たしていることは否定できない。問題となるのは「商行為によりて生じた債権」とはいかなるものをいうのかである。商人甲→非商人乙として行われた金銭消費貸借行為では，商人甲の債権は商行為によりて生じた債権であることは明確であり，この債権が5年の時効によって消滅することについて争いはない。しかし，商人甲←非商人乙と金銭消費貸借が行われた場合の，乙の甲に対する金銭返還請求権の時効が何年であるかについては争いがある。

通説は，商人甲→非商人乙となされた金銭消費貸借の債権は5年の時効

により消滅するから（商法522条），商人甲←非商人乙として行われた金銭消費貸借に基づく債権も5年の消滅時効の適用対象になると主張する。通説の主張根拠は必ずしも明確とは思われないが，敢えて根拠を探れば，商事契約には早期決了の要請があるとの点である。具体的にいえば，商人甲→非商人乙の場合の時効が5年であるのだから，商人甲←非商人乙の場合も5年であるべきとの主張といっても過言ではない。商人間の契約はいうまでもなく，商人・非商人間の契約も，商人が一方の契約当事者になっている以上商事契約ということができ，早期決了主義による処理が求められる。商法が商事契約に適用されるのは，この早期決了主義に基づく要請を踏まえたことによるものである。商人甲←非商人乙の金銭消費貸借契約は，商人が契約の当事者となっているから商事契約ということができ，故に商法が適用され，その結果，乙の甲に対する金銭返還請求債権の時効も5年になる，とするのが通説の主張内容である。要するに，商人が一方の契約当事者になっているから商法が適用され5年の時効となるとするのが通説の主張であるといってよいであろう。

　我々が日常生活において行う契約の殆どは，商人を相手とするものであって，非商人間の契約はごくまれである。とすると，我々が行う殆どの契約は，商人─非商人間の契約＝一方の当事者を商人とする契約＝商事契約＝であるため，通説によれば，商法の適用対象となる契約であることになる。これら契約が，一方の当事者が商人であるという理由だけで商法の適用対象とされることは，あらゆる契約を商法によって規律しようとすることと同じであり，非商人の犠牲において商人の利益を確保することに他ならず，到底是認できるものではない。実際，商人甲←非商人乙として行われた金銭消費貸借契約において，非商人乙の有する甲に対する債権は商行為によって生じた債権ではないのに，この乙の債権に何故に商法＝5年の時効＝を適用しなくてはならないのであろうか。

　通説の説くところは，商人甲←非商人乙と行われた金銭消費貸借契約にも商法を適用することであるから，商人甲が商行為として金銭を借りたのか，それとも非商人の資格において生活資金を借りたのかといった偶然の事情が，非商人乙の時効の利益（長短）を左右することを認めることになり，合理的とは思われない。つまり，商人甲が商人としてではなく非商人

の資格において金銭を借りたなら，非商人―非商人間の行為となり，乙の甲に対する債権の時効は10年になる。しかし，甲が商人の資格において金銭を借りた場合は，乙の甲に対する債権の時効は5年となるから，甲の偶然の事情が乙の時効期間を左右することになり合理的とはいえないということである。

率直に，非商人乙の甲に対する債権は民法の適用される債権と解すべきで，このように解したからといって特段に問題が発生するわけではない。

(2) 利息制限法違反事件

5年の商事時効の適用が問題となるケースが発生するのは，契約の履行請求に関してだけではなく，契約の無効に係る不当利得返還請求に関しても発生する。契約の無効による原状回復請求権ないし無効な契約関係の遡及的捲き戻しを行う場合の請求関係である。これについて興味ある判例が存在するので紹介しておく。

〈興味ある判例〉

事実関係は要約すると次のごときものである。飲食店等を営むXは，他に店舗を購入するための資金，700万円を非商人Yより，昭和39年4月30日に，利息月7分，期間1年の契約で借受けた。その後Xは契約に従って弁済期まで毎月利息を任意に（→自らの自由な意思で）支払，かつ，弁済期には元本分として，700万円を支払った。Xは，上記元本支払の日より9年9ヵ月を経過してから，XがYに支払った利息制限法所定の利息を超える過払部分の無効を主張し，不当利得返還請求権（民法703条）に基づきその返還を求めた。

利息制限法は元本が100万円以上の場合，年1割5分（15％）を超える部分の利息の約定は無効と定める（利息制限法1条1項）。本件は月7分（7％）の利息であったから，年利でいえば84％の利息ということになる。そこで，84％－15％＝69％分の利息の支払は無効だから返還せよとした事案である。返還請求の法的根拠は不当利得返還請求権である。

Xは商人でかつその店舗の購入資金として700万円を借りたため，Xの金銭を借りる行為は付属的商行為に該当し，700万円は商行為によって生

じた債務である。だが、X・Y間での契約がどのような内容で締結されていようとも、そこに利息制限法が強制的に適用される結果、Xは利息69％を過払しておりこの部分は利息制限法違反として無効である。ここまではX・Y間に争いはない。しかし、元本700万円を借りる行為は商行為であるから、過払分の利息返還請求権の時効も商事債権として、あるいは、商事債権に準じるものとして取扱うべきか否かが争われた。無効な過払分の利息を請求する不当利得返還請求権も商事債権あるいはこれに準じる債権だとすると（→被告Yの主張）、商法522条の5年の時効規定が適用になる。返還請求は過払をなした後9年9ヵ月経過してから行われているから、過払分の利息返還請求権は時効により消滅しており、返還請求は認められないことになる。過払分の利息返還請求権は商事債権、あるいは、これに準じる債権ではないとすると（→原告Xの主張）、民法167条の10年の時効が適用され、請求は認められることになる。

　判決は、元本700万円の金銭消費貸借契約が商行為であり、借りた債務が商行為によりて生じた債務だとしても、過払分の利息の返還を求める不当利得返還請求権は民法の規定によって生ずる債権で、元本関係とは別ものであるから民法の適用を受けるとし、Xの返還請求を認めた（最判昭55・1・24民集34巻1号61頁）。＊

　　＊不当利得返還請求権と商事時効の関係につき、梅田武敏「商法522条をめぐる若干の問題」茨城大学人文学部紀要15号57頁以下参照。

　YからXが金銭を借りる行為は商行為ではあっても、商法522条の規定は、「商行為によりて生じた**債権**」は5年で消滅すると規定するもので、商行為によりて生じた**債務**について規定するものではない。本件金銭消費貸借契約における**債権者は非商人Y**であり、債務者はXである。したがって、本件事案の、過払分の利息請求権は商事債権ないしそれに準じるものであるとし、過払分の利息返還請求権は時効によって消滅したとする通説的見解は、先ず、元本700万円の貸借が商行為によりて生じた債権ではなく商行為によって生じた債務（Xの債務）であるのにいかなる理論を根拠に、元本700万円の貸借関係に商事時効が適用になるのかを論証し、次に、民法の規定によって発生する不当利得返還請求権（民法703条）につき何故に商法が適用されるのかを論証する必要がある。だが、通説的見解がこうし

た論証を行っているとはいい難い。

　なお，誤解のないように多少の説明を追加的にしておく。本件には，元本の貸借関係と，契約の無効による原状回復請求（無効な部分の利息返還請求＝不当利得返還請求権→Yは利息制限法を超えた部分の利息を不当利得している）関係といった二つの関係が存在する。

　元本の金銭消費貸借関係における債権者は非商人で，図式的にいえば，700万円の貸借関係は，債務者商人X←債権者非商人Yの関係である。存在するのは商行為によりて生じた債権ではない。この非商人の有する債権（元本関係）に商法の規定する5年の時効が適用されるか否かについて，理論的根拠は異なるが，通説・判例の結論は同じで商法が適用されるとする。だが，無効な利息部分を返還請求する不当利得返還請求権について，判例は民法上の債権であるから10年の時効であるとするのに対し，通説は，これにも商法の5年の時効が適用になるとし，両者は異なっている。

　通説が，判例は元本関係に商法が適用されるとしながら，その元本関係が一部無効となったにすぎない利息返還請求関係を民法によって規律するというのは矛盾的と判決を批判する背景には，上記のような事態の存在がある。本書は元本関係，無効な部分の利息返還請求である不当利得返還請求関係，いずれも民法が適用される関係であると解する。

3　商事売買

3-1　商事売買

3-1-1　商事売買に関する原則

　商人の行う商行為の典型的なものは売買行為であり，それは最も古くから行われてきた商行為で，商人の語もこれに由来するといわれている。民法上の売買に関する商法の特則は，**商法524条～528条**に規定されている。

　商法が商事売買に関し規定する各種特則の具体的内容の説明に入る前に，これら商法の規定する特則に共通な原則を確認することが必要である。と

いうのは,「特則」が適用される前提要件ともいうべきもの，換言すれば，いかなる契約に「特則」規定が適用になるのか，特則の基本目的はなにか，を明らかにするのが「原則」だからである。

3-1-2　原則の内容
(1)　商人間の売買であること

商人間で行われる商行為としての売買契約にのみ適用されること。商法の定める「特則」の適用要件として，当事者双方が商人であることを要することは条文上明確である（例えば，商法524条1項）。ただし，商法525条の確定期売買に関する条文は，他の条文とは異なり「商人間」の売買において等の文言を用いていないことから，それは当事者双方が商人であることを要しないとの主張が存在する（この点については後述）。しかし，特則の適用は，商人間の売買契約にのみ限定するのが原則であると理解すべきであろう。

　ここで注意を要するのは,『商人間に適用される』ことの意味である。商人間での売買契約であっても，一方にとってのみ商行為であって他方にとっては非商行為となる契約の存在も有り得るが，こうした契約は商人間の売買契約とはならない。例えば，パン屋である商人が個人的趣味のため本屋で商法の本を買ったとする。これは本屋にとってのみ商行為であって，パン屋にとっては非商行為である。こうした売買契約に商法が定める特則は適用されない。これはそもそも商人間の契約というべきものではないからである。パン屋が商法の本を買う行為は，非商人としての資格で行った行為であって，商人としての資格で行った行為ではなく商人間の行為とはなり得ないし，商人間の行為というべきものでもない。だから，商法の特則は，商人間の売買契約についてのみ適用されるという場合の商人間とは，当事者双方にとって商行為となる契約に関する特則と表現されるべきものである。パン屋が自己の営業のために粉屋からパン粉を購入するといった類の売買契約が特則の対象となる契約である。

(2)　売主の擁護

　売主の利益を擁護することを目的とした特則であること。売買契約は売

主と買主間で行われ，債権債務関係がここから発生する。民法においては，売主の権利も買主の権利も同等に取扱われ，いずれか一方を有利に擁護することはない。商法の特則は，**商人双方にとって商行為であることを前提**に，売主擁護の立場を採用している。

(3) 任 意 規 定

売買契約に関する商法の特則はその**総てが任意規定**であるため，当事者の特約によってこれを排除し，商法の規定とは異なる契約内容を定めることも可能である。売主の権利を更に強固なものにするとか，反対に買主の権利を擁護するようにするとかである。「特約」は個別の契約時における交渉として行われることもあるが，各種の約款が業界によって定められ，この約款によって行われる場合が多い。

3-2　売主の供託権・競売権

3-2-1　供託権と競売権

(a)　民法の原則

売主が売買の目的物を買主に引渡そうとしても，買主が目的物を受領しない場合，あるいは，受領できない場合，売主は契約の目的を達成することができない。買主が受領しないからといって売主がそのまま放置しておくと，売主は目的物を引渡す契約義務を果していないことになり，売買契約の債務不履行責任を追及される虞がある。

そこで売主は先ず履行の提供をしなければならない（民法413条）。履行の提供とは弁済の提供ともいい，現実に目的物を買主に提供することである。現実に提供するとは，パンの売買契約でいえば，売買の目的物であるパンを買主に届ける準備を完了し，その旨を買主に伝え，受取るべきことを催告することである。簡単にいえば，売主が目的物を引渡すことについて，自らができること総てを行い，後は買主の受取りを待つのみといった状態にすることを履行の提供，または，弁済の提供という。

買主が予め目的物の受領を拒んでいたり，目的物の引渡に買主の協力が必要なものであるときには，履行の準備が完了している旨を買主に通知す

るだけで履行の提供があったとことになる（民法493条）。

　このように，履行の提供ないし弁済の提供を行えば売主としての債務不履行責任を免れることができる（民法492条）。しかし，買主が実際に目的物を受領しない限り，あるいは，買主に目的物が実際に移転しない限り，目的物を引渡す義務＝債務は依然として売主に残されたままである。そのため売主は目的物を買主が受領するまで保管する義務を負担することになる。売主が目的物の引渡の義務＝債務から解放されるためには，目的物を供託したり競売することを要する。

　(イ) 供託権
　売主が目的物を供託することができるのは，
　① 買主が目的物の受領を拒否している場合
　② 買主が目的物を受領することができない場合
　③ 売主の過失なくして買主を知ることができない場合
に限られ（民法494条），これ以外の場合に供託をすることはできない。売主は①②③のいずれかに該当するとき供託を行えば，法的には目的物を引渡したのと同じ効果が生じ債務不履行責任を免れることができる。買主は爾後供託所へ目的物の引渡を請求することになる。

　(ロ) 競売権
　供託ではなく競売によっても債務を免れることができるが，競売をすることが認められるのは，
　① 目的物が供託に適さないものであるとき
　② 目的物に滅失・毀損（きそん）の虞（おそれ）があるとき
　③ 目的物の保管に過分の費用がかかるとき
で，かつ，裁判所の許可を得た場合である。競売したことによる競売代金は，供託しなければならない（民法497条）。これによって売主は目的物の引渡の債務を免れることができる。

　目的物が供託に適さないときとは，危険物や大量の材木等著しく広い収納場所を必要とするもののことで，目的物に滅失・毀損の虞あるときとは，生鮮食料品や果物等が目的物の場合である。車のように，未使用のままでも一定の期間が経過することによって錆が出たりバッテリー等が使用不能になり，そのために価格が低下するものは，滅失・毀損の虞あるものと考

えてよいであろう。

(b) 商法の特則

商人間の売買において，買主が目的物の受領を拒み，あるいは，目的物を受取ることができないときは，その物を供託することができ，また，相当の期間を定めて受取るよう催告をなした後，当該物を競売することもできる（商法524条1項）。民法と比較してみると，**売主は供託か競売かを選択する自由を有し**，競売の場合でも裁判所の許可を得る必要はない。

(イ) 供託・競売をすることができる場合の要件

① 商人間の売買であること
② 売買が当事者双方にとって商行為となる行為であること
③ 買主が目的物の受取りを拒み，または，受取ることができない場合であること

①～③総てを満足させたとき，供託か競売の権利が発生する。③の要件で，買主が受取ることができない場合とは，買主が営業所を閉鎖し不在になっているとき，買主が営業停止処分を受け当分の間再開の目途がつかないとき等である。

判例は，供託・競売をすることが認められるためには，①，②，③の要件が存在すれば足りるとするが，これら要件の前提条件として，商法の場合も民法の場合と同様，売主が履行の提供ないし弁済の提供を行ったことを要するとの立場に立つ。換言すれば，売主が履行の提供（＝弁済の提供）を行ったにも拘わらず買主が受取りを拒む等上記①，②，③の要件が存在することによって供託権・競売権が発生するとの立場を採る。**通説は**，買主が受取りを拒むとか，受取ることができない等①，②，③の要件の存在によってのみ供託権・競売権が発生し，履行の提供は供託権・競売権発生の要件ではないと解し，判例とは立場を異にする。供託・競売の目的物は，動産・不動産いずれも対象となり得る。

(ロ) 効 果

① 供託について

売主が供託をしたときは遅滞なく買主に対して供託をした旨の通知を発することを要する（商法524条1項後段）。民法は通知が買主に到達することまでを要求するが（民法495条5項，到達主義），商法では通知を発するだ

けでよい（発信主義）。供託をし通知を発することによって売主は債務を免れることができる。供託の費用は，買主の負担である。

②　競売について

売主は，(イ)で明らかにした①〜③の要件総てが存在するとき，目的物を供託ではなく競売することもでき，供託か競売かの選択は売主の自由である。ただ，売主が目的物を競売するには，買主に対して相当な期間を定めて催告をなした後でなければならない（商法524条1項）。目的物を受取るよう催告をし，買主が相当な期間経過しても目的物の受取りを行わないときに競売をすることができるとの意味である。相当な期間とは，買主が売主からの通知を受取るに要する日数および，目的物を受取るにつき通常必要とする準備期間，考慮期間をこれに加えて判断することになる。競売に要する費用は買主の負担である。

売主は買主に対し催告をしたにも拘わらず目的物の受取りがないときは競売を行うことになり，売主はこの競売によって買主に対する目的物引渡の債務を免れることになる。競売をした場合は，遅滞なく競売をした旨を買主に通知することを要し，通知を怠ったときは，買主に対し損害賠償の責に任じなくてはならない。競売を行うために必要とされる事前の「相当な期間を定めて」の催告は，競売が認められるための要件であるが，競売をした旨を遅滞なく通知する事後の「通知」は，競売が認められるための要件ではなく，損害賠償の可否に係る要件にすぎない。

先に述べたように，相当な期間を定めて催告をなした後でなければ競売をすることができないのが原則だが，損敗し易い物についてはかかる催告をなさずして競売をすることができる（商法524条2項）。相当な期間を待っている間に目的物が滅失・毀損してしまうからである。

売主は，供託または競売することによって買主に対する目的物引渡義務＝債務を免れることができるとしても，売買代金を受領していないことが考えられる。目的物の引渡と売買代金の受領は，特約なき限り同時に履行されるのが法的原則となっているためである（民法533条）。つまり，目的物の引渡と売買代金の支払は同時履行の関係に立つのが原則であるため，買主が売買の目的物を受取っていないときには，売主への売買代金支払もされていないのが通常だということである。とすると，売主は，売買の目

的物を競売しても売買代金を取得できない虞も有り得る。

そこで商法は，売主が目的物を競売したときは，競売代金を供託しなければならないが，売主はこの競売代金の全部または一部を買主との間の売買代金に充当することができると定めた（商法524条3項）。競売代金を売買契約の支払代金に全額充当しても売買代金が不足するときは，売主は買主に対し不足分の支払を求め得ることはいうまでもない。

3-2-2 売主の選択権

商法524条の要件を満す場合，売主は供託・競売いずれを行うかの自由を有する。一旦行った供託を取消して競売することもできれば，競売の準備を整えた後に，供託に変更することもできる。

更に，供託・競売のどちらも売主擁護のための制度だから，売主は必ず供託か競売をしなければならないというものではなく，これらの権利を行使しない自由も有する。供託も競売もしない場合には，民法の定める契約解除の法的要件を満足させる限り，契約の解除か損害賠償，あるいは，その両方を行うこともできる。無論，売主は買主に対する，目的物の受取請求や代金支払請求を放棄し，買主の法的義務を免除することも可能である。

3-3 買主の目的物検査・通知義務

3-3-1 売買の目的物に関する数量不足と瑕疵

(a) 民法の原則

売買の目的物に数量不足があったとき，買主が当該目的物の数量不足を知らなかった（善意）場合は，数量不足を知った時点から1年以内に，目的物の数量不足を知っていた（悪意）場合は，契約の時点から1年以内に，契約の解除，代金の減額請求または損害賠償請求をすることができる（民法565条）。

目的物に隠れたる瑕疵あるときは，瑕疵の事実を知ったときより1年以内に，契約の解除または損害賠償の請求をすることができる（民法570条本文）。目的物に隠れたる瑕疵あるときの「隠れたる」とは，買主の気づかないもので，かつ，気がつかなかったことが過失に基づくものではないこ

とである。「瑕疵」とは，目的物が通常有すべき品質をそなえていないことである。隠れたる瑕疵の具体的なものとしては，家屋を購入したが，壁の中にあるべき柱がなかったとか，あるべき土台が数本なかった等である。これらについては，買主は通常知ることができず気もつかず，気がつかないことに過失も存在しない。構造的な欠陥を有する欠陥車等の場合も，当該欠陥は隠れたる瑕疵ということができるであろう。

(b) 商法の特則

商人間の売買においては，売買の目的物につき売主・買主両者十分に熟知しており，仮に目的物に数量不足や隠れたる瑕疵があったとしても，その発見は容易に可能である。また，売主は目的物に瑕疵があることによる契約解除を行使されても，それが契約締結後の早い時期であれば瑕疵を修理して他に転売することも考えられる。だが，民法の原則に従うと，買主が悪意の場合でも最長契約時より1年間，買主善意の場合には，買主が瑕疵を知ったときから1年間（目的物を購入した2年後に瑕疵に気がついたとすると，契約時より3年間経過している）である。この時に契約解除をされ目的物の返還を受けても，商人としては当該物を廃棄する以外に方法がない。商法が商事売買に限り，特則を定めた理由である。

買主は目的物を受取ったとき，**遅滞なく**それを検査し，瑕疵または数量不足を発見したときは，**直ちに**売主に対して通知をしなければならず，これを怠った場合には，契約の解除，代金減額または損害賠償の請求をすることができないと定められている（商法526条1項）。

3-3-2 買主の検査・通知義務の発生要件

商事売買であろうが民法が適用になる売買であろうが売買契約の目的物に数量不足や隠れたる瑕疵が存在する場合，買主は契約の解除，代金の減額請求または損害賠償請求を行うことができる。しかし，商事売買において買主がこれらの権利行使を行うためには，目的物を受取ったときに遅滞なく検査を行い，数量不足等の事実を発見した場合は，直ちに売主に対し通知することを要する（商法526条1項）。検査・通知義務を怠ると，契約の解除等をすることができない。目的物には，特定物・不特定物いずれも含まれる。

検査・通知義務の発生要件は，
① 商人間の売買であること
② 当事者双方にとって商行為となる売買であること
③ 買主が売買の目的物を受取ったこと
④ 目的物に数量不足または瑕疵の存在すること
⑤ 売主に悪意がないこと
である。

　要件③の「売買の目的物を受取った」とは，現実に受取ったことを意味し，法的に所有権が移転するだけでは受取ったことにはならない。わが法制度は意思主義による諾成契約の法理を採用する結果，特定物の場合等は特に，売買契約締結の意思表示とは別に特段に所有権移転についての意思表示を行わずとも，売買契約の成立＝所有権は法律上売主から買主に移転する。売買契約の成立と同時に所有権の移転である。ところが，法的に所有権が移転しても，目的物はまだ売主の手元にあり，代金の支払も行われていないのが実際で，成立した契約に従って目的物の引渡が行われ代金の支払がなされる。「目的物を受取ったこと」を所有権の移転をもって足りると解するときは，買主に所有権が法律上移転していても，実際には買主の手元に目的物が存在しないので，目的物の数量不足，瑕疵の有無を検査することができず，その通知をなすこともできない場合が有り得る。目的物の所有権が法的に買主に移転するだけでは不足で，目的物が買主へ現実に引渡されたこと，買主が目的物に対し現実に支配力を及ぼすことができることをもって目的物を受取ったと解すべき根拠である。

　要件④の瑕疵には，物についての瑕疵と権利についての瑕疵がある。物の瑕疵とは，車の構造的欠陥，家屋の欠陥等であり，権利の瑕疵とは，土地を購入し完全な所有権を取得したつもりでいたが，一部が他人の所有物であったとか，機械を購入したが他人による譲渡担保が設定されていた（→機械に他人の担保権が付着しているため，所有権を取得できない可能性が大である）等である。検査・通知義務の対象となる瑕疵は，物の瑕疵だけであって**権利の瑕疵は含まない**。権利の瑕疵の存在につき検査し発見することは通常かなりの期間を要し，短期間に商事売買を完了させることを目的とする本条の趣旨に合わず，敢えて含むと解すれば，買主の利益が不当に

制限されるものとなるからである。

　要件⑤の売主に悪意がないときとは，売主が悪意のときは買主に検査義務・通知義務が課せられない（商法526条2項）ことである。売主に悪意あるときは，目的物に数量不足，瑕疵があり，これにつき買主が検査・通知を怠っても民法の原則が適用され，契約の解除，代金減額または損害賠償請求をすることができる。売主に「悪意あるとき」とは，売主が目的物を引渡す際に，目的物に瑕疵が存在すること，目的物に数量不足のあることを知っていることである。

3-3-3　検査・通知義務の内容
(1)　検査義務

　買主は売買の目的物を受取った**後遅滞なく**，数量不足の有無，瑕疵の存否につき検査することを要する。

　遅滞なく検査をする場合の，遅滞のない検査とは，日常用語でいえば遅れることなく検査することであるが，いかなる状態をもって遅滞のない検査と解すべきかは，目的物によって一様ではない。機械の場合でいえば，数回程度の試運転で発見できる瑕疵もあればそうでないものもあるし，膨大な数量の材木や大量のおもちゃの数量計算およびその瑕疵についての検査と100枚程度の皿の検査とでは，遅滞・検査のあり方が異なる。そのため遅滞なく検査を行ったか否かは目的物の品質，種類，形状，数量等によってケース・バイ・ケースで個々的に判断し決することになる。抽象的にいえば，当該目的物について取引上行われる通常の検査方法をもって，「遅滞したかしなかったか」の判断基準とすることである。

　買主が旅行中であったとか，入院をしていたとか，特別に臨時休業中であったとかの主観的事情は，「遅滞なく」の判断においては考慮されない。即ち，入院のため，あるいは，旅行で不在のため検査が遅れた等の検査遅滞は，「遅滞」であり，特別な考慮をしてもらうことができない。検査の費用は買主の負担である。

(2)　通知義務

(a)　買主は遅滞なく検査し，検査によって目的物に数量不足，瑕疵の存

在を発見したときは，売主に対し直ちに通知することを要する。通知すればよく，通知の到達については売主が責任を負う（→発信主義）。例えば，通知が配達されたが売主が不在で受取ることができなかった等の事情があっても，買主は通知したことになることである。

　直ちに通知しなければならないが，「直ちに」とは，数量不足，瑕疵を発見してから時間的にずれることなくの意味ではない。発見から通知まで多少の日時的ずれがあっても直ちにと解することができる場合もある。

　(b)　直ちに発見できない瑕疵（隠れたる瑕疵）についても，目的物を受取った後6ヵ月以内に瑕疵を発見し，かつ，発見したならば，発見後直ちに通知をなすことを要する。6ヵ月以内に発見できないとき，発見しても発見後直ちに通知しなければ契約の解除等の請求をすることができない。

3-3-4　通知の法的効果

　商事売買において，買主が目的物を受取り検査し，数量不足・瑕疵の存在を発見しても，買主がこれらについて売主の責任（→売主の担保責任という）を追及しないのであれば，先に述べてきた検査・通知をなすことは不要であり，検査・通知を怠ったとしても特別な義務ないし損害賠償義務が買主に発生することはない。そうではなく，買主が数量不足，瑕疵について売主の担保責任等を追及するのであれば，追及の前提として検査・通知をなすことが必要であり，通知等なくして責任の追及はできない。

　売主の担保責任の具体的内容は，民法の定めに従い，契約の解除，代金の減額請求または損害賠償請求である。したがって，通知の法的効果は，民法の規定する売主の担保責任を追及できることであり，これとは別に売主の責任を追及できる特殊な商法上の権利が買主に付与されるのではない。目的物に数量不足があるときは，契約の解除，代金の減額請求または損害賠償請求（民法563条，564条，565条）であり，瑕疵が存在するときは，契約の解除または損害賠償請求（民法570条，565条）である。

　商法の定める検査・通知義務，民法の定める売主の担保責任，いずれも任意規定であるから，契約当事者の特約によって排除したり別個な内容に変更することは自由である。

3-4　買主の目的物保管・供託義務

3-4-1　契約解除に伴う買主の義務

　目的物に数量不足・瑕疵が存在し契約解除が行われると，売主・買主相互に，契約が存在しなかったのと同じ状態に戻す義務を負い，目的物は買主から売主に返還され，支払済の売買代金は売主から買主に返還される（→原状回復）。

　(a)　民法の原則

　契約解除における原状回復義務の内容は，買主は目的物を返還し，売主は代金を返還することで，これ以外に買主が義務を負担することはない（民法545条1項）。目的物の返還に要する費用，運送費等は売主の負担である。運送の途中，運送人が返還物である目的物を滅失・毀損させた場合の損害についても，運送人と売主間で解決すべきことになる。

　(b)　商法の特則

　商事売買においても，契約解除によって売主・買主は相互に原状回復義務を負い，売主は代金の返還，買主は目的物の返還をしなければならない。買主の目的物返還義務の法的根拠は，契約解除により目的物の所有権は元に戻って売主に帰属することになるからである。民法・商法いずれにおいても，以上のことについては異なるところがなく同様である。商事売買契約でも，上記のように解除によって目的物の所有権が売主に戻り買主は目的物の返還義務を負うのであるが，民法と異なって商法の場合は，契約解除に基づく買主の目的物返還義務が目的物を実際に売主へ返送することに直結するわけではない。買主の下に存在している，契約解除により売主の所有物に戻った目的物を，売主が買主の下から直接他人へ転売することが考えられるためである。

　例えば，当初の契約で，神戸→水戸と目的物が送られ，契約解除がなされると，神戸←水戸と返送されるのが民法上の原則である。商事売買の対象となる目的物は商品であるから，売主は返送を受ける場合もあるだろうが，返送を受けずそのまま買主の下にある商品を買主以外の水戸在住者等に転売することも考えられる。こうしたとき，民法の原則に従えば，売主

は神戸←水戸と返送されてきた商品を受取り，その後，当初の買主以外の買主に転売するため再び神戸→水戸へと発送しなくてはならず，不便であるとともに不経済で合理的ではない。そこで商法は買主に対し目的物の保管義務や供託義務といった特別な義務を課した（商法527条1項）。

即ち，商事売買において，買主が目的物に数量不足または瑕疵が存在することを原因として契約の解除を行った場合，買主は売主の費用をもって売買の目的物を保管または供託することを要する（商法527条1項）。買主が負担するこの保管・供託義務については，以下で指摘するように注意すべき要件が存在する。

3-4-2 買主の保管・供託義務の要件
① 商人間の売買であること
② 当事者双方にとって商行為たる売買行為であること
③ 異地売買であること
④ 売主が悪意でないこと
⑤ 目的物に数量不足または瑕疵が存在することによって契約の解除が行われたこと
⑥ 売主が買主に引渡した物品が買主の注文品と異なっていた場合
⑦ 売主の引渡した物品の数量が買主の注文数量を超過していた場合

に買主の目的物保管・供託義務が生ずる。即ち，①～④の要件総てを満たした上で，⑤か⑥か⑦の要件のうちいずれかが存在するとき，買主の目的物保管・供託義務が発生するのである。

要件③の異地売買とは，売主と買主の営業所，営業所がないときには住所が，同市町村内（政令指定都市の場合には同市町村を区と読みかえる）に存在しない場合の売買のことである（商法527条3項）。だから，同市町村内に売主と買主の営業所が存在するときは，商法の特則は適用されず民法の原則に従うことになり買主に保管義務・供託義務はない。

要件④の売主が悪意でないとは，目的物についての数量不足や瑕疵の存在について売主が知らなかったことであり，また，注文品と異なる物品を送付したとか数量が超過していたことを売主が知らない場合である。

要件⑥⑦は商法528条の規定するところである。売主が異なる目的物を

送付したのであれば，そもそも売主は契約義務を果たしておらず債務不履行であると考えられるが，それでも売主が異なる目的物を送付したことについて悪意でない限り買主は保管・供託の義務を負わねばならない。

3-4-3 義務内容

(1) 原則

買主は，売買の目的物を保管するか供託をなすことを要する（商法527条1項）。買主には，保管か供託かを選択する自由がある。保管する場合の保管義務期間は，売主が当該目的物について適当な措置を採り得るまでの間であり（→相当な期間），一時的な保管であって，長期間保管する義務を負うものではない。保管・供託に要する費用は売主の負担である。

(2) 例外

保管または供託をしている間に，目的物に滅失または毀損の虞あるときは，買主は裁判所の許可を得て目的物を競売し，競売代金を保管または供託することを要する（商法527条1項但書）。かかる競売を緊急売却といい，買主がこれを行ったときは，売主に対し遅滞なくその旨の通知をしなければならない（商法527条2項）。

3-4-4 買主の義務違反による法的効果

買主が保管，供託，競売の義務に違反した場合，買主は売主に対し損害賠償の責を負う。

3-5 確定期売買

3-5-1 確定期売買の意味

契約の性質または契約当事者の意思表示により，一定の日時または一定の期間内に契約が履行されないときには，契約目的を達成することができない売買契約のことを，**定期行為**または**確定期売買**という（民法542条）。

友人の誕生日に花束を贈る売買契約において履行が遅れて誕生日以降に花束が届いた。結婚披露宴用のウエディングケーキを注文したものの披露

宴が終了してから届けられた。12月中旬までに配達する予定でカレンダーを注文したが新年になってから納入された。その他具体例はいろいろと考えられるが，これらの契約に共通することは，一定の日時または期間内に契約の履行がなければ契約の目的を達成できないことである。即ち，上記諸契約は総て確定期売買だということである。

　通常の売買契約でも契約締結時に，契約内容を履行＝実行すべき日を決めて契約が行われる。そして，履行期が経過すると履行遅滞＝債務不履行となり，相手方は契約の解除をすることができる。しかし，通常の契約の場合，契約の解除を行うためには，相手方が履行遅滞をしていることを要件とした上で，相当の期間を定めて履行の催告をなし，それでも履行されなかったとき，はじめて契約の解除をすることができる（民法541条）。つまり，履行期になっても履行が行われないとき，相当な期間を定めて履行すべきことを催告した後（最後通告），この相当な期間内にも履行がなされない場合に初めて契約解除ができるのである。これに対し確定期売買は，最後通告をしないで契約の解除ができることにおいて通常の売買契約と異なるのである。

3-5-2　確定期売買の契約解除

(a)　民法の原則

　確定期売買において相手方が履行期に履行しないときは，履行期が経過したことだけをもって直ちに契約の解除をすることができ，相当な期間を定めて履行すべきことを催告する必要はない（最後通告は不要，民法542条）。花束を00日に届ける契約で，売主（花屋）が，00日に届けなかったとき，買主は花束が届けられなかったという事実の発生のみをもって契約の解除をすることができる。

　「契約の解除をすることができる」とは，契約を解除する権利が買主に発生することであり，履行期が経過することによって自動的に契約解除となるのではない。したがって，買主が契約解除を望むときは，買主は売主に対し契約解除の意思表示をなすことが必要である。買主が契約解除の意思表示をしない限り，契約はそのまま有効に存続する。無論，契約の解除を行わず，もう少し待つから早急に履行せよとの請求をすることも自由で

ある。

(b) 商法の特則

確定期売買において、履行期に履行がなされず履行期が経過したとき、相手方が直ちに履行の請求をしなければ契約の解除をしたものと看做される（商法525条）。花束の例でいえば、花屋が履行期に履行しないまま履行期が経過したとき、買主が花屋に対し多少遅れたが今からでもよいから直ちに花束を届けるように等の請求をしない限り、法律上契約は自動的に解除されたことになる。

民法と異なり、契約解除の意思表示は不要であって、履行期に履行しなかった事実と、そうした事実が存在するにも拘わらず、買主が履行期の経過後直ちに履行すべきことを請求しないとき、**契約は自動的に解除されたことになる**。買主が履行期の経過後直ちに履行の請求を行えば、契約の自動的解除は発生しない。

3-5-3 確定期売買契約自動解除の発生要件

① 商人間における契約であること
② 契約当事者双方のために商行為となる契約であること
③ 確定期売買契約であること
④ 当事者のいずれかが履行期に履行をなさず履行期が経過したこと
⑤ 履行期経過後直ちに履行請求のなかったこと

である。

①〜⑤までの要件総てが満たされたとき、契約の自動解除が発生する。要件③については、当事者の意思表示による場合もあれば、意思表示がなくとも契約の性質から確定期売買と解することができる場合もある。年末までに得意先へ配達する予定でカレンダーを注文した契約は、履行期に関する意思表示がなくとも契約の性質から考えて確定期売買といえるが、他面では、カレンダーは年末までに配達しなければ意味をなさないから、「年末までに配達できるように」との履行期についての意思表示が契約に含まれていると解すこともでき、意思表示による確定期売買ともいえる。重要なことは、確定期売買か否かを確定することであり、それが意思表示によるか、契約の性質によるかの区別は二次的作業にすぎない。

要件④は，履行期を経過しても履行がない事実だけで足りる。履行期に履行がない＝不履行の理由が，履行すべき者の故意・過失に基づく不履行である必要はなく，不可抗力による不履行の場合でも要件に該当する。

　要件⑤の直ちに履行を「請求」するときの請求は，請求が相手方に到達することを要し，発信だけでは請求したことにはならない。買主が契約の履行をなすべきことを発信したものの売主に到達しなかったときは，直ちに請求したことにはならず，契約の自動的解除が発生する。

3-5-4　契約解除の効果

　商法525条は，契約の自動解除を規定するのみで，解除の法的効果については特則を定めていない。したがって，契約解除に伴う法的諸効果は，民法の規律するところに従うことになる。即ち，原状回復義務，損害賠償義務等が発生する（民法545条，546条）。

4　交　互　計　算

4-1　交　互　計　算

4-1-1　交互計算の意味

　交互計算とは，商人間または商人と非商人間で平常取引をなす場合において，一定期間内の取引より生ずる債権・債務の総額につき相殺(そうさい)をなし，残額について支払（清算）を行う契約のことである（商法529条）。商人Aと商人Bが頻繁に取引を行えば，互いに債権債務を有することになり，これを取引の都度決済することは不便であり合理的でもない。そこで一定の期間は債権債務を決済することなく取引を行い，期間終了後に一挙にそれぞれの債権債務を決済するシステムが考えられた。交互計算がこれである。

　交互計算を図式的に表すと，交互計算期間経過後に，商人Bが商人Aに対し100万円の支払をなすことによって，枠内の取引による債権債務全体の差引計算を行い決済することである。

	商人A	商人B
	100万円	200万円
	200万円	300万円
	300万円	400万円
	400万円	
残額	100万円	

4-1-2 法的性質

　交互計算の法的性質がいかなるものであるかについて，学説は細かく分かれ一様ではない。相互的委任説，相殺予約説，相互的消費貸借説等々が主張されている。これらの学説は，交互計算契約を民法が定める各種の契約類型に当て嵌めようとして苦労をしているが，敢えて民法の定める契約類型に該当させる必要はない。一定期間内（→交互計算期間内）における債権債務を期間終了時に一括清算することを内容とする商法が認めた特殊な契約と解すればそれで十分であると思われる。

4-1-3 交互計算の成立要件

　(1)　双方または一方が商人であること

　交互計算契約は，一定期間内における多数の債権債務を一括決済する制度であった。非商人間では，相互に債権債務を頻繁に有し合う関係は形成されず，一括決済の必要性もない。双方または一方が商人であるからこそ債権債務関係がしばしば発生し，一括清算の要請が生まれる。双方または一方が商人であることを要するのは，この一括清算からの要請と考えてよいであろう。

　(2)　当事者間に継続的取引関係があること

　商法529条が，「平常取引をなす場合において」と規定する**平常とは**この継続的取引関係の存在を表すところの法的表現である。双方が商人であっても両者間に継続的取引関係が存在せず，ときどき取引が行われるだけで

あるなら纏めて決済する制度の存在は不要である。継続的な取引が行われるからこそ交互計算制度の存在が求められるのである。

(3) 当事者双方に多数の債権債務の発生が予定されていること

一方が債権のみを有するとか，他方が債務のみを有する関係においては，纏めて差引き計算を行う必要はなく，累積計算を行えば済むことである。当事者双方に債権債務の発生が予定される故に，その都度決済を行わずに一括決済を制度化するのである。

ところで，要件(1)で述べたように，商法529条は双方または一方が商人である場合に交互計算契約を締結することができると定めてはいるが，(2)(3)の要件を合わせ総合して考察すると，商人—非商人間において交互計算契約が成立するケースを想定することは極めて困難であることになる。というのは，継続的取引関係が形成されるのは商人間においてのみであり，双方に債権債務が多数発生することが予定されるのも商人間での取引においてである。日常的経験を例に考えても，非商人が同一の商人と頻繁に取引を行い継続的取引関係を形成することはまず有り得ない事態である。仮に，頻繁に取引を行ったと仮定しても，非商人が商人に対し債務を負うことはあっても多数の債権を有することは有り得ないだろう。したがって，商人と非商人間に継続的取引関係が行われたとしても，債権債務を有し合う関係にはなりえない。交互計算契約の要件に即してみると交互計算契約の実際は，商人間において機能するものといわざるを得ず，非商人と商人間においては存在し得ないといえるであろう。

(4) 計算期間の設定があること

一定の期間内における債権債務の全体を一括清算するのが交互計算契約であるが，この一定期間のことを交互計算期間という。当事者間の合意において計算期間を設定する必要がある。期間の設定なくして清算はできないからである。当事者の合意により自由に期間を設定することが可能だが，当事者が計算期間を設定しなかったときは6ヵ月とされる（商法531条）。

(5) 取引から生じた債権債務が対象であること

交互計算において一括決済の対象となる債権債務は，当事者間の**取引か**
ら生じた債権債務に限定され不法行為による債権債務は含まれない。

　商人Aと商人Bが交互計算契約を締結している間に，商人Aが交通事故でBに負傷を負わせたとする。事故によって，BはAに対し，治療費，慰謝料等，合計100万円の請求権を得た。AはBとの交互計算契約を利用して，Bに有していた売掛債権100万円と，Bに支払うべき交通事故による治療費等を相殺することは認められないということである。つまり，AのBに対する不法行為に基づく100万円は交互計算へ組入れることはできず，AはBへこの100万円を必ず支払うことを要する。

　取引から生じた債権債務であっても，交互計算の対象とすることのできないものもある。

　　　　　商人A（売主）――――商人B（買主）

で車の売買契約が行われたとする。Aの債務は車の引渡であり，Bの債務は代金の支払である。この取引から生じた債権債務は，車を引渡すAの債務と車を納入しろとのBの債権，代金を支払えとのAの債権とBの代金支払債務である。いずれも取引から生じた債権債務である。しかし，交互計算として行われるべき債権債務の中に車の引渡を求める債権を含めてみても，この債権は一括決済の対象となり得ないものである。現実に車を引渡さない限りBを満足させることができないからである。かくして，取引から生じた債権債務が交互計算の対象となるものではあるが，ここでの債権債務とは，交互計算の法的性質上金銭に関する債権債務に限定されざるを得ないことになる。また，手形債権（手形による支払請求権）は，金銭の支払請求を目的とするものではあっても，相殺には適さず，こうした有価証券上の債権も交互計算から除外される。

4-2　交互計算の効力

4-2-1　交互計算期間中の効力

　交互計算期間中に発生した債権債務を期間終了時に一括清算する，その

計算期間開始から計算期間終了時までの期間中，交互計算の対象とされた＝交互計算に組入れられた債権債務はいかなる効力を受けることになるのだろうか。1月～6月末までを計算期間とする交互計算契約が締結されたとする。そして，この間に，商人Aは商人Bに対し，100万円，200万円，300万円，400万円，合計1000万円の債権を有し，商人Bは商人Aに対し，200万円，300万円，400万円，合計900万円の債権を有することになったとき，この各債権債務が（Aの債権はBの債務であり，Bの債権はAの債務である），交互計算に組入れられることによって，通常の場合と異なりいかなる法的効力を受けるかである。換言すれば，交互計算契約は交互計算に組入れられた債権債務にいかなる効力をもたらすかである。

　交互計算期間中の債権債務は総て交互計算に組入れられることを予定されているため，**独立性を失う**。Aの債権の例でいえば，100万円，200万円……，といった債権は最終的な合計額である1000万円の構成部分となり，100万円，200万円……，といった個別性を失うことである。その結果，Aは計算期間を無視して100万円の支払をBに求めるとか，200万円の債権を他人に譲渡する等の行為をすることができなくなる。各債権は1000万円全体として行使されることを要す。Bの債権についても事態は同様である。このように個々の債権を行使したり処分することを許さない法的効力が交互計算契約から発生する。これを**交互計算の消極的効力**という。計算期間中は各債権債務の行使・処分等をすることができないのであるから，これら債権債務については計算期間終了時までは時効も進行せず，履行遅滞もありえない。

　また，計算期間中に取引から生じた当事者間の債権債務は，特約なき限り総て一括清算の対象とされ，あれこれの債権を交互計算から勝手に除外することは許されないことはいうまでもないことで，これを**交互計算不可分の原則**という。

4-2-2　交互計算契約の第三者効

　交互計算に組入れられた各債権債務は，計算期間中独立性を失い個別的に行使・処分することはできないものであった＝交互計算不可分の原則。当事者間の契約によりこうした効力の発生が約されているからである。

交互計算契約の第三者効とは，交互計算不可分の原則が第三者にも及ぶか否かの問題である。例えば，AがBに対して有する交互計算に組入れられた各種債権のうち100万円の債権を，Aの債権者甲（第三者）が差押ることが可能かといった問題である。差押を認めることは，Aの債権を甲がAに代わってBに行使する結果をもたらすものである。だから，差押が可能だとすれば，A・B間で交互計算に組入れ処分ができないとされている債権をBの了解なく，Aが第三者である甲へ処分したことになり，甲がBに当該債権を行使し，交互計算不可分の効力は第三者には及ばないことを意味する。反対に，甲がBの了解なくAの債権を差押ることができないなら，交互計算不可分の原則には第三者効があることになる。

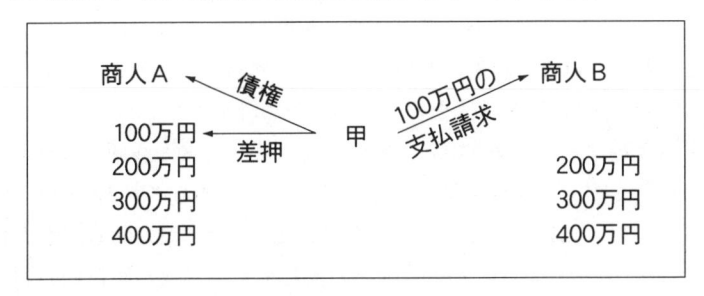

```
┌─────────────────────────────────────────────┐
│  商人A    ←債権──         ──→ 商人B        │
│  100万円  ←──── 甲  100万円の              │
│  200万円   差押       支払請求              │
│  200万円                     200万円        │
│  300万円                     300万円        │
│  400万円                     400万円        │
└─────────────────────────────────────────────┘
```

　判例は，交互計算不可分の原則の第三者効を認める立場に立つ。第三者が交互計算契約の存在を知らなかった場合は当然，知っていたときでも結論は変わらないとする（→第三者である甲の善意・悪意を問わない）。
　学説の多数説は，交互計算は当事者間の契約にすぎず，これを公に公示する方法もないことから，交互計算不可分の原則は，当事者を拘束するだけで第三者効はないと解する。
　交互計算不可分の原則を法理論的にいえば，計算に組入れた各債権債務の譲渡等を禁止することであり，この禁止を当事者が遵守することである。しかし，当事者間でのみ締結された契約は当事者間でのみ効力を有し，特別な事情のない限り，交互計算不可分の原則は第三者効を有しないのは当然のことであるといってよいであろう。当事者が契約に反して個別の債権を他人に譲渡したときは，交互計算契約の債務不履行として当事者間で損害賠償の対象となるにすぎず，第三者への譲渡行為は影響を受けない。
　ただ，計算に組入れられた個別債権の譲渡を受けた第三者が交互計算の

存在につき悪意のときは，交互計算不可分の原則はその第三者にも及ぶことになる（民法466条2項但書）。

4-2-3 交互計算期間満了による効力
(1) 期間満了と確定

　交互計算期間が満了すると，当事者は計算期間中の各債権債務の総額を計算し差引（相殺）を行い，残額が確定する。**この確定を交互計算の積極的効力という**。確定の具体的方法は，当事者がそれぞれ計算書を相手方に提示して相互に承認し合うことである。無論，一方当事者のみが計算書を作成し相手方に承認を求める場合もある。いずれの場合でも相互の承認により残額が確定するのであって，計算書を提示するだけでは確定しない。承認をすれば，以後計算書の各項目について異議を述べることができなくなる（商法532条）。相互承認を要件とする残額確定である。

　残額の確定は，計算期間中の債権債務を相殺した後の残額を債務として負う者に，その支払義務を具体化させることでもある（商法529条）。先のA・Bの例でいえば，相殺を行った結果，BがAに対し100万円を支払うことになる，この100万円の額の確定と支払期日の到来＝履行期の到来を決定することである。交互計算期間中の各債権債務を相殺し残額を確定すること，残額を支払うこと，この二つの法的義務は交互計算契約を締結したときに契約義務として既に発生しているものであって，残額の確定によってはじめて発生する義務ではない。とはいえ，残額確定義務や支払義務が交互計算契約の内容であったとしても，具体的に残額の確定が行われ支払期日が決まらなければ，支払そのものを行うことはできない。残額の確定が，支払うべき残金額の確定と支払期日を具体化し決定することであるとは，この事態（具体化）を説明したものである。

　計算期間満了により残額確定が行われると，それまでの各債権債務は相殺により消滅し，代りに，BはAに対し残額である100万円の支払義務を負い，その履行期は特約のない限り残額確定時である。したがって，この日に支払をしなければ，Bはこの日から履行遅滞に陥り，支払を行う日までの法定利息の支払義務が生じる（商法533条1項）。

(2) 学説の対立

交互計算期間満了による確定をめぐっては学説の対立がある。即ち，残額の確定は当事者の承認によって発生するのではなく，計算期間中および終了時に自動的・客観的に確定されるとの主張がある。AがBに対し有する債権と，BがAに対し有する債権は，発生すると同時にそれぞれ相殺され，こうした相殺が何回か繰返されて差引残額のみが期間満了まで存在し続け，交互計算期間満了により総合計としての残額が決定し，その支払義務が発生するというのである。

この説は，神の手を主張するものであって容認することはできない。自動的・客観的に相殺が行われるというが，相殺は当事者の意思表示によって行われるのであり（民法505条1項），自動的に行われるのではない。計算を行うことなく自動的に相殺されると主張することは，当事者に代わって神が相殺の意思表示をなし，神が当事者に代わって残額を計算することを前提にしない限り「自動的」は有り得ない。既に触れたように，残額は当事者の承認によって確定されると商法が規定するのはこのためである。残額を承認することは，交互計算に組入れられた各債権債務の相殺を行うことの意思表示であり，だからこそ「残額」が確定するのである。

また，残額確定により，それまでの各債権債務は消滅することなく存続し，残額100万円の支払義務も発生し，両者は併存する，との主張もある。もしそうだとすると，この学説に従う限り，Bは計算期間中の債務＋残額100万円の支払義務を負うことになるが，残額分100万円を余分に負担する法的根拠はどこにもなく，到底認められる主張ではない。

4-3　交互計算の終了

4-3-1　解約による終了

交互計算契約の存続期間を定めている場合，例えば，1年と定めていれば，1年の期間満了によって終了することは当然のことである。存続期間を定めているときでも，あるいは定めていないときでも（当事者が存続期間を定めていないときには，法定の6ヵ月が存続期間となる），当事者は何時でも自由に交互計算を将来に向かって解約すること＝解約告知をすること

ができる（商法534条）。解約される側からすれば理不尽といえなくもないが，交互計算は当事者の信頼を基礎とする契約であり通常の契約とは異なるから，一定期間後の支払に対し不安を抱いたときは直ちに解約することを認めるのが相当であり，商法534条の規定の根拠はこれである。

　条文上は解約のことを「解除」と規定するが，ここに解除とは「解約告知」のことである。というのは，契約の解除とは契約当時に遡って，最初から契約がなかったのと同じ状態にすることであり，解除によって両当事者はそれぞれ原状回復義務を負うことになる。交互計算契約の終了原因としての「解約」は，計算契約の成立を前提に，かつ，それを途中で中止し，解約の意思表示以降の交互計算をやめることであって，最初から契約がなかった状態にすることではない。正確には，解除ではなく将来に向かっての解約＝**解約告知**というべきものである。

　交互計算契約が告知により解約されたときは，当事者は直ちに交互計算を閉鎖し残額を支払う義務を負う。つまり，解約告知がなされた時点で，それまでの債権債務の相殺を行い残額を確定し，その支払をしなくてはならない（商法534条後段）。

　因みにいえば，交互計算期間の満了と交互計算契約の終了とは異なる概念であることに注意する必要がある。前者は，一定の期間が満了したので（→一つの交互計算の区切りがついたので），それまでの債権債務の相殺を行い残額を確定することを意味するにすぎない。通常は，残額を支払うことになるが，交互計算契約が終了していなければ，残額の支払を行わず，残額を次の交互計算期間へと繰り越し，新たな交互計算契約が開始されることも有り得る（残額の支払義務はあるが当事者の合意で支払をせず次期へ繰り越すことは有効である）。これに対し後者は，交互計算期間中であろうと，期間が満了した時点であろうと，要するに交互計算契約の継続を打切ること＝終了である。したがって，交互計算契約の終了は必ず残額の支払を伴うことになる。

4-3-2　その他の終了原因

　当事者の一方が破産宣告を受けたとき，または，当事者の一方に会社更生法の手続が開始されたとき，交互計算契約は終了する。破産宣告がなされたり会社更生法の手続が開始されたときは，その相手方は既に債務の支払能力を失っているからである。

5　匿名組合

5-1　匿名組合

5-1-1　匿名組合の意味

　当事者の一方が相手方の営業のために**出資をし**，見返りとして相手方の営業より生ずる**利益の分配を受けることを約する**契約である（商法535条）。
　喫茶店の経営者がいたとする。店舗の拡大や店舗新装の必要があったとき，経営者はどうするであろうか。手持ちの資金があれば問題はないが資金のない場合には，他人に出資を依頼することになる。他人からの出資を得て営業の拡充等を行う方法は，喫茶店の経営者に限らず機械の製造業者が工場を増設するとき，食品の製造・販売業者が新製品を開発しようとするとき等，諸々の場合に採用される方法である。出資を受けた者は出資者に対し，出資の見返りとして自らの営業により得た利益の一部を分配することを約束することはいうまでもないことである。こうした関係において法的に意味を有するのは，出資と出資の受領および営業利益の分配である。商法はこれを匿名組合なる概念で捉えた。**当事者は，営業を行っている者**

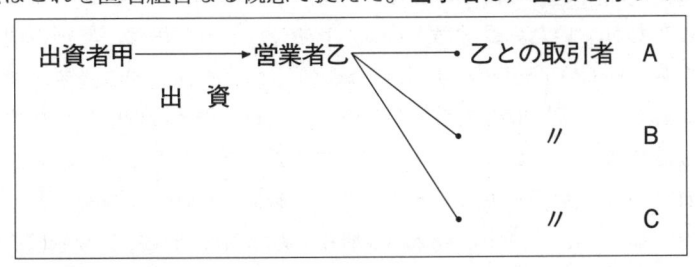

```
出資者甲─────→営業者乙─────→乙との取引者　A
　　　　出　資　　　　　＼
　　　　　　　　　　　　　＼　　　　　〃　　　　B
　　　　　　　　　　　　　　＼
　　　　　　　　　　　　　　　＼　　　〃　　　　C
```

と**出資者**であり，契約内容は，出資と営業利益の分配である。

出資者は，営業者と出資および利益の分配契約を締結するが，営業者の営業活動には関係しない。

上の図でいえば，甲は乙に出資し乙の営業利益の分配を受ける契約（匿名組合契約）を行うが，乙の営業行為には一切関知しない。乙と取引を行うA・B・Cは乙のみを権利義務の相手として取引を行えばよく，甲とは無関係である。否，そもそも甲の存在すら知らないのが通常である。実際，車を購入するとき，車の販売会社がだれから出資を受けていて，いかなる割合で営業利益を分配する契約を締結しているかを知ることはできないし知る必要もなく，購入者は販売会社を権利義務の相手とすることで十分である。出資者は車の販売契約について権利義務の関係に一切立たないからである。甲・乙間のこと＝匿名組合契約は甲・乙の内部関係であり，甲・乙からみれば対外的関係ともいうべき乙と取引を行う者A・B・Cとの関係は別個のものである。匿名組合という場合の匿名の概念は，出資者が対外的には明らかにならない（匿名）ことからの名称である。

5-1-2　匿名組合の沿革

匿名組合の起源は10世紀頃から地中海沿岸一帯で行われていた海外交易に関するコメンダ契約にあるといわれている。*

 *沿革については，西原寛一・商行為法(第3版)・有斐閣・昭和48年・175頁以下参照。

この契約は，海外交易をなさんとする商人＝船長と，これに商品，船，金銭等を委託する者から成立していた。委託者は，商人である船長に船やそれに積込んだ物品の販売を委託し，商人＝船長はそれを外国で売り捌き利益を得てその一部を自らのものとすると共に，残りを委託者に分配することが行われていた。委託者と商人（＝船長）との関係は，異国の地において商人＝船長と取引をなす者（→異国人）からすれば知る必要がないばかりかむしろ，直接取引相手となる商人＝船長が総ての取引につき権利者および義務者として登場することが必要であった。したがって，委託者からすれば対外的関係ともいうべき商人（＝船長）と異国人の関係と，内部関係ともいうべき委託者と商人（＝船長）の関係は別個のものとして区別

されていたことになる。異国人にとっては直接取引を行う商人（＝船長）との関係のみが重要であって，商人（＝船長）と委託者の関係は何ら意味を有せず，委託者が存在するであろうとの気配さえ感ずる必要はない。委託者は，商人（＝船長）との関係においてのみ存在を主張しえたにすぎず，異国人とは一切の関係を有しなかったのである。

委託者は当初，地主，領主，教会等であったが，時代が進展するに従い，高利貸，豪商等も加わった。豪商達が委託者となった背景には，他の商売により既に膨大な利益を得た者は，より以上の多大な利益を得るため自ら危険を冒して海外交易の実行者となることをやめ，利益の量は多少減少しても委託者となって本国に留まる安全な方法を選び，減少した利益分は委託品を大量にすることにより補うことを考えるようになったことがある。更に時代が進展すると，委託者と商人の関係は，従来どおりの内部関係と外部関係に区別された形態と，委託者と商人の関係を対外的に明示する形態との二つに分化することになった。従来どおりの形態が今日の匿名組合の原形である。わが商法上の匿名組合は，ドイツ法の継受によるものである。

5-2 匿名組合の経済的機能

小人数が何らかの目的に基づき経済活動をしようとするとき，法律上の形態としては組合を利用するのが最も便利である。例えば5人で共同事業を行うとき，全員がそれぞれ独立した事業者であると同時に，対外的には5人が一つの組織として機能することを望む場合が多い。この形態は文字通り民法上の組合そのものである（民法667条以下）。だが，反面において，民法上の組合にあっては，組合という組織の購入した財産が5人の構成員それぞれにどのように帰属することになるのか，費用の負担はどうなるか，複数人が組合を脱退する場合既存の法律関係はどうなるか等々複雑な法的問題が発生し，事業を遂行する当初の目的が円滑にゆきがたい事態に至る可能性もある。また，煩雑な経営には手を染めずに利益の配分のみに与りたいと考える出資者の意向には応ずることができない面もある。更に，出資をする者が外部には出資者であることを知られたくないとき（出資者が

公務員や僧侶等のとき）は，民法上の組合は殆ど役に立たない。

　そこで，出資は求めるが営業は他人の干渉を受けず自己流に行いたいとする営業者の存在と，営業ないし経営に興味はないが利益の配分を受けるために出資をする，ただし，出資者であることを外部の者には伏せたいとする出資者の存在とを結合させる要請が発生する。商法に匿名組合契約が規定された所以である。ただ，「組合」という名称は同じであるが，民法上の組合，あるいは，労働組合，という場合の組合とは全く概念を異にするので注意を要する。匿名組合契約の沿革については既に述べたが，現在の社会体制の下での匿名組合は，機能資本と無機能資本の分裂を前提に，この両者を媒介する制度の一つであり，企業形態の一種であるといえる。

5-3　匿名組合の法的性質と成立要件

5-3-1　法的性質

　商法535条から明らかなように，**匿名組合は「契約」**である。ここに「契約」とは，有償，双務，不要式の諾成契約であると解することについては異論がない。有償契約とは有料の契約であること，双務契約とは当事者双方が義務を負う契約（出資の義務と利益分配の義務）であること，不要式の契約とは特別な要式を必要とする契約ではないこと，諾成契約とは当事者の合意によってのみ成立する契約（→申込と承諾による合意のみで成立する契約）であることを意味する。

　だが，匿名組合契約がいかなる種類の契約であるかについては学説上争いがあり一様ではない。匿名組合契約が，民法典の規定する各種有名契約（→民法典は自らが定める各種契約に名前を付している。売買契約，賃貸借契約，請負契約等々の様に。これら名称を有する契約のことを有名契約という）のいずれに該当するのかを確定しようとすることに関する争いである。しかし，無理矢理民法上の契約形態に当てはめることは必要でなく，商法上の独自な契約形態と解すれば十分で，要は，匿名組合契約の内容が把握され，その法的性質が明らかにされればよいことである。とすれば，匿名組合とは，出資と利益の分配を要素とする商法の認める特殊な契約であり，民法的にいえば無名契約に属する，ということになろう。

5-3-2 成立要件

(1) 当事者

　匿名組合契約の成立は，契約を成立させようとする意思表示の合致（合意）によって成立し，この意思表示は，営業者と出資者間でのみ行われる。換言すれば，営業者と出資者が当事者となることである。故に，営業者が一人で出資者が複数でも，営業者と出資者それぞれの間に匿名組合契約が成立し，出資者の数だけの匿名組合契約が成立する。出資者相互間には何の法的関係も生まれない。匿名組合契約が予定しているのは，**営業者と出資者の二者関係だけである**。

　営業者のことを相手方といい，出資者のことを匿名組合員と称する。匿名組合員は法律上対外的には存在しないものとして取扱われるからである。匿名組合員は商人・非商人どちらでもよいが，相手方は常に商人であることを要する。無論，両者とも個人たると法人たるとを問わない。

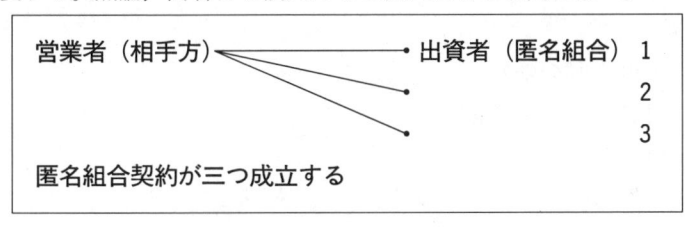

```
営業者（相手方）─────→ 出資者（匿名組合）  1
                  ・                   2
                  ・                   3
匿名組合契約が三つ成立する
```

(2) 出資

　匿名組合員は相手方の営業のために出資をなすことを要する。出資は金銭その他の財産（土地，債権，特許等）に限られ，信用や労務の出資は認められない（商法542条による商法150条の準用）。**出資されたものは相手方の財産となり**（商法536条1項），以後出資者である匿名組合員は出資したものにつき権利を失う。

(3) 利益の分配

　匿名組合契約締結の目的は，匿名組合員からすれば，匿名組合員が利益を得るための出資契約であるが，他面で，出資は相手方の営業への出資であり，この点に着目すると，一つの企業形態でもある。そのため，相手方は**営業より生ずる利益の分配をしなくてはならず**，これを欠く場合には匿

名組合契約とはならない。利益の分配であるから，毎月あるいは毎年等に定まった額を支払う約束は確定利息の支払と同じであり利益の分配と解することができない。営業から生ずる利益の多寡は，景気不景気により左右され同一ではなく，よって分配も同一額にはならないからである。

5-4 匿名組合契約の効力

匿名組合において匿名組合員は，対外的に権利・義務の主体として立ち現れることをしないが，内部関係ともいうべき相手方との関係においては種々の権利を有し義務を負う。相手方は，内部関係である匿名組合員との関係と，営業活動として取引を行う者との対外的関係の両方において権利・義務の主体として登場する。そこで，以下では内部関係と外部関係とに分けて匿名組合の効力を考察することにする。

5-4-1 内部関係の効力
(1) 相手方の権利・義務
(a) 権　利
　(イ) 匿名組合員のなす出資を受領する権利を有する。
　(ロ) 出資されたものについての支配権ないし所有権を取得する。
　(ハ) 営業に関して，相手方は自己の判断のみで自由に行うことができる権利を有し，匿名組合員の指図を受けない。
(b) 義　務
　(イ) 善良な管理者の注意をもって営業活動を遂行する義務を負う（民法671条）。この結果，匿名組合員との間で特約なき限り，相手方は競業避止義務を負うことになる。
　(ロ) 営業者たる地位を匿名組合員の同意なくして他に譲渡することができない。
　(ハ) 相手方は，匿名組合契約において定めた通りの営業を行う義務を有し，匿名組合員に無断で自由勝手に営業の変更をすることは許されない。
　(ニ) 匿名組合員に営業利益分配の義務を負う。

(2) 匿名組合員の権利・義務
(a) 権　利
　(イ) 相手方が契約で定めた通りの営業を行うことを請求する権利を有する。
　(ロ) 相手方の営業に関する業務監視権を有する。業務監視権の内容は，相手方の営業についての貸借対照表を閲覧することができる権利と，業務および財産状況の検査権である。
　(ハ) 営業利益の分配請求権を持つ。利益分配で問題となるのは，分配の源泉となる利益の定義と分配基準である。匿名組合においてこの二つは最も重要であるから，契約において定められるのが通常である。即ち，利益の定義も分配の割合も特約によって決められる。例えば，売上利益の3％，営業利益の5％，純利益の7％等々というように。特約がないときは，当該営業年度における相手方の企業純資産の増加を利益と考え，これを出資の割合に応じて分配することになる。とはいえ，匿名組合員の出資額は明確であるが，相手方はそもそもそも出資をしていないのに「出資の割合に応じて」とはいかなることか，の疑問があろう。

　　しかし，ここでは相手方の営業財産および相手方の労務を出資と考えて処理することになる。例えば，相手方が100万円相当の所有家屋を営業財産にして営業を行う場合には，出資額は100万円と，相手方が1年間営業活動をしたその労働の価値との合計額を相手方の出資額と考え，この合計額と匿名組合員の出資額との割合で利益分配の計算をすることである。

(b) 義　務
　(イ) 出資をなす義務。出資額は契約で定める以外に方法はない。
　(ロ) 出資者たる匿名組合員の地位を，相手方の同意なくして他に譲渡することができない。
　(ハ) 損失分担義務。相手方が匿名組合契約に基づき行った営業に損失が発生した場合，この損失について負担する義務である。利益の分配を受けるのであるから，損失についても負担すべきと解されている。特約により損失の分担をしないことも無論可能である。

損失分担の割合は，特約により定まるが，特約なきときは，利益分配の割合と同じ割合で負担することになる。出資額以上の追加的出資となる損失分担は特約のない限り否定されるべきである。

5-4-2 外部関係の効力

匿名組合契約は，相手方と匿名組合員とを一つに結合せしめる結果，形成された匿名組合は組織といってよい。だが，外部関係である対第三者（→匿名組合員の出資の相手方と取引を行う者）との関係においては，匿名組合員は匿名であるが故に，匿名組合という組織は存在しないのと同じで，行為主体は常に営業者である相手方のみである。そこでは営業者＝相手方と第三者が取引を行うにすぎず，匿名組合員は第三者とは無関係である。ただし，例外として，匿名組合員が自己の氏名や商号を相手方の商号中に用いたり，これを相手方の商号とすることを許諾したときは，それが使用された以降に生じた債務につき，匿名組合員は相手方と連帯して第三者に対し責任を負うことになる（商法537条）。以上の他に匿名組合員が外部関係である相手方と第三者間の法的関係に関与することはない。

5-5 匿名組合の終了

5-5-1 終了原因

匿名組合は契約によるものであるから，契約の一般的消滅事由の発生により当然に消滅する。つまり，匿名組合の終了である。例えば，締結した匿名組合契約の，取消による終了，解除による終了，契約期間満了による終了等である。しかし，ここで取上げる終了原因は，こうした契約関係に関する一般的終了原因ではなくして商法が定める匿名組合契約に特殊な終了原因である。

(1) 当事者の告知による終了（商法539条1項）

これは解約告知のことであり，契約で匿名組合の存続期間を定めなかったとき，または，終身間の存続を定めたとき（→当事者が死亡するまで組合が存続するとの定めをしたとき）は，両当事者は最低6ヵ月前に予告すれば，

営業年度の終わりに匿名組合を将来に向かって終了させることができる。

(2) やむを得ない事由に基づく告知による終了（商法539条2項）
　匿名組合の存続期間を定めている場合，あるいは，定めていない場合，いずれの場合でも「やむを得ない事由」が発生したとき，両当事者は何時でも解約告知ができる。「やむを得ない事由」とは，相手方が利益の分配をしないとか，契約どおりの営業を行わないとか，匿名組合員が損失を分担しない等である。

(3) 目的たる事業の成功または成功不能による終了（商法540条1号）
　匿名組合は相手方の立場でいえば，一定の営業を完遂するための手段といえる。匿名組合が一種の企業形態であると指摘したのはこのことだが，だとすると，目的が達成されたとき，または，その完遂が不可能であることが判明したときは，組合を存続させておく必要がなくなる。本終了原因はこのことを定めたものである。しかし，事業が成功したか成功不能になったかの判定はかなり困難であるし，そもそも成功とはいかなる状態をいうのかの点さえ不明確であるといわねばならない。このように考えてくると，本終了原因は，実際上殆ど機能しないと思われる。

(4) 相手方の死亡または相手方が後見開始の審判を受けたことによる終了（商法540条2号）
　匿名組合員は，相手方が一定の営業をなすから出資を行うのであり，相手方以外の者が営業を行うときには出資をしなかったであろうと予想される場合があり得る。相手方の死亡とその後見開始の審判（民法7条，8条）が終了原因とされる所以である。

(5) 相手方または匿名組合員の破産による終了（商法540条3号）
　破産すれば営業の遂行，利益の分配，損失の分担等ができなくなるからである。

5-5-2 終了の効果

匿名組合契約が終了したときは、**相手方は匿名組合員に出資の価額を返還しなくてはならない**（商法541条）。

出資の価額とは、出資当時の価額のことであり、100万円を出資した者には100万円を返還する、といったことである。金銭ではなく、物を出資したような現物出資の場合、即ち、土地を出資したようなときは、土地そのものの所有権は相手方に帰属しているので、土地を評価してその評価額を金銭で返還することになる。損失負担の特約があり、出資が損失により減少しているときには、減少した額を返還すればよい。無論、匿名組合契約の終了を事前に考慮し終了時のことにつき特約がなされているときには、特約の内容が優先するから、当事者は特約に従い匿名組合の諸関係を処理することになる。現物出資の場合に、一旦は相手方の所有物となったものを、匿名組合契約終了時には匿名組合員に返還するといった特約がなされていれば、この特約に従うといった類のことである。

匿名組合が終了することによって匿名組合員と相手方との関係は一切消滅するが、それまでの営業を継続させるか否かは相手方の自由で、匿名組合の終了により相手方が営業を廃業すべき理由は全くない。

6　仲立営業

6-1　仲立営業

6-1-1　仲立人の意味

仲立営業とは、仲立人（なかだち）が行う営業のことである。そこで、仲立営業を理解するには、先ず仲立人とは何かを理解しなければならない。中に立つから仲立人というのであるが、物と物の間に立ってみても意味をなさないから、人と人の間に立つ者を仲立人というのは当然のことである。人と人の間に立って何を行うのか。両者の目的を結びつけることを行う。A男B女の間に立って、両者を結びつけ婚姻を成立させるとか、不動産を売りたい

者と買いたい者を結びつけ，売買契約を成立させる，といったことを行う。こうした行為を仲立といい，行為者を仲立人という。仲立人とは，このように他人間の法律行為を媒介し，媒介の成功によって報酬を得る者のことである。

「法律行為」とは，法的に意味を有する行為のことであり，「媒介」とは，他人間に法律行為が成立するよう尽力することである。上に述べた例でいえば，婚姻，不動産の売買いずれも法律行為であり，これが成立するよう尽力することは仲立行為である。媒介を日常用語でいえば，斡旋，周旋，仲介，紹介である。

6-1-2　商法の規定する仲立営業

仲立には民事仲立と商事仲立とがある。**民事仲立とは**，商行為以外の法律行為を仲立することで，これを行う者を民事仲立人という。先の例でいえば，婚姻はだれの場合でも商行為ではないから，婚姻を媒介するのは民事仲立である。不動産売買の場合，売主が非商人であり転勤のためやむなく土地を売りに出し，買主も自己の居住用家屋を建てるための購入であったとすると，上記の不動産売買契約は非商行為であり，これを媒介するのも民事仲立である。仲立人が商人であったとしても，このことは変わらない。**民事仲立か商事仲立かの区別は**，仲立人の性質，例えば仲立人が商人か否か，仲立行為が商行為か否か，ではなくして，**仲立の対象となる法律行為の性質により決定されるのである**。

商事仲立とは，商行為を仲立することである。つまり，仲立の対象となる行為が商行為であることをいい，行為者を商事仲立人という。仲立営業

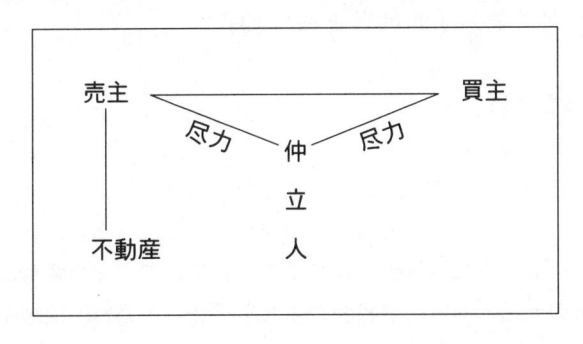

第2部　商行為法

にいう仲立業とは，商事仲立を業とすることで，民事仲立を業として行っても商法に規定する仲立営業には該当しない。無論，商人Yが民事仲立を営業として行えば，その行為は商行為であるから（商法502条11号），Yの行為に商法が適用されることはいうまでもないことである。しかし，Yは商法の定める仲立営業を行ったから商法の適用を受けるのではなく，行為はあくまでも民事仲立であり，商事仲立としての仲立営業を行ったから商法の適用を受けるのではない。民事仲立を**営業**として行ったため商法の適用を受けるのである。商法の定める仲立営業とは，他人間の商行為を媒介することを業とすることで，商行為以外の法律行為の仲立は対象外である。「仲立人とは他人間の商行為の媒介をなすを業とする者をいう」（商法543条）と規定されているのがそれである。

　他人間の商行為を媒介すること→商事仲立の具体的例は，旅行業等に見ることができる。旅行業者は，航空会社や船会社に旅行者を斡旋し，あるいは，ホテルや旅館に旅行者を仲介することによって報酬を得る。航空会社や船会社，ホテルや旅館が旅行者を運送したり宿泊させる行為は商行為であるから，旅行業者は他人間の商行為を媒介していることになり，商事仲立人でありその営業は仲立営業に該当する。旅行者と航空会社間の行為は，旅行者にとっては非商行為ではあっても航空会社にとっては商行為そのもので，旅行業者は他人間の商行為を媒介しているのである。旅行者とホテル業者間も同様である。また，A会社が特殊な製造用機械の購入を希望しているとき，Aの依頼に基づき機械の製造会社Bを斡旋し売買契約が成立するよう媒介する行為も商事仲立であり，仲立営業である。

6-2　仲立営業の法的性質と成立要件

6-2-1　法的性質
(1)　仲立の形態

　商法上の仲立人は，他人間に商行為が成立するよう尽力（→媒介）する者のことであった。仲立は通常，依頼を受けて仲立行為を行い，依頼者がこれに対し報酬を支払う関係として成立する契約で，**その要素は，依頼の実現と報酬の支払**である。依頼者のことを委託者といい，依頼を受ける仲

立人のことを受託者という。このような一般的形態の仲立契約は双方的仲立契約（別名双務的仲立）と呼ばれる。委託者が報酬の支払義務を負い，仲立人が委託者の要請を実現すべき義務を負うからである。委託者，仲立人双方が義務を負うことを根拠に双方的仲立契約という。

　双方的仲立契約は，準委任（民法656条）と解するのが支配的見解である。だが，他人間の法律行為を媒介すること，そしてこれに対し報酬を支払うことによって成立する契約形態は，民法典の予定するところではない。双方的仲立契約を無理に民法典が規定する各種の有名契約に当てはめる必要性は毛頭存しないと考える。双方的仲立契約は，委託者が委託したことを仲立人が実現すること，それに対し委託者が報酬の支払をなすことを内容とする諾成契約と理解することで十分であろう。民法的にいえば無名契約の一種である。

(2)　一方的仲立

　双方的仲立契約とは別に，一方的仲立契約（別名片務的仲立）といわれるものもある。一方的仲立契約とは，受託者＝仲立人は委託者の望む法律行為の実現に尽力する義務を負わず，そうした義務なき仲立人が委託者の望むところを実現したとき，委託者が報酬支払義務を負う契約のことである。義務を負うのが一方の当事者のみであることから一方的仲立契約と呼ばれる。

　一方的仲立契約は，受託者である仲立人が義務を負わないため，準委任とはいえず，請負ともいえないが，仲立人が委託者の希望するところを実現したときに報酬を支払う点が請負に似ているため，請負に準ずる契約であるとされている。しかし，双方的仲立契約の場合と同様，敢えて民法上の契約形態に該当させる必要はなく，商法の認める特殊な契約形態と理解することで足りるであろう。要は，契約の法的性質が明らかにされていればいいのである。仲立人が媒介を行ったときは，委託者に報酬支払義務が発生する契約であるといったように。

6-2-2　成 立 要 件

　他人間の商行為の媒介をなすことを業とするのが商法の定める仲立人で

あり，その営業が仲立営業である（商法543条）。**他人間の，商行為の，媒介をなす，業とする**，が要件である。

(1) 他人間のとは

特定の者のためではなく不特定多数を相手とすることである。特定の者（→特定の商人）のために媒介行為を行うのは媒介代理商であり，仲立人ではない。仲立営業の場合，委託者が商人である必要はないし，特定の者であることも不要である。不特定多数の委託者を相手とし媒介行為を行う，この不特定多数を対象とすることを表す法的表現が「他人間の」である。

(2) 商行為のとは

「商行為の」とは，仲立の対象となる行為，換言すれば，委託者によって媒介を委託された法律行為が商行為であることを必要とする意味であり，仲立人の媒介行為が商行為であるべきことではない。無論，委託者が商人であるか否かも問わない。仲立行為の対象が商行為でありこれの媒介でありさえすれば要件は満たされる。

本条にいう商行為とは，絶対的商行為と営業的商行為に限定され，付属的商行為を含まないとするのが通説的見解である。しかし，付属的商行為を除外すべき理由は存しないと思われるので，商行為であればあらゆる商行為が対象となると解すべきであろう。

機械の製造業者である委託者Aから機械の販売委託を受けて仲立を行う場合，仲立人がこの機械を購入するよう働きかける相手方Bは，商人であることが予想される。機械を購入するのは商人以外に考えられないからである。かかる場合仲立人の媒介する法律行為は，A・B双方にとって商行為になる双方的商行為であり，当然に本条の適用対象である。しかし，旅行者を航空会社に仲介するような行為は，航空会社にとってのみ商行為であり，旅行者にとっては非商行為である。仲立人は一方的商行為を媒介したことになる。無論，この場合も本条は適用される。

したがって，ここに商行為とは，絶対的商行為，営業的商行為，付属的商行為，一方的商行為，双方的商行為，総てを指すことになる。

(3) 媒介をなすとは

　媒介とは，他人間に商行為たる法律行為が成立するよう尽力することである。A・B間に契約が成立するよう努力すること，働きかけること，といってもよい。注意を要するのは，仲立人は，A・B間に当事者ないし当事者的に，あるいは，代理人として参加・介在し**契約関係に入り込む者ではない**ことを踏まえることである。この点につき**判例**は，仲立人と代理人を同時に兼ねることはできず，両者は相容れないと解し，その違いを明確にしている。

　仲立営業は，いわば媒介業ともいうことができ，商行為たる法律行為を成立させるよう行為するに留まるものであって，それ以上のことを行うものではない。したがって，単に，委託者Aの委託を受けてBを紹介する，あるいは，Bの存在を知らせるだけで，他人間に商行為が成立するよう尽力したことになるときもあれば，BがAと売買契約を締結するよう熱心にAの宣伝を行う場合もあり，媒介の具体的態様は一様でなく，ケース・バイ・ケースである。いずれにしても，仲立人は契約を成立させるよう尽力するが，契約関係の当事者になったり，契約関係に参加することはない。

(4) 業とするとは

　営利の意思で，仲立行為を継続・反復して行うことが「業とする」の意味である。商法上一般的に使用される用法と同じである。

　仲立営業の概念を説明するところで述べたように，仲立営業とは仲立人が行う営業のことである。民事仲立であろうが商事仲立であろうが，仲立行為を業として行えば，当該行為者＝仲立人は，営業的商行為としての仲立行為（商法502条11号）を行ったことになり，「自己の名をもって商行為をなすを業とする者」（商法4条1項）に該当し，商人となるのである。しかし，このことは直ちに，商法の規定する仲立営業を行ったことに結びつくことにはならない。とういうのは，商法にいう仲立営業とは，商事仲立を業として行った場合に限定されているからである。繰返していえば，民事仲立を業として行えば仲立業を行う商人ではあっても，それは商法に規定する「仲立営業」を行う商人ではない。**商事仲立を業として行ったとき**に初めて商法上の仲立営業人となり，仲立営業に該当するのである。した

がって，仲立を業とする商人には，商法上の仲立営業を行っている仲立人と，商法上の仲立営業には該当しない，営業的商行為としての仲立を業とする仲立人たる商人とが存在することになる。商法による仲立には，営業的商行為としての仲立と，仲立営業としての仲立の両者が存在すると言い換えてもよい。そして，「仲立営業」という場合は，商行為の媒介を業として行う者のことである。

　本要件の「業とする」とは，商事仲立を業とするという意味においての「業」であり，商行為の媒介を業とすることで単なる業ではなく，**民事仲立を排除することを含んでいる**点に留意する必要がある。

6-3　仲立人の権利と義務

6-3-1　論述の前提

　権利・義務を明らかにするとき，権利から述べるのが一般的な方法であるが，仲立人の権利・義務の場合は，義務から説明した方が理解に便利なので，義務から論ずることにする。

　仲立人の権利・義務の内容は，仲立契約の法的性質をいかに考えるかに関係している。仲立契約の法的性質を支配的見解のごとく，準委任または請負に準ずる契約と解すれば，民法の定める委任契約や請負契約から生ずる各種権利・義務も仲立人の権利・義務に含まれることになる。しかし，それが妥当な解釈とは必ずしもいえないので，以下に明らかにする権利・義務は，商法が仲立営業者である仲立人に特殊に認める権利・義務である。

6-3-2　仲立人の義務

(1)　見本の保管義務

(a)　見本の意味と義務内容

　仲立人が仲立行為を行う際に見本を受取ったときは，行為が完了するまで当該見本を保管する義務を負う（商法545条）。見本を受取るとは，単に見本の受取りを意味するのではない。委託者が仲立人に商品販売の媒介を依頼するとき，買主がカタログのみでは商品を理解できないであろうから実物を見せたほうがよいと考え，商品の見本を仲立人に引渡すといった場

合の，仲立人による見本の受取りではない。このときの見本は，保管義務の対象となる見本ではない。

見本の保管義務とは，仲立人が媒介を引受ける売買が見本売買である場合における見本の受取りに関する保管義務である。例えば，仲立人が米の見本売買を委託されたとする。買主になるであろう者は，米を主食とする者である限り商品である「米」を見なくても，米を理解することはできる。にも拘わらず見本をもって売買を行うのは，対象となる米の銘柄，品質等を明確にし，そうした米の売買を行うことが目的だからである。米ならばよいというものではない。見本売買とは，このように見本通りの品質等を有する商品を売買することであり，だからこそ見本が必要不可欠なのである。見本売買に限り見本保管義務があり，仲立人が見本売買ではない売買の委託を引受ける際に見本を受取っても，保管義務を負うことはない。

仲立人の見本保管義務発生の根拠は，仲立人が仲立した見本売買契約につき，後日目的物の品質等に関し売買の当事者間で争いが発生することを防止するためである。争いになりそうなときは，仲立人の保管する見本をもって解決することができるからである。また，争いが発生してしまった場合でも，仲立人の保管する見本を証拠とし，迅速に処理することができるからである。こうした目的のための見本保管義務であるから，委託者から預かった見本全部を保管する必要はなく，売買当事者の紛争解決に必要な量を見本として保管することで足りる。仲立人の見本保管義務は，仲立人が媒介を行った見本売買の両当事者＝商品販売を委託した者と商品の買主，双方に対する義務であり，一方の当事者にのみ負う義務ではない。売主である委託者が見本と異なる商品を引渡した場合，買主は仲立人の保管する見本によって，商品の異なることを証明する事態を思えば，見本の保管義務は売主・買主両者のためであることが理解できるであろう。

(b)　保管義務の存続期間

商法545条は，仲立人の見本保管義務の存続期間を，**仲立人の媒介「行為が完了するまで」**と規定する。行為が完了するまでの意味を理解するには，見本保管義務の趣旨を踏まえなければならない。見本の保管は，売買契約当事者の紛争に備えるためであった。とすれば，売買契約の目的物について，当事者間に紛争の虞がなくなるまで見本を保管すればよく未来永

劫保管する必要はない。だが，紛争の虞がある間は保管義務が存続することになる。「行為が完了するまで」とは右のことを表す表現である。具体的には，契約が成立し目的物が売主から買主へ引渡された後，買主が見本通りの目的物であったことを承認したとか，目的物についての数量不足，瑕疵の存否に関する買主の検査・通知期間（商法526条1項）が経過するまでの間保管義務が存続する。

(2) 結約書作成・交付義務
(a) 結約書の意味と内容

仲立人の媒介により売買契約が成立したとき仲立人は，遅滞なく，契約当事者の氏名または商号，契約成立の年月日，および契約の要領を記載した書面を作成・署名し，これを各当事者に交付する義務を負う（商法546条1項）。

仲立人が作成義務を負う上記書面のことを結約書，仕切書，あるいは，契約証と呼ぶ。契約の要領とは，契約の目的物の名称，数量，品質，履行の方法・時期・場所等のことである。交付とは，契約当事者の手元に結約書が届くようにすることである。持参し手渡すとか，郵送で届けることが交付であり，届かなければ交付したことにはならない。署名には，自署と記名捺印の両者が含まれる。記名捺印とは，ゴム印等で自己の名前を印字し，これに捺印することである。

結約書は，当事者間の契約書でないことは勿論，契約成立の要件でもない。結約書は契約成立後に作成され当事者に交付される書面で，仲立人が媒介成立させた契約内容を明確にすることをもって，契約に関し当事者間に争いが発生することを防止したり，争いが発生した場合の処理を迅速に行うためのものであり，その法的性質は，成立した契約の証拠書類である。結約書のことを契約証とも称するのはこの法的性質を表している。故に，結約書は各契約当事者のために作成・交付されるもので，その内容の真否についての責任は仲立人にある。

(b) 結約書の二形式

成立した契約が直ちに履行されるとき，仲立人は契約当事者に対し，先に述べたとおりに作成した結約書を交付するだけでよい。契約が直ちに履

行されない場合，例えば，目的物の引渡しが入荷の関係上2ヵ月後に行われるとか，天候の関係で収穫が順調なときに履行するといったような条件付きの場合，仲立人は結約書に，自己の署名を行う他，各契約当事者の署名を得た上で，これをそれぞれに交付する義務を負う（商法546条2項）。仲立人が結約書に各契約当事者の署名を得て交付することを，より理解し易く結約書の交付を受ける契約当事者側からいえば，仲立人の作成した結約書に各契約当事者がそれぞれ署名し，相互に相手の署名した結約書を所持し合うことであり，契約当事者が，自己が署名し相手方も署名した結約書を仲立人を通じて交換し合うことである。

(c) 当事者による拒絶

(b)の場合において，当事者の一方が結約書の受領を拒否するか，結約書への署名を拒絶するとき，仲立人は遅滞なく他方の当事者へその旨を通知しなくてはならない（商法546条3項）。受領の拒否，署名の拒絶は結約書の内容に関する異議の存在と紛争の発生を予想させる事態といえるので，これへの対応を他方当事者に促すために行う通知である。

(3) 帳簿作成・謄本交付義務

仲立人は，結約書の内容を記載する帳簿を作成することを要する（商法547条1項）。表現を変えていえば，仲立人は，帳簿を備え，この帳簿に自らが媒介し成立せしめた契約の，当事者の氏名または商号，成立年月日，その他契約内容等，結約書に記載されていることをそのまま記載する義務を有する。この帳簿のことを**仲立人日記帳**という。仲立人日記帳は，契約当事者間に紛争が発生した場合を想定したものであり，裁判での証拠となり得るものである。

仲立人の媒介によって契約を成立させた契約当事者は，仲立人日記帳の自己の契約に関する記載部分の謄本の交付をいつでも請求できる（商法547条2項）。この規定は，仲立人日記帳が証拠の機能を有することの証左である。なお，契約当事者は謄本の交付請求権を有するが，帳簿原本の閲覧請求権はない。仲立人側からいえば，謄本交付義務はあるが原本の閲覧をさせる義務はないということである。わざわざこのような説明を行うのは，次の氏名黙秘義務との関係で重要な意味をもってくるからである。

(4) 氏名黙秘および介入義務
(a) 氏名等の黙秘義務

仲立人が取引の媒介を行う際，契約当事者の一方が氏名または商号の黙秘を命じたとき，仲立人はこれを遵守する義務を負う（商法548条）。口頭であろうと文書によろうと一切明らかにしてはならない。

とすると，結約書に黙秘すべき氏名または商号を記載することが許されないのは当然，契約当事者から請求された仲立人日記帳の謄本にも記載することは許されない。しかし，仲立人日記帳の原本には，黙秘を命じられた匿名であるべき当事者の氏名または商号を記載しておかねばならない。したがって，仲立人が，黙秘義務のあるとき他方の契約当事者から仲立人日記帳の謄本を請求された場合，黙秘すべき氏名または商号を記載しないで謄本を作成しそれを交付することになる。契約当事者に，謄本交付請求権はあるが日記帳原本の閲覧請求権が認められない理由である。

(b) 介入義務

仲立人が一方当事者の氏名または商号の黙秘を行うと，他方の当事者は，契約の相手方を知ることができないため，契約の履行を催促することができないとか，目的物に欠陥があっても代りのものを請求することができない，といった事態の発生が考えられる。そこで商法は，この場合は仲立人がその履行の責任を負うと定めた（商法549条）。これを**介入義務**という。仲立人は契約を成立させるよう媒介し契約関係には介入しないのが原則であるのに対し，例外的に，契約の履行義務を負う限度で契約関係に介入するからである。

とはいえ，仲立人が履行の責任を負い，かつ，実際に履行をなした場合でも，契約は履行を請求した者と仲立人に氏名または商号の黙秘を命じた匿名の者の間において成立しているのであって，仲立人が契約の当事者になるのではない。仲立人が負う履行義務は，あくまでも履行を請求された場合の義務であり，請求がないのに自ら積極的に匿名の契約当事者に代わって履行をなし，その履行と引換えに，他方当事者から反対給付を受ける等の行為をすることはできない。

6-3-3　仲立人の権利

(1) 報酬請求権

　仲立人が媒介行為を行った結果他人間に契約が成立したときは，委託者および契約の相手方に対し報酬を請求することができる（商法512条）。請求する報酬のことを仲立料という。請求できる時期は，特約なき限り，結約書を作成し交付した後である（商法550条1項）。仲立人の媒介行為により契約が成立した後，当事者によって契約内容が履行されたか否かは無関係である。**契約の成立さえあれば報酬請求は可能である。**

　当事者間に契約が成立しても，それが仲立人の媒介行為による成立でなければ報酬請求権は発生しないことは当然である。しかし，契約当事者が，仲立人への報酬支払を免れるため，真実は仲立人の媒介行為によって契約を成立させたのに，そうではなく当事者の努力によってのみ契約を成立させたかのような形態をとった場合は，外見的形式的には仲立人による契約の成立でなくとも，実質的には仲立人による契約の成立なので，仲立料請求権は発生する。

　仲立料の支払は，**特約または慣習のない限り，契約当事者が平等の割合で負担する**（商法550条2項）。例えば，商品の販売を委託された仲立人が契約を成立させたとすると，売主である委託者と買主とで平等の割合で負担することである。委託者も媒介人である仲立人の媒介行為によって売買を成功させているが，買主も仲立人の媒介行為によって商品を買うことができたのであって，両者共に仲立人の媒介行為の効果を受けているとの考えに基づく規定である。契約当事者が平等に負担するのであるから，仲立料を請求する仲立人も，両当事者に平等に請求しなければならず，一方の当事者にのみ多く請求することはできない。

　仲立料には，仲立人が仲立を行うにつき要した費用も含むと解すべきである。したがって，仲立人が費用の請求を失念していたとしても，仲立料とは別個に費用の請求をすることは認められない。仲立料の中に含めて仲立料として請求すべきである。

(2) 給付受領権

　仲立人が契約の当事者でないことは再々指摘してきた。故に，一方当事

者の代理人ないし代理人的存在として，相手方より代金の支払等その他の給付を受ける取る権限を有しない。しかし，特約により受領権限を付与されたときには，当然に受領する権利を有する。

　仲立人が氏名または商号の黙秘を命じられて契約の媒介を行った場合，相手方は商品の引渡，あるいは，代金の請求や代金の支払等をなそうにも，他方の当事者が不明であればこれをなすことができない。かかるときは，氏名または商号の黙秘を仲立人に命じた者は，仲立人に代金等の受領権限を与えたものと考えるべきなので，仲立人は給付受領権を有すると解すことになる。

7　問屋営業

7-1　問屋営業

7-1-1　問屋の意味

　問屋(とい や)とは，自己の名をもって他人の為に物品の販売または買入れをなすことを業とする者である（商法551条）。委託者から物品の販売または買入れを委託され，委託された物品を自己（問屋）の名で，しかし，委託者のために販売または買入れる行為を引受ける契約が問屋の営業行為である。

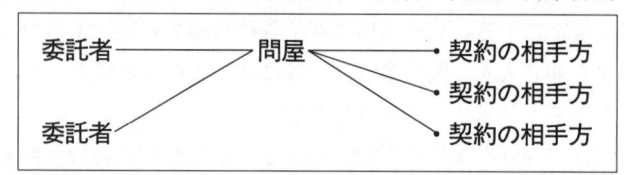

```
委託者 ─────┐
           問屋 ─── 契約の相手方
           │  \─── 契約の相手方
委託者 ─────┘  \─── 契約の相手方
```

　問屋の起源は中世に遡るといわれている。当時は，他国に交易に出かけても，内情を知らなかったり，言語上の問題があったり，外国人に高率の間税を課すことがあったりした。そこで，交易先＝他国の地に居住する者Xに商品の販売を委託し，これらの障害を回避することが行われた。また，帰国の際には，Xにその地特有の産物等の購入を依頼し，自国へ持ち帰り販売することが行われた。交易先＝他国で委託者のために行為をする者X

と，この者Ｘと取引を行う交易先の住民である他国人は，委託を引受けて行為をしている者Ｘを取引の相手方と考えて取引を行えばよく，Ｘと委託者の関係を知る必要はない。仮に，委託者の存在を知ったとしても，委託を受て行為する者Ｘを取引の相手方とするのであって，取引について委託者は一切無関係であった。したがって，委託者と委託を受けた他国人Ｘの関係と，Ｘと取引を行う他国の住人の関係，両者は別個のものとして確立されていたことになる。問屋の始まりは，この他国で委託者のために行為する者Ｘである。

7-1-2 法的性質

　問屋の起源からも理解できるように，問屋は委託者のために行為を行う者で，委託者－問屋の関係が問屋の法的性質を決定する。問屋は委託の引受けを営業とする者である。問屋が委託に基づき物品の販売・買入れを行うのは，「委託の引受」契約の内容が物品の販売・買入れだからであり，その行為は委託者－問屋間で行われた委託契約の履行行為である。委託者と問屋関係は，委託する，委託を引受ける，との合意において成立しており，物品の販売または買入れ行為は問屋の法的性質に直接関係しない。条文上，問屋とは，他人のために物品の販売または買入れを行う者が問屋であると規定されているため，他人のために物品の販売または買入れを行う者が問屋であると誤解する可能性があり注意を要する。あくまでも**委託を引受ける契約を業とすることが問屋営業である**。

　問屋は自己の名をもって他人（→委託者）のために行為をなすことを引受ける者である。引受行為が委託者・問屋間の契約行為である。引受業ともいうべき営業行為が問屋業で，委託者と問屋間の契約を問屋契約という。とすれば，問屋は取次業であることになる。取次業とは，自己の名をもって他人のために法律行為をなすことを引受けることだからである（商法502条11号）。取次業の代表的なものは問屋業であるといってもよい。物品の販売・買入という法律行為を委託され，その法律行為を行うことを引受ける契約＝問屋契約の法的性質は，委任契約である（民法643条）。商法が問屋契約につき，委任および代理に関する規定を準用すると定めるのはこのためである（商法552条2項）。

7-2 問屋の成立要件

7-2-1 成立要件

　問屋とは，**自己の名をもって，他人のために，物品の販売または買入れをなすを引受けることを業とする者である**（商法551条）。簡単にいえば，他人の委託を受けて物品の販売または買入れを自己の名で行うことである。委託を行うものを委任者または委託者といい，委託を引受けるものを問屋または受任者といい，問屋が委託内容を実現するべく取引を行う者を相手方という。委託者は商人である必要はなく，委託者の問屋への委託行為が商行為であることも必要ではない。また，問屋は不特定多数を相手とするものであり，特定の委託者のために行為を行うものではない。無論，特定の商人のためにのみ行っても，それが取次行為である限り問屋営業に該当することになる。

7-2-2 自己の名をもって行為をすること

　問屋は，委託された行為を行う場合，委託者の名ではなく自己の名で行為をすることである。**自己の名で行為するとは，権利義務の当事者になることである**。したがって，相手方は，問屋と取引するとき，問屋を契約の当事者として取引を行うことになる。相手方－問屋間の売買契約は，相手方と問屋間でのみ効力を有し，委託者は相手方との関係においては存在しないのと同じで，相手方－問屋間の契約関係に関係することは一切ない。売買契約の権利・義務関係は，相手方と問屋間で発生し，相手方－問屋関係は通常の売買契約の当事者関係と変わるところはない。
　商法が，問屋は委託者のために行った「販売または買入れに因り相手方に対し自ら権利を得義務を負う」と規定するのはこのことである（商法552条1項）。

7-2-3 他人のために行うこと

　「他人の計算において」と同じ意味で，問屋の行う売買契約から生ずる総ての経済的効果（→損益）が委託者に帰属することである。委託に基づ

き問屋が行う契約は，相手方と問屋間においてのみ効力を生じ，権利・義務の当事者は相手方と問屋であるが，そうした契約によって生ずる経済的効果が総て委託者のものになることを，「他人のために」とか「他人の計算において」というのである。

とはいえ，権利義務の当事者が問屋であるのに，その経済的効果がいかなる理論によって委託者に発生するのであろうか。物品の販売の場合は，販売代金を受領する権限は問屋にあり（→代金の支配権は問屋にある），物品の買入れでは，買入れた物品の所有権は問屋にある。経済的効果が委託者のものとなるとは，売買代金，あるいは，物品の所有権が問屋から委託者へ移転することを内容とすることで，これらの移転以外に経済的効果なるものは存在しない。学説は，問屋から委託者へ当然に移転するとか，格別の行為がなくとも自動的に移転すると解し，その根拠を，代理に関する規定が問屋契約に準用されていることに求めている（商法552条2項）。即ち，委託者と問屋間で締結される問屋契約は委任であり，外部関係ともいうべき相手方と問屋間の契約関係につき委託者が権利・義務を有することはない。しかし，内部関係ともいうべき委託者と問屋関係は委任であると同時に，代理関係が準用される関係でもあり，この代理関係が準用される結果，問屋の有する代金や物の所有権は委託者のものとなる。

7-2-4　目的物が物品の販売または買入れであること

問屋は他人のために法律行為を行うことを「引受ける」商人であった。「引受ける」行為は，売買以外にも，運送，出版，広告等があるが，問屋業は物品の販売と買入れ行為を引受ける者に**限定されている**。物品とは，動産，有価証券のことである。

7-2-5　業とすること

取次行為＝問屋の行為を営利の意思で継続・反復して行うことである。問屋契約に基づく行為によって問屋が損をしたか利益を得たかは問題ではなく，営利の意思で継続・反復して行えば業としたことになる。問屋の利益とは問屋の報酬である。問屋が委託者との契約により行為を行い報酬を得る，この報酬が問屋営業に要する経費等より多ければ利益になるし少な

ければ損だが，営利の意思で行われた限りこの利益の有無は問わない。

7-3 問屋の権利・義務

7-3-1 問屋の権利
(1) 費用請求権

問屋と委託者間の法的性質＝問屋契約の法的性質は委任であった。問屋が，委託された法律行為を行うにつき，費用が必要なとき，または，必要であると考え出費した費用があるとき，委託者に対し，その費用の前払請求権（民法649条），あるいは，出費した費用の償還請求権（民法650条）を有するのはこのためである。

(2) 報酬請求権

問屋が委託された売買契約を実現することによって発生する利益または損失，換言すれば，問屋が成立させた売買契約自体から生ずる利益または損失は総て委託者に帰属する。問屋は，売買契約を行うことを引受け，これを実現することに対し委託者から手数料を得る，この手数料が問屋の営業利益ともいうべき収入である。通常は，問屋契約が行われるとき，報酬である手数料の支払に関しても特約がなされるが，問屋は特約がなくとも当然に報酬の支払を請求することができる（商法512条）。

(3) 留置権

問屋が委託者のために行為を行い手数料たる報酬請求権が発生し，かつ，それが弁済期（→支払期日が到来していること）にあっても委託者が支払をしない場合，問屋は支払があるまで，委託者のために占有する物または有価証券を留置することができる（商法557条による商法51条の準用）。例えば，車の販売を委託され，そのうちの半数を販売した時点で報酬の支払がないことが明らかになったので，残りの半数を報酬の支払があるまで留置するといったことである。

問屋の留置権は代理商の留置権と同じ留置権であるので，権利内容については，代理商の留置権に関する説明の部分参照。

(4) 供託および競売権

委託者の委託に基づき問屋が物品を買入れたにも拘わらず，委託者が当該物品の受領を拒んだとき，または，受領ができないとき，問屋は供託をすることができる（商法556条による商法524条の準用）。買入れた物品は委託者に引渡す物品で問屋が必要とするものではない。委託者の受領がないと，問屋は何時までも物品を保管する義務から解放されず，自らの営業に支障をきたすことにもなる。供託権を認めることにより問屋のかかる義務を解放するのが供託権の趣旨である。

また，委託者による物品の受領がない場合に，当該物品が損敗し易い物であるときは，問屋が保管している間に価値が失われることも有り得る。この場合に備え，問屋には競売権も認められている（商法556条による商法524条の準用）。即ち，委託者に対し物品の受領を催告した後，相当な期間が経過しても受領がないとき，問屋はそれを競売することができ，代金を供託することになる。

(5) 介 入 権

(a) 介入権の内容

問屋契約に基づき，問屋が委託された物品の販売または買入れを相手方と行うのが問屋の通常の営業形態である。委託者は相手方を知る必要はなく，問屋が「だれに」「だれから」販売または購入したかは無関係で，要するに，委託内容＝物品の販売または買入れ＝が実現されていればよい。そこで，問屋自身が委託者の相手方となり委託された物品の買主または売主となることは許されるか，といった問題が出てくる。原理的にいえば，委託内容が実現されている限り，委託者には相手方が問屋自身であろうがなかろうが問題とはならないし，商法もこのことを認める（商法555条1項前段）。**問屋が委託者を相手に委託された物品の売主または買主になることができる権利を介入権という**。問屋は本来，相手方との関係においてのみ売買契約の当事者となり，委託者との関係では委任関係に立つにすぎない。通常は委託者に対し売買契約の当事者とはならない問屋が，委託者との売買契約関係に介入することからの名称で，介入権の行使により，委託者・問屋間に，問屋契約の当事者関係と，売買契約の当事者関係との二つの関

係が形成される。無論，問屋が介入権を行使したときでも委託者の目的は達成されているため，問屋は問屋契約に基づく報酬を請求することができる（商法555条2項）。しかし，介入権の行使には一定の前提条件があり無条件ではなく，この条件を欠くとき介入権は認められない。

(b) 介入権行使の要件

① 委託者が目的物の販売・購入につき相手方を指定していないとき。指定があれば問屋はその者を相手方としなくてはならないからである。

② 特約によって介入権の行使が否定されていないこと。

③ 問屋が委託者より購入または買入れを委託された目的物＝物品について，「取引所の相場がある」こと。取引所の形成されていない物品については，取引所の相場そのものが形成されたり存在したりすることはなく，故に問屋は介入権を行使できない。

対象物によっては取引所が複数存在することがある。委託者が問屋に売買の地（場所）を指定しているときは，その指定の地にある取引所の相場によることを要する。指定がないときは，問屋の営業所の所在地にある取引所の相場，あるいは，営業所の所在地に複数取引所が存在するときは，相場を支配する取引所の相場によることが必要である。

④ 介入権行使の方法は，問屋が委託者に対し，介入をなす旨を通知することによって行う。目的物の売買価格は，この通知を発した時点における取引所の相場に従う（商法555条1項後段）。相場は日々変動するので，価格に関する争いを避けるための規定である。

7-3-2 問屋の義務

(1) 委任契約の性質からする義務

問屋・委託者間は委任関係だから，問屋は委託者から委託された法律行為（→物品の販売・買入れ）を善良な管理者の注意をもって行う，所謂善管注意義務を負う（民法644条）。

(2) 履行担保義務

問屋が問屋契約に基づき相手方と契約を行った場合に，相手方が契約を履行しなかったときどうなるであろうか。例えば，物品の販売を委託され

た問屋が買主を探し，売買契約締結に成功したとする。だが，相手方が売買代金を支払わなければ，委託者に経済的効果は発生しない。ところが，相手方との契約の当事者，権利・義務の当事者は問屋であるから，委託者は相手方に対し自ら直接契約の履行請求を行い目的を達成し損害を免れる，といったことを行うことができない。問屋に対し，相手方へ代金の支払請求を行うことを依頼する以外に損害を免れる方法がない。そして，そもそも契約の履行をしない無責任な者を契約の相手方として選び契約の締結をしたのは問屋である。そこで商法は，かかる場合，問屋は相手方に代わって委託者に対し契約の履行責任を負うと定めた（商法553条本文）。問屋は物品の販売だけでなく物品の買入れの場合にも履行義務を負う。問屋のこの義務を**履行担保義務**と呼ぶ。

特約によってこの義務を免除することは無論可能であり，履行担保義務を免除する特別な慣習があるときも同様である（商法553条但書）。

(3) 指値遵守義務

委託者が問屋に物品の販売・買入れを委託するとき，価額を指定することがある。販売の場合は，00円以上で販売するように，買入れの場合は，00円以下で買入れるように，といったごとくである。**委託者が指定する価額を指値といい，問屋は指値を遵守する義務がある**（商法554条）。無論，委託者が指値を行わず販売・買入れの価額を問屋に一任する場合もある。

売値につき指値があるとき，問屋は指値かそれ以上で売ることを要し，買指値のときは指値かそれ以下で買入れることを要する。販売または買入れが指値に従わずに行われたとき，委託者は当該物品の受取りを拒否することができる。しかし，この場合でも，問屋が，指値と実際に販売または買入れた価額との差額を負担すれば，委託者は受取りを拒否することができない（商法554条）。指値通りの価額で販売または買入れたのと同じ結果が発生しているからである。問屋が，売指値の場合に指値以上で販売したとき，買指値のとき指値以下で買入れたとき，いずれについても委託者の希望より以上の利益をもたらす価額だが，それらの経済的効果は総て委託者に帰属し，問屋が自己のものとすることはできない。

指値遵守義務は，委託者が一方的・命令的に指定することにより発生す

るのではなく，問屋が指値につき同意していなければ発生しない。委託は問屋契約により行われ，指値はこの問屋契約の契約内容の一部分となっている。仮に，指値を含まない問屋契約が行われたとすれば，その問屋契約は指値のない問屋契約，即ち，販売または買入れの価額を問屋に一任した問屋契約である。反対に，問屋に一定の価額を遵守してもらうために指値を行う場合，委託者は問屋契約において指値せざるを得ず，指値を含めて問屋契約が成立する。指値を含めた問屋契約は，委託者・問屋間の合意（同意）によって成立し，合意なければ問屋契約そのものが成立せず，契約不成立なら指値それ自体も有り得ない。指値遵守義務が，指値についての問屋の合意をもって発生するのは，問屋契約の構造そのものによる。

(4) 実行行為通知義務

問屋が委託者のために販売または買入れを行った場合，問屋は委託者に対し，遅滞なく通知を発しなければならない（商法557条による商法47条の準用）。通知は委託者の請求の有無に拘わらず行うことを要し，売買の相手方，時期，内容等を含めたものであることが必要で，単に売買したことの通知だけでは通知したことにはならない。

7-4 準問屋

問屋とは，自己の名をもって他人のために物品の販売または買入れをなすを業とするものであった。対象は「物品の販売又は買入れ」行為に限定されている。しかし，物品の販売・買入れ以外の行為を，自己の名をもって他人のために業として行う者がいるとき，当該行為の法的性質は問屋と全く同様であり，これを問屋と区別して取扱うべき根拠を探すことは困難である。商法はこれらの者を準問屋とし，問屋の規定を全面的に準用している（商法558条）。

準問屋の具体的企業形態は，委託者から広告の委託を受け，自己の名をもって新聞・テレビ等の相手方にその広告を行うことを依頼する広告業，出版業，運送取扱業等である。

8 運送取扱営業

8-1 運送取扱営業

8-1-1 運送取扱営業の意味

(1) 運送取扱人と運送営業

　運送取扱人とは，自己の名をもって物品運送の取次をなすを業とする者である（商法559条1項）。運送取扱人は，運送の取次業者であり，取次を業とすることにおいて商人である（商法502条11号）。また，取次業であるから問屋業と同類である。ただ，問屋が物品の販売または買入れの引受けを営業とするのに対し，運送取扱業は物品運送の取次を営業とする点で両者は異なる。しかし，取次業という基本的性質は同じなので，商法が特に定めるもの以外は問屋の規定が準用されることになる（商法559条2項）。沿革的にいえば，運送取扱業は問屋業から分離・独立したもので，当初は問屋業の一業務内容であった。問屋の規定が準用されるのはこの意味において当然のことでもある。

　運送取扱営業は上に見たように取次業だから，条文上明示されてはいないが，**自己の名をもって他人のために物品運送の取次を業とする者**である。より具体的にいえば，先ず運送取扱人は委託者と運送取扱契約を締結する。契約内容は，運送取扱人が自己の名をもって委託者のために，運送人と物品運送の契約を行うことを引受けることである。次に，運送取扱人は，委託者との契約内容を履行するため，委託者のために（→他人のために）自己の名をもって，運送人との間で物品運送契約を締結する。この前者の契約，つまり，自己の名をもって委託者のために，運送人と物品運送契約の締結をなすことを引受ける行為を業とするのが運送取扱人であり，運送取扱営業である。

```
委託者  ──運送契約──▶ 運送取扱人 ──運送契約──▶ 運送人
       締結の引受                    の締結
```

運送を対象によって区別すると，旅客運送と物品運送に区別でき，後者の契約を委託者のために引受ける行為（＝取次行為）が運送取扱営業であり，物品運送の取次である限り，陸上運送，海上運送，空中運送，いずれによるかを問わない。

現在運送取扱営業，即ち，物品運送の取次のみを業とする商人は存在しないといってよいであろう。実際は，運送取扱営業を従とし，主としては，自己の名ではなく委託者の名をもって物品運送契約を締結する代理運送業，運送業そのもの，あるいは，倉庫業等を兼業するのが一般的状況である。無論，兼業を行うか否かは運送取扱人の自由である。しかし，運送取扱営業を含めて広く運送業は日進月歩といってよく，最近は各種の営業と混合した新しい運送業が発展しつつあり，特に電子商取引と結合した航空および道路運送が今後の運送業の動向を決定するであろうことが予想され，法的検討が求められる事態が発生している。

(2) 到達地運送取扱人

運送取扱人ではないが運送取扱人に類似した「到達地運送取扱人」なる者が存在する。非商人を対象とする宅急便等とは異なり，商人を相手の運送の場合，運送品が目的地まで運送されても運送品が直接荷受人へ届けられるとは限らない。運送品が精密機械であるとか，大量であったりするときは検査を要するし，海外からのものであるときは関税手続が必要になったりするからである。そこで，こうした各種手続を経た後に運送品を荷受人へ引渡すことが行われ，当該手続等を担当し荷受人へ運送品を引渡す者のことを到達地運送取扱人という。到達地運送取扱人は，委託を受け自己の名で運送契約を締結することを引受ける者ではなく，運送取扱人ではない。とはいえ，運送取扱人の行う営業に附随する業務を営業内容とするのが到達地運送取扱人であるため，運送取扱人に関する規定が準用される。運送取扱人が到達地運送取扱人を兼ねる場合も多い。

8-1-2 法的性質

　運送取扱人は委託者との間で，自己の名をもって委託者のために物品運送の取次を行うことを引受ける契約を締結する。これを運送取扱契約という。そして，委託者との契約を履行するため運送人と運送契約を締結する。運送取扱人は，運送人との関係では運送契約の当事者となり，権利義務の当事者となるが，委託者との関係においては，委託者のために委託された行為＝物品運送契約締結の引受け＝運送契約の締結＝を行う者であるから，委託者と運送取扱人間の運送取扱契約の法的性質は委任である（民法643条）。

　委託者と運送取扱人間の契約形態は，諾成・不要式の債権契約である。通常は契約内容について争いの発生を防止することを目的として契約書が作成されるが，契約書の作成は運送取扱契約の成立要件ではなく，それは口頭で成立した契約内容を契約書として明示したものにすぎない。また，運送関係の契約は商法総則の最初の部分において説明したように，例外なく約款を利用して行われるといってよい。しかし，約款を利用した契約であったとしても，契約の性質としては委任であり，諾成・不要式の債権契約であることに変りはない。

8-1-3 成立要件

　運送取扱人とは，自己の名をもって，他人のために，物品運送の，取次をなすを業とする者であった。以下，これら各要件について明らかにする。

(1) 自己の名をもって

　委託者の委託に基づき運送人と運送契約を締結し，運送人との関係において運送契約の当事者となり，運送契約の権利義務の当事者となることである。したがって，運送人に運送品の運送を依頼する荷送人は，運送取扱人である。

(2) 他人のために

　運送取扱人は運送人との間で自己の名をもって運送契約を行うも，当該運送契約は委託者のための運送契約であり，「他人のために」とはこの事

態を指す表現である。運送人が運送契約を締結したことによる経済的効果＝運送品が荷受人に運送されたことによる経済的効果が委託者に帰属するのは，運送取扱人が他人のために（→委託者のため）行為をしたことの結果である。

(3) 物品運送

運送取扱人の営業対象が物品運送の取次に限定されることであり，物品以外を対象とする場合は運送取扱営業ではない。例えば，旅客運送の取次を対象とするときは，運送取扱営業ではなく準問屋の行為となる。

(4) 取次をなす

委託者のために物品運送契約の締結を引受けることであって，物品運送契約の引受業ともいうべき行為をなすことである。「取次」とは「引受」のことであるといえば理解し易いであろう。

(5) 業とする

営利の意思で継続・反復して行うことである。即ち，運送取扱を営利の意思で継続・反復すれば，業として行ったことになる。

8-2　運送取扱人の権利・義務

8-2-1　権　利

(1) 費用請求権

運送取扱契約は委任契約である。したがって，運送取扱人が運送取扱契約に基づき運送人と運送契約を締結するにつき必要な費用（例えば，運賃）があるとき，または，運送取扱人が運送取扱契約を履行するについて必要と判断して出費した立替費用があるときは，委託者に対し費用の前払請求権，あるいは，立替費用の償還請求権を有する（民法649条，650条）。

運送品を荷受人が受取った後は，荷受人も費用についての支払責任を負う（商法568条による商法583条2項の準用）。

(2) 報酬請求権

　運送取扱人は委託者との運送取扱契約において報酬を定めて取次を行うのが通常であるが，契約で報酬を定めていないときでも報酬請求権は発生する（商法512条）。

　報酬を請求できる時期は，運送取扱人が運送人と運送契約を締結し，運送人に運送品を引渡したときである（商法561条1項）。運送取扱契約は，委託者のために運送契約の締結を引受ける契約であった。これを文字どおりに解釈すれば，運送取扱人は委託者のために運送人と運送契約を締結するだけで運送取扱契約を履行したといえる。つまり，委託者から委託された行為を完了したことになる。だが，運送取扱人と運送人の間に運送契約が成立しても運送取扱人が運送人に運送品を引渡さない限り実際に運送することができないため，運送契約の締結では足りず，運送人へ運送品の引渡が行われたことをもって運送契約の締結が行われたものと解し，運送取扱契約もこのときに履行され完了したと考えるのである。法理論的にいえば，委任契約である運送取扱契約による委任事務の処理＝履行は，運送品の引渡しをもって完了したと解するのである。故に，運送人に運送品を引渡した時点で報酬請求権が発生することになる。運送品が目的地に運送されたか，荷受人に届いたか，といったことは報酬請求権の発生とは無関係である。

　運送取扱契約によって運送品が荷受人に届いたときに報酬請求権が発生する旨の特約あるとき，または，運送取扱人が到達地運送取扱人を兼ねているときは，運送品が荷受人に届いたときに報酬請求権が発生することはいうまでもない。以上とは異なる報酬請求時期を定める特約も有効である。

　運送取扱契約で運送賃が定められる場合がある。具体的にいえば，委託者が運送取扱人に対し，運送賃を決めて運送契約の締結を委託することで，運送取扱人の同意によって契約は成立する。この契約を，確定運賃運送取扱契約という。確定運賃運送取扱契約においては，運送取扱人は委託者からの委託内容を履行しても，特約なき限り報酬請求はできない（商法561条2項）。確定運賃運送取扱契約で定めた運賃は，運送取扱人の報酬を含めたものであるとの考えによるものである。

　なお，運送取扱人の委託者または荷受人に対する費用請求権，報酬請求

権等運送取扱契約により生じた総ての債権は、1年の時効によって消滅する（商法567条）。

(3) 留置権

運送取扱人は、運送品に関し受取るべき報酬、運送賃、その他委託者のためになした立替費用または前貸について、その運送品を留置することができる（商法562条）。運送取扱人が運送取扱契約に基づき、委託者のために運送人と運送契約を行う際、運送契約の当事者は運送取扱人であり、運送人に対し運賃その他運送に関する費用の支払義務は運送取扱人にある。運送取扱人が委託者のために運送賃を支払ったり費用を立替えたりして運送契約を締結しても、委託者が運送取扱人に、運送取扱人が運送人に支払った運送賃・費用等を支払わない場合、運送取扱人に損害が発生する。運送取扱人は運送賃等の支払いがあるまで、委託者から委託された当該運送品を留置する留置権の規定はかかる場合を想定したものである。

本留置権の性質について**第一の注意すべき点は**、運送品に関して受取るべき報酬、運送賃、その他委託者のために行った立替費用または前貸しについてのみ留置権が認められることである。**第二の注意すべき点は**、留置できる物は、これら報酬・費用等の未払等をもたらした運送品に限られることである。例えば、運送取扱契約が機械部品Aの運送であり、運送取扱人がAの運送契約を運送人と締結したとする。にも拘わらず、委託者がAの運送賃を運送取扱人に支払わないとき、運送取扱人は運送人に支払った運賃を委託者から回収することができない。運送取扱人は委託者が運賃を支払うまでAを留置することができるのはこうした場合である。運送取扱人が委託者に請求する運賃は、運送品Aを運送することに関して生じた債権であり、両者の間には牽連関係が存在するからである。運送取扱人の留置権発生には、留置物（→運送品）と被担保債権（→委託者のために支払った運賃）との間に牽連関係を要するというのが注意すべき第二の点の意味である。留置物と被担保債権間に牽連関係さえあれば、留置物が委託者の所有物でなく他人の物でも留置することができる。

(4) 介 入 権

　運送取扱人は委託者のために運送契約の締結を引受けることを業とする者であり，自らが運送人となって委託者の物品を運送する運送人ではない。しかし，委託者との特約により運送人となることが禁止されていない限り，運送取扱人が同時に運送人となることもできる。**運送取扱人が運送人を兼ねることを介入権という**（商法565条1項前段）。運送取扱人が下請を使用して自ら運送行為を行う場合も介入権に該当する。問屋の介入権は一定の制約の下に認められる権利であったが，運送取扱人の介入権には特約による禁止以外一切の制約はない。

　介入権の行使は，運送取扱人の委託者に対する明示または黙示の一方的な意思表示によって行われ，委託者の同意は不要である。介入権行使の意思表示は，意思表示が委託者に到達したとき効力を生ずる。介入権が行使されると，運送取扱人・委託者間に，委託者－運送人の関係が形成され，運送取扱人は委託者に対し運送人としての権利義務を有することになる（商法565条1項後段）。他方，介入権の行使は委託者と運送取扱人の関係を否定することではなく運送取扱人と運送人の兼業を認めることで，運送取扱人－委託者の関係は消滅することなく継続して存続する。このため，運送取扱人は委託者に対し，運送人としての権利義務と運送取扱人としての権利義務とを併有することになる。

　運送取扱人が委託者の請求に応じて貨物引換証を作成したときは，運送取扱人は自ら運送を引受けたものと看做される（商法565条2項）。貨物引換証とは運送人が，荷送人の請求に基づき作成するもので（貨物引換証については運送営業のところで詳しく説明するので，運送営業の部分を参照），運送人以外の者が作成してもそれは貨物引換証とはならず，貨物引換証類似の紙片にすぎない。ということは，委託者の要請に応じて運送取扱人が貨物引換証を作成するとは，法的には委託者が運送取扱人に運送人たるべきことを求め，運送取扱人がこれに応えて運送人となり貨物引換証を発行したことを意味すると理解すべきである。したがって，運送取扱人が貨物引換証を作成したとき，運送取扱人は介入権を行使し運送人となったものと解すべきで，委託者・運送取扱人間での意思表示による介入権行使の一場面といえる。

8-2-2 義務

委託者・運送取扱人間は委任関係であった。また，取次業として同業である問屋の規定は，特別な定めがある場合の他は運送取扱人に準用される（商法559条2項）ことは既に触れた。そこで先ず運送取扱人の義務を明らかにするには，委任関係であることにより負う義務を(1)において述べ，問屋の規定が準用されることによりいかなる義務を負うかの点は(2)(3)で述べ，(4)以降で商法が運送取扱人に特別に定める義務につき説明することにする。

(1) 委任関係に基づく義務

運送取扱人は，善良な管理者の注意義務（善管注意義務）をもって委託者から委託されたことを行う義務を有する（民法644条）。より具体的にいえば，運送取扱人は委託者のために物品運送の取次行為を行う者であるから，善管注意義務をもって最適な運送人を選択し委託者のために運送契約を締結する義務を負う。

(2) 指定運賃遵守義務

委託者が運送取扱契約において運賃額の指定をしているときは，運送取扱人はその運賃額を遵守して運送人と運送契約を締結しなければならない。問屋が委託者の指値を遵守する義務と同じ義務である。運送取扱人が，指定された運賃額で運送契約を締結しなかった場合でも，その差額を運送取扱人が負担するときは，遵守義務違反にならないことも問屋の場合と同様である。

(3) 通知義務

運送取扱人が運送取扱契約を履行したとき，即ち，委託者のために運送人と運送契約を締結し運送人に運送品を引渡したときは，委託者に対しその旨を遅滞なく通知する義務を負う。これも問屋の通知義務と同じである。

(4) 損害賠償義務の構造

運送取扱契約に限らずあらゆる契約は必ず履行されなければならず，履行しなければ債務者は債務不履行責任を負い，損害があれば損害賠償請求

をされる（民法415条）。運送取扱契約の履行でもこのことに変わりはなく，商法が運送取扱人につき定める損害賠償義務も，基本的には契約一般の不履行に関するそれと特段に異なるものではない。しかし，運送取扱契約＝取次契約という性格から，商法上特殊な内容が定められている。

　運送取扱人は，自己またはその使用人が運送品の受取・引渡・保管，運送人または他の運送取扱人の選択，その他運送に関する注意を怠らなかったことを証明しない限り，運送品の滅失・毀損(きそん)・延著(えんちゃく)につき損害賠償の責を免れることができない（商法560条）。

　本条は，運送取扱人が運送取扱契約で負うべき損害賠償の具体的内容を細かく明示していることにおいて，通常の契約責任の場合とは異なっている。また，委託者が契約責任を追及し損害賠償請求を行うとき，請求者，即ち，損害賠償を求める者，損害賠償請求をする者（委託者）が，損害賠償責任を負う者（運送取扱人）に対し，損害賠償を負うべき原因や根拠について証明をしなければならないのが一般的法原則である。例えば，運送取扱人の過失を原因として損害を被ったという証明を行うことである。ところが，本条では損害賠償を請求される者（→運送取扱人）が，損害発生につき責任がなかったこと（→過失がなかったこと）を証明しないかぎり責任を免れることができないと規定し，通常の場合とは損害賠償請求についての証明負担が逆になっている。**これを挙証責任の転換という**。商法560条はこの二点において一般の契約責任とは異なる構造を有するといってよいであろう。

(5)　損害賠償義務の内容
(a)　運送取扱人は，自己または使用人の過失について責任を負う

　運送取扱人自らの過失により委託者に損害を発生させたとき責任を負うのは通常の契約責任と同じであり，自己が雇用する使用人の過失で損害を発生させたときも，その責任は使用人を雇用している使用者＝運送取扱人が負うことも通常の場合と異なるところはない。しかし，「自己または使用人の過失について責任を負う」とは，単に自己が雇用する使用人の過失だけをいうのではなく，運送取扱人が運送取扱に使用した履行補助者総ての過失を含めた意味である。例えば，運送取扱人が他の運送取扱人を下請人

として使用して業務を行ったとき，この下請人の過失についても責任を負うことである。運送取扱人が，中継地，到達地の運送取扱人を選択したときは，その選択の適否についても責任を負う。例えば，精密機械の運送取扱人に適した設備を有しない者を選択した場合等である。

(b) 運送品の受取・保管・引渡について責任を負う

(イ) 「受取」とは，運送取扱人が委託者のために運送人と運送契約を締結し，委託者から運送品を受取る行為のことである。また，到達地運送取扱人を兼業する場合は，到達地で荷受人へ運送品を引渡すために運送人より運送品を受取る行為も「受取」である。

(ロ) 「引渡」とは，運送取扱人が委託者から受取った運送品を運送人へ引渡す行為のことである。運送取扱人が到達地運送取扱人を兼ねる場合は，到達地において運送人から運送品を受取り荷受人に引渡す行為も「引渡」に含まれる。

(ハ) 「保管」とは，運送取扱人が委託者から運送品を受取った後，運送人へ運送品を引渡すまでの間，当該運送品を保管する場合のことである。運送取扱契約が行われ，運送取扱人が委託者より運送品を受取ったとしても，各種の事情で直ちに運送を依頼するとは限らない。運送品が運送人へ引渡されるまでの間，運送取扱人に運送品の保管義務が課せられる理由である。

保管の方法は，保管の対象である運送品によって異なるが，単に盗難を避けるだけが保管ではなく，倉庫に保管し火災やその他防虫等の手段を講ずることも保管義務の内容となる場合もある。こうした保管義務違反による損害が発生したとき，運送取扱人は損害賠償義務を負う。

(ニ) 運送取扱人の損害賠償責任の内容は先に述べた(イ)(ロ)(ハ)に限定されており，精神的損害（慰謝料）や得べかりし利益については責任を負う必要はない。ただし，悪意の場合は別である。

(6) 高価品についての特則

委託者が運送取扱人に対し，貨幣，有価証券，その他高価品の運送取次を委託するとき，その種類，価額を明告していなければ，運送取扱人は当該高価品を過失によって滅失・毀損しても損害賠償責任を負わない（商法

568条による商法578条の準用)。

　高価品とは，容積・重量からして著しく高価なもののことである。高価品の例としては，宝石・貴金属，骨董品としての価値のある陶器等が考えられる。陶器でいえば，日常使用する茶碗は，その容積・重量からしていかに高くとも最高2000～3000円程度であると思われるが，骨董的価値のある茶碗はこの100倍以上のものが有り得る。運送取扱人が高価品であることを明告されていれば，取扱について細心の注意を払ったり，保険に加入したり，割増料金を請求したり，といった配慮が可能だが，明告されていなければこれを行うことができないため，損害賠償の義務を負わないとされるのである。だから，明告とは，高価品であることを運送取扱人が理解できるよう明示することである。したがって，委託者が明告しなくとも，運送取扱人が高価品であることにつき悪意（→高価品であることを知っていること）である場合は，高価品であることの明告がなくとも，運送取扱人は損害賠償の義務を負う。

(7)　損害賠償義務と免責約款

　運送取扱契約が締結されるとき，運送取扱人は約款を利用して契約を行うのが一般的な方法である。約款は各種の条項から成立っているが，その中の運送取扱人の責任を減じたり免除する条項を免責約款と呼ぶ。例えば，運送取扱人に悪意・重過失なき限り責任を負わないといった条項である。

　これまで述べてきた商法の定める運送取扱人の責任に関する規定は，任意規定であるから当事者間の特約によって排除ないし変更することは有効である。約款を利用した運送取扱契約であっても，約款を利用することが当事者間で合意されていれば，約款の中の免責条項（→免責約款）は有効であり免責約款を無効とすることはできない，との形式的判断を行うことはできる。しかし，単に特約による場合であろうと，約款による免責条項を利用した特約による場合であろうと，委託者が運送取扱人へ運送を委託するについては運送取扱人の提示する免責に関する条項を承諾するか運送取扱契約を中止するかの二者択一の道以外は存在しない。運送取扱を含めた運送業関連の営業は，一定の独占的営業として行われているからである。かかる事態を考慮して検討した場合，委託者にとって非情と思われる免責

約款は，合意されたものであったとしても公序良俗に反し無効と解すべきである（民法90条）。

8-2-3 義務の消滅

(1) 運送取扱人の責任は，荷受人が運送品を受取った日から1年の時効によって消滅する（商法566条1項）。

(2) 運送品が全部滅失したときは，契約により定められていた荷受人に運送品を引渡すべきであった日から1年の時効によって消滅する（商法566条2項）。運送品が全部滅失したときは，荷受人に運送品を引渡すことは有り得ず，上記(1)のように荷受人が運送品を受取った日から1年といった計算をすることができない。そこで，荷受人へ運送品を引渡すべきであった日から1年の時効によって消滅すると規定されたのである。

(3) 運送取扱人に**悪意あるときは**(1)(2)の規定は適用されず（商法566条3項），運送取扱人の責任の時効は一般的には5年であるといってよい（商法522条）。しかし，委託者が非商人のときは，損害賠償請求権者は非商人なので民法が適用され10年となる（民法167条）。問題は，「悪意あるとき」とはいかなることをいうのかである。有力説は，運送取扱人が故意で（→悪意で）運送品を滅失・毀損させた場合のことであるとする。判例は，運送品に滅失・毀損があることを知って引渡すことであるとする。

判例の理論は必ずしも明確とはいい難いが，「知って引渡す」だけでは時効期間を長くする根拠たり得ないであろう。いうまでもなく，責任の消滅期間延長は，運送取扱人の責任を重くすることである。とすれば，1年の時効による場合とは異なって，運送取扱人の行為に「より重い責任を負担すべき」特殊な要素が加わったから責任消滅の時効期間が5倍の5年になると考えなければならない。判例は，『運送取扱人が運送品に滅失・毀損があることを「知って引渡」すとは，単に運送品に滅失・毀損の事実があることを知っていることであり，運送取扱人が運送品の滅失・毀損に関してより重い責任を負うべき特殊な行為を行ったことを意味するものではない』とするが，「知っている」だけで何故により重い責任を負担すべきな

のか理解に苦しむ。とはいえ，**実際に使用されている約款は，判例の立場によって作成されている。**

8-3 相次運送取扱

8-3-1 相次運送取扱の意味

相次(そうじ)運送取扱とは，同一の運送品取扱について複数の運送取扱人が相次いで関与することをいう。相次運送取扱には次のごとき各種の形態がある。

(1) 中継運送取扱

A地からB地へ運送品を運送する場合に，委託者と運送取扱契約を締結し運送取扱を行う最初の運送取扱人（第一の運送取扱人）は，A・B間の途中までを担当し，第二の運送取扱人はそれ以降を担当し，更に，第三の運送取扱人がその次を担当し目的地Bまでの運送取扱を行う運送取扱形態のことである。

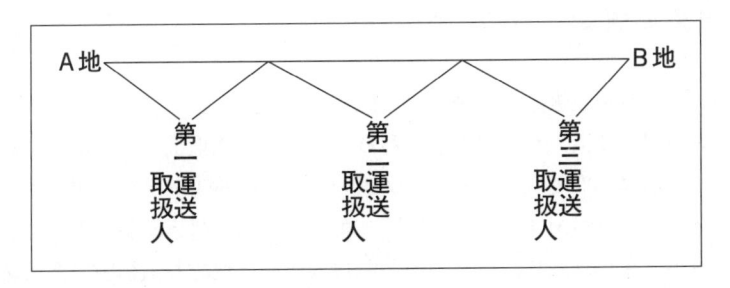

```
A地─────────────────────B地
     \   /      \   /      \   /
      第         第          第
      一         二          三
      運         運          運
      送         送          送
      取         取          取
      扱         扱          扱
      人         人          人
```

第二，第三の運送取扱人，即ち，第一の運送取扱人である元請運送取扱人以外の運送取扱人を，中間運送取扱人ないし中継運送取扱人という。

(2) 下請運送取扱

委託者と運送取扱契約を行った運送取扱人（元請）が，下請運送取扱人を使用し（複数使用する場合もある），A地からB地への運送取扱を実行する形態のことである。元請と下請の関係は両者の間でのみ効力を有し，委託者と下請は一切法的関係をもたず，委託者との関係において権利義務を有するのは元請運送取扱人だけである。この形態は，元請が下請を自己の

履行補助者として使用し運送取扱を実行しているケースで，法的には自己の使用人を使用して運送取扱を履行するのと同じである。現実の運送取扱が下請を含めて数人の運送取扱人により実行されることから相次運送の概念に含まれるが，法的には，委託者と元請人の二者による運送取扱関係と考えて差し支えない。

(3) 部分運送取扱

委託者が複数の運送取扱人とそれぞれ運送取扱契約をなし，A地からB地までの運送を実現する形態である。それぞれの運送取扱人は，委託者との運送取扱契約により決められた区間についてのみ権利義務を有し，これ以外の区間については無関係である。無論，各運送取扱人間には何の関係も発生しない。

8-3-2 相次運送取扱人の権利義務

商法が相次運送取扱につき特殊に定めるのは，前記の8-3-1の(1)で説明した中継運送取扱についてである。

(1) 相次運送取扱人の弁済による権利取得

後者の運送取扱人が債務者に代わって前者の運送取扱人に弁済をなしたときは，前者の有していた権利を取得する（商法563条2項）。理解しにくい条文の表現だが，先の図において，第二の運送取扱人に対し債務を有する者甲が存在したとき，第三の運送取扱人が甲に代わり債権者である第二の運送取扱人に弁済したときは，第二の運送取扱人が債務者である甲に有していた権利を第三の運送取扱人が取得することである。最初の運送取扱人である元請運送取扱人が債権を有する場合に，債務者に代わって当該債務を弁済したときも同様であり，要するに，義務者である債務者に代わって権利者である債権者（→第一ないし第二の運送取扱人）へ弁済したときは，弁済をなした運送取扱人は権利者の有していた権利を取得することを定めた規定である。

弁済をなすことによって債権者の権利を取得した運送取扱人は，以後債務者甲にその権利を行使できることになるが，債務者は権利者であった者

(第一ないし第二運送取扱人）に対し有していた抗弁等あらゆる事由をもって新しく権利者となった運送取扱人に対抗することができるのは当然である。

(2) 運送人への弁済による権利の取得
　中継運送取扱人が運送人へ弁済したときは，運送人の権利を取得する（商法564条）。本条の規定も上記の(1)の場合と同じ類であるといってよいであろう。即ち，運送人に債務を有する者がいるとき，この債務者に代わって運送取扱人が運送人へ弁済をした場合，運送人が当該債務者に有していた権利を，債務者に代わり弁済をした運送取扱人が取得するとの定めである。

(3) 相次運送人間の権利行使義務
　数人相次いで運送の取次を行うとき（→中継運送取扱のとき），後者は前者に代わってその権利を行使する義務を負う（商法563条１項）。具体的にいえば，第二の運送取扱人は第一の運送取扱人のために，第一の運送取扱人が有する権利を行使する義務である。例えば，第一の運送取扱人が有する，**立替金支払請求**，**手数料支払請求**を，第一の運送取扱人のために第二の運送取扱人が行う**義務**であり，請求をしたが支払がないときは留置権を行使する義務のことである。第三の運送取扱人を例にしていえば，第二の運送取扱人の権利を第二の運送取扱人のために第三の運送取扱人が行使する義務である。
　(1)で述べた権利の場合と異なり，「後者は前者に代わって」という場合の前者とは，後者に運送取扱を委託した直接の前者のことであり，総ての前者のことではない。第二の運送取扱人からいえば，前者とは第一の運送取扱人のことであり，第三の運送取扱人からいえば第二の運送取扱人のことをいい，それ以外の者は含まない。第三の運送取扱人の例でいえば，第三の運送取扱人が負う権利行使義務は，第二の運送取扱人の有する権利に関してだけであり，第一の運送取扱人の権利を行使する義務までをも負うものではない。

第2部 商行為法

9 運送営業

9-1 運送営業

9-1-1 運送営業の意味

　運送を対象により区別すると，旅客運送と物品運送に区別でき，場所的に区別すれば，陸上運送，海上運送，空中運送に区別できる。以下において取扱う運送営業という場合の運送とは，陸上の物品運送である。

　物品運送とは，一定の場所から一定の場所へ物品を運送（→移動）することで，「運送」営業の運送とは，**運送を引受ける契約**のことである。運送を引受ける契約を運送契約という。即ち，荷送人から依頼を受け荷受人へ物品を運送することを引受ける契約を営業として行うことが運送営業であり，実際に物品を移動させる運送行為は，契約の実行行為であり，運送契約を締結した運送人ないしその雇用する労働者等が行う事実行為である。運送人が下請を利用して運送することも運送人の自由である。運送の目的物である物品とは，動産・有価証券のうち，運送可能なものであれば総て対象となる。

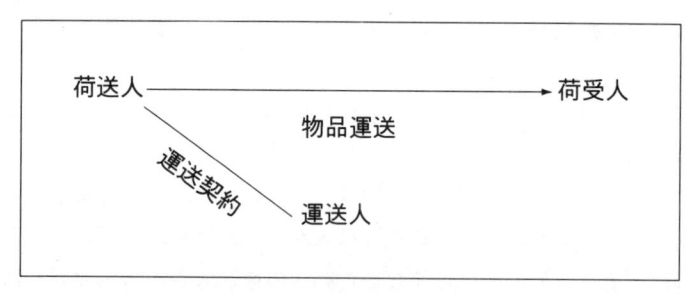

```
┌─────────────────────────────────────┐
│   荷送人───────────────────→荷受人   │
│         ＼      物品運送            │
│       運送契約                      │
│           ＼                        │
│              運送人                 │
└─────────────────────────────────────┘
```

9-1-2 法的性質

　運送契約は，荷送人と運送人間で締結される，諾成・不要式の債権契約であり，**荷受人は契約の当事者ではない**。運送契約の当事者は，荷送人と運送人で荷受人は契約当事者としては登場しない。荷送人が荷受人となる

252

ことも有り得るが（自らが自分宛てに運送を依頼すること），この場合でも契約当事者は荷送人と運送人である。

　物品運送契約は，物品を運送することを内容とし，運送という仕事を完成させる契約で，法的性質は請負契約である（民法634条）。しかし，実際に行われる運送契約は，約款を用いて行われるし商法の規定が民法に優先して適用される結果，民法の請負契約に関する規定が適用される余地は殆どない。

9-2　運送人の権利

9-2-1　運送品引渡請求権

　運送契約は諾成契約であった。運送を依頼する申込と，運送を引受ける承諾との合致＝合意のみによって運送契約は成立する。書面によって契約を行うのが一般的だが，書面による必要はなく口頭のみで十分に成立する。書面によろうと，口頭であろうと，先ず運送契約が締結され成立し，次に，成立した契約に基づき，運送品が引渡されたり，運送賃が支払われたりすることになるのは通常の諾成契約と同じである。とすれば，運送契約が成立しても，荷送人が運送品を運送人に引渡さない場合，運送人は運送を行うことができず運送契約に基づく義務を果たすことができないし，運送賃を請求することもできない。したがって，荷送人が運送品を引渡さないとき，運送人は荷送人に対し運送品の引渡請求権を有するのは運送契約の構造からして当然のことである。

9-2-2　運送状交付請求権

　運送状は送状ともいわれるもので，運送契約成立後に，運送人が運送の依頼者である荷送人にその交付を請求することができる（商法570条1項）。交付とは，運送状を運送人へ引渡すことである。

　運送状とは，
　① 運送品の種類，重量または容積およびその荷造の種類，個数ならびに記号
　② 到達地

③　荷受人の氏名または商号
④　運送状の作成地および作成年月日

を記載し，荷送人が署名した書面のことである（商法570条2項）。

　運送状は，運送人が運送品の送先や荷受人等を知ることができるようにするためのものであると同時に，運送した運送品について後日争いが発生することを防止するための証拠となる書面である。運送状は運送契約が成立した後に**運送人が荷送人に請求するもの**で（請求するか否かは運送人の自由である），その作成や請求は運送契約の成立要件ではない。運送契約は，運送の申込と承諾によってのみ成立する契約で，運送状の作成・交付等その他のことは運送契約の成立要件とは無関係である。

　作成された運送状が本条に規定する記載内容を欠く場合，余分な事項が記載されている場合，いずれでも当該運送状全体の有効・無効の問題は発生せず，記載されている事項の範囲内で効力をもつ運送状と判断されることになる。ただ，荷送人の署名がないときは有効な運送状にはならない。つまり，署名なきものは運送状ではなく，単なる紙片と解することになる。

9-2-3　運送賃請求権

(1)　運送賃の請求と約款

　運送人は，運送契約で運送賃を定めていなくとも運送賃を請求することができる（商法512条）。日常的に利用されている宅急便契約からも明らかなように，運送賃は約款によって運送契約を締結する以前に前もって運送人により決められているので，運送賃を定めていないことは有り得ない事態といってよいであろう。運送契約は請負契約であるから，法的原則からすれば運送賃は後払で（民法633条），特約によって先払にすることもできる。しかし，現実は先払となっており，特約により後払にすることが行われている。運送賃が後払の場合に，荷受人が運送品を受取った後は，荷送人と同様荷受人も運送賃を支払う義務を負う（商法583条2項）ので，運送人は，荷送人・荷受人どちらに運送賃を請求してもよい。荷受人が運送賃支払義務を負うときでも，荷受人は運送契約の当事者になるわけではない。

(2)　危険負担と運送賃

運送品の全部または一部が不可抗力によって滅失したとき，運送人は運送賃を請求することができず，既に運送賃を受取っているときは，その返還をしなければならない（商法576条1項）。**不可抗力とは**，荷送人，運送人両者の責任によらずして運送品が全部または一部滅失したときである。危険負担とは，このように運送契約当事者の責に帰すことができない事由によって運送品が滅失した場合の，その滅失につきどのように処理すべきかの問題である。例えば，予期できない地震により道路が陥没し，運搬用車両が埋没して運送品の滅失・毀損が生じた場合等である。

危険負担の場合とは異なり，運送品の全部または一部滅失が運送品の性質もしくは瑕疵，または，**荷送人の過失による場合は**，運送人は運送賃の全額を請求することができる（商法576条2項）。例えば，荷送人が腐った柿を運送品の中に混在させていたため，運送品である柿の全体または一部が滅失したようなときである。

運送品の全部または一部が運送人の過失によって滅失したとき，運送人が損害賠償義務を負うことは当然のことでいうまでもなかろう。ただ，運送人の損害賠償責任については商法に特則があるので，損害賠償の内容については後述する。

(3) 割合運送賃

荷送人等の指示により，運送を途中で中止したとか，途中で運送品の返還を行った等により運送が終了したときは，運送人は実行した部分の割合による運送賃（割合運送賃）しか請求できない（商法582条1項）。例えば，東京から大阪までの運送を依頼されていたが，途中の名古屋で運送を終了したとき，名古屋までの運送賃しか請求できないといったことである。

9-2-4　費用請求権

運送に要する費用は運送賃に含まれているから，運送人は特別に費用を請求することはできない。しかし，運送賃に含まれない費用を運送人が立替えて支払ったときは，荷送人に対し支払った費用の償還請求をすることができる（商法513条2項）。例えば，関税料とか保険料を立替えて支払った場合である。費用の償還請求は，**荷受人が運送品を受取った後は荷受人**

に対しても行うことができる（商法583条2項）。

9-2-5 留置権・先取特権
(1) 留置権

荷送人が商人であり，その営業のために運送を依頼し，かつ，運送賃等の支払を行わないとき，運送人は運送賃等の支払があるまで運送品を留置することができる。所謂一般の商事留置権である（商法521条）。しかし，ここで述べる留置権は商法521条が規定する一般の商事留置権ではなく，荷送人が商人か否かに拘わらず運送契約に関して認められる特殊な留置権で，運送人が運送品に関して受取るべき運送賃，立替金，その他の費用または前貸につき，支払があるまで運送品を留置することができる留置権である（商法589条による商法562条の準用←運送取扱人の留置権）。運送人が留置権によって担保することができる被担保債権は，運送賃，立替金，その他の費用または前貸に限定され，これ以外の債権について本条の留置権を行使することはできない。

留置権について**注意すべき第一の点は**，運送が完了して初めて留置権を行使することができるのであり，運送が完了していなければ留置権は行使できないことである。実際はともあれ，法的原則からすれば運送賃は後払であり，運送賃等を請求することができるのは運送の完了後である。とすれば，運送を完了したにも拘わらず荷送人が運送賃等を支払わないから，その支払を強制するために運送品を留置するのが留置権行使の法的構造ということになる。留置権の行使は運送の完了後においてのみ許されるとは，上記の事態を意味するものである。

注意すべき第二の点は，運送品と被担保債権との間に牽連性を要することである。例えば，運送賃が未払であるため運送品を留置するといった場合，留置権を行使し担保しようとする運送賃（→被担保債権）は，留置する運送品についての運送賃であることを要し，別な運送品の運送賃について留置権を行使することはできない。運送品Aの運送賃がXであるとき，Xを担保するために運送品Aを留置することは認められるが，運送品Bの運送賃Yを担保するために運送品Aを留置することはできないということである。A−X，B−Yの関係であることを要し，A−YとかB−Xの関

係で留置権を行使することは許されない。運送賃等と被担保債権間に牽連性を要するとはこのことである。

(2) 先 取 特 権

民法318条は,「運輸の先取特権は旅客または荷物の運送賃および附随の費用につき運送人の手に存する荷物の上に存在す」ると定める。例えば,荷送人が多くの借財を抱え債務超過で支払不能になったとき,荷送人に対し権利を有する大勢の債権者は,荷送人の財産を差押,差押た財産を競売し競売代金から自己の債権の弁済を得ようとする。こうした場合,運送品も荷送人の財産であるから差押の対象となり競売されてしまう可能性がある。

そこで民法は,**運送賃および附属の費用については**,運送人の手元に運送品がある限り,運送人は他の債権者を排除して優先的に運送品を競売しその競売代金から運送賃その他附随費用の弁済を受けることができる権利を認めた。他の債権者に優先して権利行使ができることから先取特権といわれる。要件は,手元に運送品があることで,手元にあるとは,運送品の占有を運送人が有する状態のことである。

9-2-6 供託権・競売権

(1) 供 託 権

運送人が運送品を引渡そうとしても荷受人を確知できないとき,運送人は運送契約の義務を果たすことができない。このようなとき,運送人は運送品を供託することができ(商法585条1項),供託によって運送品を荷受人へ引渡したのと同じ法的効果を享受することができる。また,運送品の引渡に関して争いがあるとき,荷受人は運送品の受領を拒むであろうから,この場合も運送人がそのまま運送品を放置すると運送義務を果たしたことにはならず債務不履行責任を問われることになる。そこで,運送品の引渡に争いあるときも,運送品を供託することができる(商法586条1項)。運送品の引渡について争いあるときとは,運送品の種類が異なるとか,品質が異なるとか,数量不足であるとかにより荷受人が運送品の受領を拒否している場合のことである。

運送人が運送品を供託したときは，運送人は荷送人と荷受人に，荷受人が不明で確知できないときは荷送人に，運送品を供託した旨を遅滞なく通知することを要する（商法585条3項，586条3項）。

(2) 競　売　権

運送人は運送品を供託ではなく競売することもできるが，競売を行うには次の要件が必要である。

(a) 運送品を引渡そうにも荷受人が確知できず引渡ができないときで，かつ，運送人が荷送人に対し相当の期間を定めて運送品の取扱についての指図をなすべきことを求めたにも拘わらず，荷送人が指図をしなかった場合に競売をすることができる（商法585条2項）。運送人が競売をしたときは，その旨を遅滞なく荷送人に通知することを要する（商法585条3項）。

(b) 運送品の引渡に関し争いあるときは，先ず荷受人に対し相当の期間を定めて運送品の受取りを催告することが必要である。催告の後相当の期間が経過したが荷受人が運送品を受領しなければ，更に，荷送人に対し運送品の取扱について指図をなすべきことを催告し，この催告をしたが荷送人が指図をしなかったとき，競売をすることができる（商法586条3項2項）。競売をしたときにはその旨を荷受人・荷送人両者に通知することを要する（商法586条3項）。

(c) 損敗しやすい運送品については，相当の期間を置くことはできないので，催告をしないで競売をすることができる（商法587条による商法524条2項の準用）。競売したときは，遅滞なく荷送人，荷受人に通知することを要する。

以上の(a)，(b)，(c)いずれの競売の場合でも，競売代金は供託しなければならないが，その全部または一部を運送賃，立替金，その他の費用に充当することは認められる（商法587条による商法524条3項の準用）。競売代金全額を充当しても運送賃等に不足するときは，不足分を更に請求することができることはいうまでもない。

9-3 運送人の義務

9-3-1 目的物運送義務
　運送人は，運送契約に基づき荷送人から受取った運送品＝目的物を目的地まで運送し荷受人に引渡す義務を負う。運送契約の当事者は，運送人と荷送人であるから，これらの義務は総て権利者である荷送人に対し負う義務である。ただし，運送品が目的地まで運送され到達した後は荷受人が荷送人の権利を取得し事態は別になるがこの点については後述する。

9-3-2 貨物引換証交付義務
(1) 貨物引換証の意味と機能
　荷送人の請求があれば，運送人は荷送人に対し貨物引換証を作成し交付する義務を負う（商法571条1項）。貨物引換証とは，運送品処分権を表章した有価証券である。簡単にいえば，運送品の引渡請求権，運送の中止請求権，その他運送品の処分に関する権利である「運送品処分権」を表した（→表章した）紙片（→有価証券）のことである。荷送人の運送人に対する**貨物引換証交付請求は，運送契約の成立とは別もので**，運送契約の成立要件ではなく，貨物引換証が交付されていなくとも運送契約は成立するし，交付を請求するしないは荷送人の自由である。貨物引換証の交付請求は，運送契約の成立後において請求することができるもので，実際は，運送契約に附随させて請求される。とはいえ，現在はごくまれにしか利用されていない。
　荷送人は運送契約によって運送の依頼をし，運送人は通常運送契約により指定された荷受人へ運送品の運送を行う。しかし，荷送人は運送人に対し，運送の途中で，運送の中止や運送品の返還，荷受人の変更，運送品の引渡請求，その他の処分を指図することができる。これを指図権または運送品処分権といい，運送人は荷送人の指図に従う義務を有する（商法582条1項前段）。荷送人が運送品処分権を行使し運送人がこれに従うだけであるならば，貨物引換証なるものは不要で，複雑な問題は発生しない。運送人は荷送人の指図に従って運送品を処分（処理）すれば総ては終了する

からである。

　荷送人は，運送人に運送を依頼した後荷受人に運送品が運送されるまでの間に，運送品を第三者へ譲渡する等の行為を行うことがある。荷送人のこうした行為を禁止する理由はなく，荷送人は運送の途中で運送品処分権を自由に行使することができる。運送中に荷送人が第三者へ運送品を譲渡した場合，荷受人の変更，運送の中止，運送品の返還ないし引渡等を請求することができる運送品処分権は，売主である荷送人から買主である第三者へ移転する。そして，第三者は譲受けた運送品処分権に基づき，荷受人の変更等運送品についての各種処分を運送人に指図することになる。ところが，運送人は荷送人と第三者間で運送品の売買が行われ，運送品の処分権が第三者に移転したことを知ることができないから，当初の運送契約に従い運送を行うという事態が生ずる。貨物引換証は，上の事態に対応するものである。運送人が荷送人の請求により貨物引換証を作成・交付したときは，以後貨物引換証の所持人のみが運送品について一切の処分を行うことができ，運送人はこれに従う義務を有する（商法573条）。即ち，荷送人と第三者間での運送中の運送品売買は，運送人の作成・交付した貨物引換証を伴うことによって行われ，第三者は荷送人から貨物引換証を譲受け所持し，それを運送人に提示することで，運送人に対し運送品処分権を行使することができる。

　第三者は荷送人との売買契約を有効に成立させても，貨物引換証を所持しかつ提示しなければ，運送品についての各種処分を運送人に対し指図することはできない。要するに，貨物引換証が交付されているときは，運送品の処分に関する指図は総て貨物引換証の所持人によってなされ，いかなる権利者といえども貨物引換証を所持し提示しない限り，運送品処分権を行使することは認められない。運送品処分権は，貨物引換証という紙片に化体（→表章）され，したがって，貨物引換証を所持する者だけが運送品処分権を行使できるのである。換言すれば，運送品処分権という権利が貨物引換証なる紙片に結合され一体化されているので，運送品処分権を行使するには，必ず貨物引換証を所持し，それを運送人に提示しなければならず，これ以外の方法によって運送品処分権を行使することはできない。貨物引換証が運送品処分権を表章する有価証券であるとはこのことである。

貨物引換証が交付されているときは，貨物引換証と引換でなければ，運送人に対し運送品の引渡を請求することができない（商法584条）と規定されているのもこのためである。無論，貨物引換証が作成・交付されていない場合は，運送品の処分権は荷送人にある。

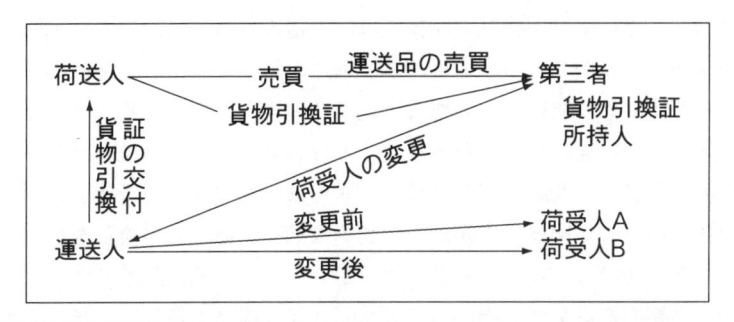

```
荷送人 ──売買── 運送品の売買 ──→ 第三者
  ↑         貨物引換証          貨物引換証
  │貨                              所持人
  │物証
  │引の        荷受人の変更
  │換交
  │  付
  │          変更前  ──→ 荷受人A
運送人 ══════════════════
            変更後  ──→ 荷受人B
```

(2) 貨物引換証の記載事項

貨物引換証とは，

① 運送品の種類，重量または容積および荷造の種類，個数並に記号
② 到達地
③ 荷受人の氏名または商号
④ 荷送人の氏名または商号
⑤ 運送賃
⑥ 貨物引換証の作成地およびその作成年月日

を記載した書面に運送人が署名したものである（商法571条2項）。

貨物引換証は運送状と異なり有価証券であるから（→貨物引換証を所持しそれを提示しなければ権利行使ができないこと），原理的にいえば，法定の記載内容を欠くものや異なる事項を記載したものは貨物引換証たり得ない。しかし，記載されている事項全体から運送品および運送契約の内容が理解できる程度の記載があれば有効な貨物引換証と解すべきであるとするのが通説的見解である。例えば，作成地や作成年月日を欠くものでも有効と判断することである。

9-3-3　運送品処分権に従う義務

荷送人は運送人に対し運送品処分権を有することは既に述べた。また，

貨物引換証が作成・交付されているときは，貨物引換証の所持人が運送品処分権を有し，運送品の処分に関する一切は貨物引換証の所持人のみが行うことができることも明らかにしてきた。**運送品処分権の内容は**，運送の中止，運送品の返還，荷受人の変更，運送品引渡請求等である。

　荷送人または貨物引換証の所持人は，運送人に対し当初の運送契約の履行を求めることができることは勿論，運送の途中で当初の運送契約で定めたこととは異なった運送品の処分＝処理を運送人に指図することができ，運送人はこの指図に従う義務を負う。とはいえ，この義務はいかなる指図にも従う義務ではない。即ち，荷送人または貨物引換証の所持人の運送品処分についての指図は，当初の運送契約に基づく運送人の義務を加重するものであってはならない。運送人の側からいえば，運送品処分権に従う義務は，当初の運送契約の範囲内での指図に従う義務であり，これを加重するような指図には従う義務はない。例えば，東京―大阪への運送契約であったものを，東京―広島へ変更する処分は認められないことである。もっとも，運送人が東京―広島への運送につき同意すれば問題は別で，新たな運送契約が締結されたと解することになる。

9-3-4　運送品引渡義務

　運送人は，運送契約に基づき目的地まで運送を行い，運送品を荷受人に引渡す義務を有する。貨物引換証が交付されている場合は，貨物引換証の所持人に引渡すことを要する。貨物引換証が交付されその所持人に運送品を引渡すときは，運送人は貨物引換証と引換に運送品を引渡すことになるし，貨物引換証の所持人は，貨物引換証と引換でなければ運送品の引渡を請求することができない（商法584条）。運送人が貨物引換証と引換でなく，貨物引換証の所持人であるAに運送品を引渡したときは，Aが運送品を受取ったにも拘わらず貨物引換証はまだAのもとに存在し，Aは他の者に当該貨物引換証を譲渡する可能性がある。貨物引換証は運送品処分権を表章する有価証券であり，既に運送品を受取ったAから第三者が譲受けた貨物引換証であっても依然有効な貨物引換証である。そのため，Aから貨物引換証を譲受けた第三者Bが貨物引換証を提示し運送品を請求すると，運送人は貨物引換証の新しい所持人Bに運送品を引渡す義務を有する。運送人

は，運送品は一度Aに引渡した等の抗弁を，新たな貨物引換証の所持人であるBに主張することは原則としてできない。

9-3-5 損害賠償義務
(1) 運送人の損害賠償義務の構造

　運送人は運送契約に従って運送を行い荷受人に運送品を引渡し運送を完了する。この間に運送品の滅失・毀損・延著(きそん・えんちゃく)等により荷送人に損害が生じたとき，運送人には損害賠償の義務がある（商法577条）。商法の定める運送人の損害賠償義務には，通常の損害賠償義務と比べて特殊な点がある。以下これにつき述べることにする。

　運送人は，自ら運送行為を行うだけでなく，下請を利用したり，その雇用する労働者を使用したり，その他多くの履行補助者（→運送人が運送業務を遂行するために使用する者）を使用して運送を行う。運送人は，自らの行為について責任を有することは当然，これら**履行補助者のなした行為についても責任を負う**。

　責任を負うべきは，運送品の受取・引渡・保管，その他運送に関する行為に関して注意を怠った結果，運送品の滅失・毀損・延著が発生し，それによって荷送人に生じた損害である。即ち，運送人は，自己または履行補助者の，運送品の受取・引渡・保管，その他運送に関する行為について**過失がなかったことを証明しない限り**，運送品の滅失・毀損・延著が生じ，もって**荷送人に発生した損害につき賠償する責任を免れることができない**。運送人は，自己の無過失のみならず履行補助者の行った行為の無過失についても証明する必要があり，証明できないときは責任を負う。単に，十分な注意をもって履行補助者を選任し十分な注意をもって監督したとの証明では，無過失の証明とはならず，具体的な運送行為に関しての無過失までを証明したときに初めて責任を免れることができる。

　商法の定める運送人の損害賠償義務の特殊性は，履行補助者を含めて，運送に関する行為に過失がなかったことを証明しない限り責任を免れることができないといった，履行補助者の過失をも運送人の責任とする点，および損害賠償を請求される運送人が過失なきことの証明を行う義務を課せられており，所謂挙証責任の転換が行われている点である。

第2部　商行為法

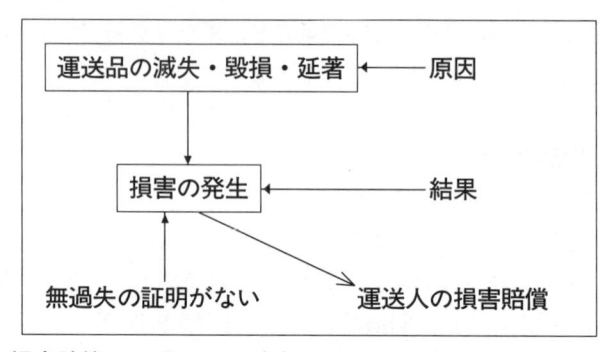

```
┌─────────────────────────┐
│  運送品の滅失・毀損・延著 ←── 原因
│          ↓
│      損害の発生 ←────── 結果
│       ↑       ↘
│  無過失の証明がない   運送人の損害賠償
└─────────────────────────┘
```

　また，**損害賠償は，運送品の滅失・毀損・延著によって生じた損害に限られ，得べかりし利益や精神的損害**（→慰謝料）**を含まないことにおいて特殊である**。得べかりし利益とは，運送契約で定めた○○日に運送されていれば転売することによって利益を得ることができたが延著したため転売利益を得ることができなくなり損失を被った等の，転売利益（→期待利益とでもいうべき利益）のことである。精神的損害とは，特別に愛着のある運送品が滅失したことによって被った精神的ダメージとしての損害のことである。

　損害賠償請求権者は，運送契約の当事者である荷送人であり，荷受人が運送品を受取った後は荷受人である（商法583条1項）。ただし，貨物引換証が交付されている場合は，貨物引換証の所持人が損害賠償請求権者であり，他の者に請求権はない。

(2)　損害賠償額の内容

　運送人の損害賠償義務は，運送品の滅失・毀損・延著により荷送人に生じた損害であり，かつ，運送品に滅失・毀損・延著があっても荷送人に損害が発生していなければ，運送人は賠償する必要はない。損害なければ賠償なしである。

(a)　全部滅失

　運送品が全部滅失したときは運送品全部の価格が損害賠償の対象となり，その価格は運送品を目的地まで到達させ，荷受人へ引渡すべきであった日（→運送契約によって決められていた引渡予定日）の到達地の価格により決定する（商法580条1項）。運送品が全部滅失している場合だから運送品は到

達していず，損害額の算定基準を決めていなければ具体的な損害額を決定することはできないとともに，日により，地域により，運送品の価格が異なることがあることを考慮した規定である。

　(b) 一部滅失または毀損

　運送品の一部滅失または毀損の場合は，運送人が運送品を引渡した日の到達地の価格によって損害額を決定する（商法580条2項）。一部滅失または毀損していても，全部滅失のときと異なり運送品は荷受人に引渡されるので，実際に引渡された日の到達地の価格によって，滅失した部分や毀損した部分の損害額を算定する。

　(c) 延　着

　延着とは運送契約により定められた引渡日より遅れて運送品が引渡された場合である。延着のときは引渡すべきであった日（運送契約で定めた引渡予定日）の到達地の価格によって損害額を算定する（商法580条2項但書）。例えば，引渡が予定日より3日遅れたとすると，3日前の到達地の価格によることである。

　具体的状況がイメージし難いが，遅れたとしても運送品に滅失・毀損はなく完全な状態で引渡されているので，運送品自体に損害はない。そして，得べかりし利益や慰謝料は請求できないから，延着による損害は，引渡すべき日であった到達地の価格と，遅れて引渡した日の到達地の価格を比べて，マイナスが存在するときの損害である。例えば，3日延着したとする（→3日前が引渡予定日）。運送品を引渡すべき日であった3日前の到達地での運送品の価格が100円であり，延着して引渡した3日後の価格が80円だったとすると，差引き20円の差額が存在する。この20円が延着による損害である。したがって，延着したことにより到達地での運送品の価格が，引渡すべきであった日の価格よりも高くなっているときは，損害は発生していず損害賠償請求はできない。日々価格が変動するものが運送品であるときはこうした事態も考えられ得る。

　一部滅失または毀損と延着が重なったときは，引渡すべきであった日の到達地の価格によって損害額を計算する。運送品の滅失・毀損により支払う必要のなくなった運送賃・その他の費用は，損害額より控除することができる（商法581条）。

(d) 悪意・重過失

運送品の滅失・毀損・延著が運送人および履行補助者の悪意・重過失による場合は，商法580条の規定は排除され，一般原則にもどり，運送人は得べかりし利益，慰謝料等を含め，一切の損害を賠償する義務を有する（商法581条）。

9-3-6 高価品についての特則

運送品が貨幣，有価証券，その他の高価品であるとき，荷送人が運送契約を締結する際，その種類・価額を運送人に明告していない限り，運送人は過失により高価品を滅失・毀損しても一切損害賠償責任を負わない（商法578条）。高価品とは，容積・重量からして著しく高価なものをいい，貨幣，有価証券，貴金属，美術品，骨董品等のことである。

運送人が高価品であることを明告されていれば，取扱に特段の注意を払ったり，保険に加入したり，割増料金を請求したりといった特別な対応が可能であるのに，明告されていなければこれを行うことができないため，損害賠償義務を負わないとされるのである。明告とは高価品であることを運送人が理解できるようにすることである。とすれば，荷送人が高価品であることを明告していないときでも，運送人が高価品であることを知っていた場合（→運送人が高価品について悪意であるとき）は，運送人は高価品についての損害賠償義務を有すると解することになる。

9-4 損害賠償義務の消滅

9-4-1 責任消滅に関する特別規定

荷受人が留保をすることなく運送品を受取り，運送賃その他の費用を支払ったときは運送人の運送品に関する損害賠償義務は消滅する（商法588条1項本文）。運送賃前払のときは，荷受人が単に留保をせずに運送品を受取ったときに運送人の損害賠償義務は消滅する。運送品が全部滅失しているときは，荷受人による運送品の引渡・受取は有り得ないから，本条は適用されない。

消滅の対象とされる損害賠償義務内容は，運送人の損害賠償義務として

これまで明らかにしてきたところのそれである。即ち，運送品の一部滅失・毀損・延著によって発生した損害を賠償する，損害賠償義務である。

「留保をすることなく」受取るとは，運送人に対し，運送品の一部滅失・毀損・延著について何ら異議を述べずに運送品を受取ることである。受取った後に異議申立をされても，そもそも運送人による滅失・毀損等があったのか，それとも荷受人が運送品を受取った後に自ら滅失・毀損させたのかを証明することができない場合が予想されるからである。

運送品に直ちに発見できない一部滅失・毀損あるときは，荷受人は運送品の引渡を受けた日より2週間以内に運送人に通知を発することを要し，この通知を発した場合は，運送人の責任は消滅しない。通知を発しなければ，直ちに発見できない毀損等があっても責任は消滅する（商法588条1項但書）。直ちに発見できない毀損等とは，クーラーが運送中に毀損した等の類である。毀損しているか否かは試運転をしてみなくては判別できないからである。

運送人に悪意あるときは，損害賠償の消滅に関する特則を定めた右規定の適用はない（商法588条2項）。ここに悪意とは，単に滅失・毀損による損害の存在を知っていることで，滅失・毀損を悪意（＝故意）で行ったとか，荷受人へ運送品を引渡す際に，荷受人に滅失・毀損を知られないよう滅失・毀損の事実が存在しないかのごとくカモフラージュする等の行為を行ったことまでをも必要とするものではない。＊

＊運輸省（「運輸省」の名称は変更され，2001年4月現在の名称は，国土交通省）告示第576号（平成2年11月22日）の，標準宅配便運送約款（運送業を営む商人は本約款をもって宅配便の運送契約を行っている）24条1項は，運送人の損害賠償責任の特別な消滅につき，運送品に毀損があるときは，運送品の引渡日から14日以内に通知を発することを要し，通知なき場合は毀損についての損害賠償責任は消滅すると定めるのみで，荷受人が留保をすることなく運送品を受取った場合については規定していない。また，悪意の意味については，同約款24条2項で本文で述べた様に定めている。

9-4-2 時効による消滅

荷受人が運送品を受取った日から1年を経過することにより，運送人の

責任は時効によって消滅する（商法589条による商法566条1項の準用）。つまり，9-4-1で明らかにした，損害賠償責任の特別な消滅の場合に該当しないときの，運送人の責任に関する時効消滅である。例えば，荷受人が留保をして（→異議を述べて）運送品を受取ったとすると，運送人には損害賠償の消滅に関する特別の規定は適用されず，その消滅は本条の時効の問題として考えるということである。

運送品が全部滅失したときは，荷受人による運送品の受取行為は有り得ないので，運送契約によって定めた，運送品を荷受人へ引渡すべきであった日（引渡予定日）から1年の経過を計算することになる。

運送人に悪意あるときは，1年の時効は適用されず（商法589条による商法566条3項の準用），5年の時効が適用される（商法522条）。この悪意とは，9-4-1において述べたのと同じ意味での悪意であって，運送人が損害の存在を知っていることである。

10 相次運送

10-1 相次運送

10-1-1 相次運送の意味

複数の運送人が同一の運送品を分担して運送し目的地まで運送品を運送することを広義の意味での相次運送という。相次運送には各種の形態がある。

```
〈広義の相次運送〉

荷送人────運送人A────運送人B────運送人C────荷受人

 □相次いで運送を行うので相次運送という
```

(1) 部分運送

複数の運送人が各自独立して一定区間の運送を引受ける場合である。例えば，運送人A，B，Cがそれぞれ独立別個に一定の区間の運送を行うことである。荷送人は，運送人A，B，Cとそれぞれ運送契約を締結し荷受人までの運送品の運送を依頼する方法を採用することもあれば，第一の運送人である運送人Aに，最初の区間の運送を依頼するとともに，その後の運送人B・C選任の代理権およびこれらの者と運送契約を締結する代理権を授与し運送目的を達成する場合もあり，形態は一様でない。いずれの場合も，各運送人は自己が引受けた区間の運送についてのみ責任を負い，運送人相互間には何の法的関係もない。

(2) 下請運送

最初の運送人が荷送人との間で全区間の運送契約を締結し，この最初の運送人が下請を利用して第二第三の区間を運送することである。複数の運送人が運送を行う形態からいえば相次運送に該当する。しかし，第二第三の運送人と最初の運送人との関係は，下請と元請の関係で，荷送人に対し運送について責任を有するのは元請である最初の運送人のみで，第二第三の運送人は，荷送人とは一切の法的関係に立たない。最初の運送人たる元請と下請たる第二第三の運送人間の法的関係は，下請が元請運送人の履行補助者となることで，存在する運送契約は，荷送人と元請運送人間で締結されたもの一つだけである。

(3) 同一運送

複数の運送人が共同して全区間の運送を行うことをいう。運送契約は，共同して運送を行う複数の運送人と荷送人間で締結される運送契約一個である。全区間をいかなる分担により運送するかは，運送人間の内部関係によって定まる。荷送人に対して，各運送人はそれぞれ全区間の運送について連帯して責任を負い，運送人間の内部関係を荷送人に主張することはできない。

10-1-2 狭義の相次運送

　連帯運送ともよばれるもので，商法上相次運送と規定されるのはこの形態の相次運送（狭義の相次運送）である。即ち，複数の運送人Ａ・Ｂ・Ｃが共同して各区間を順次運送することを引受ける契約である。先ず，荷送人は第一の運送人Ａと全区間についての運送契約を締結する。しかし，Ａが運送を行うのは自己の担当区間だけであり，全区間を運送するのではなく，第二の運送人Ｂに次の区間を引継ぐ。第二の運送人は自己の担当区間の運送だけを行い，第三の運送人Ｃに引継ぎ，第三の運送人Ｃが荷受人へと運送する。第一の運送人Ａから第二の運送人Ｂへ運送が引継がれるとき，そして，第二の運送人Ｂから第三の運送人Ｃへ運送が引継がれるとき，Ｂ・Ｃは，最初の運送人Ａが荷送人と締結した全区間の運送契約に加入する。これが狭義の相次運送であり，連帯運送ともいわれる運送である。

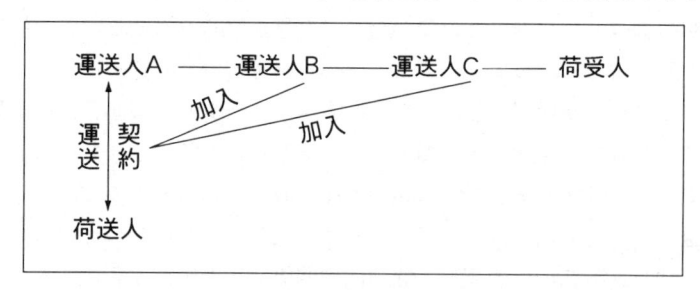

```
運送人Ａ ───── 運送人Ｂ ───── 運送人Ｃ ───── 荷受人
  ↑         加入          加入
運｜契
送｜約              
  ↓
荷送人
```

　相次運送の特色は，運送人ＡＢＣの関係においては，各運送人は自己の運送区間についてのみ運送および損害賠償責任を負い，他の区間についてはその区間の運送を分担する運送人が責任を負うが，対荷送人との関係では，各運送人は運送品の滅失・毀損・延著につき連帯して損害賠償の責に任じなければならないことである（商法579条）。したがって，Ｂが分担する区間でＢの過失によって運送品に毀損が生じ，それをＡが荷送人に対し賠償するといったことも考え得る（→荷送人に対するＡの連帯責任）。無論，運送人ＡＢＣ間では，他の運送人の責任を負うべき理由はないから，上記の場合，ＡはＢに対し求償権を行使し，荷送人へ支払った損害額の返還請求権を行うことになる。

11 場屋営業

11-1 場屋営業

11-1-1 場屋営業の意味

　場屋営業とは，客の来集を目的とする場屋の取引行為を営業として行うものである（商法502条1項7号）。客が来集することにより利益を上げることができる企業行為と表現することができるもので，具体的にいえば，銭湯，旅館，ホテル，映画館，料理店，ボーリング場，屋内スケート場等々である。

　先に掲げた各種の企業行為は，法的性質により区別すれば，銭湯は入浴契約であり浴場を客に利用させる契約（→銭湯設備の賃貸借契約）とサービスの提供契約との混合契約，旅館・ホテルは宿泊施設や寝具等を利用させる契約（→賃貸借契約）と飲食物の売買契約とサービスの提供契約が混合した契約，料理店は売買契約，といったように異質である。場屋営業は営業行為の法的性質により他の営業行為から区別され規制されているのではなく，一定の設備に客を来集させ利益を得ることにおいてまとめられている営業的商行為であり，かつ，この観点から規制されているのである。商法が場屋営業につき，場屋営業者の法的性質を基に規制するのではなく，これらの営業に共通する寄託責任を，商法594条～596条までの3ヵ条に規定するにとどまるのもこのためである。

　商法は場屋営業の種類として，旅館，飲食店，浴場を例示的に示すのみで（商法594条1項），この他に，いかなるものが場屋営業に該当するのか必ずしも明確とはいい難いところがある。無論，既に述べた，映画館等各種の営業行為が場屋営業であることについての異論はないが，理髪業が場屋営業か否かについては学説と判例では見解が異なっている。

　判例によれば，理髪業は理髪店の施設の利用を目的に客が来集するのではなく，理髪行為を受けるために客が来集するので，そこでの営業行為は

理髪の請負ないし理髪なる労務を供給する行為であるから場屋営業ではないとする（大判昭12・11・26民集16巻1681頁）。即ち，施設利用契約の性質を含まないため場屋営業ではないと解するのである。学説は，一定の施設（物的設備）が存在し，理髪契約の履行にはその物的設備＝理髪店へ客が来集する必要があるので，場屋営業であるという。

場屋営業は，一定の設備に客を来集させて利益を得る企業行為であった。勿論，単に来集するだけでなく一定のサービスが提供されたり（→映画館），サービスは提供しないが用具を貸し来集した客がそれを利用して来集の目的を達成する（→スポーツクラブ，バッテングセンター）営業行為である。とすれば，施設の利用が客と営業者間の契約要素の一つとなっているものを場屋営業と考えるべきである。理髪業は客が来集するがそこには施設の利用という側面が存在するとはいえず，判例の立場に立つべきであろう。

前述したように，**商法が場屋営業について規定するのは，場屋営業者の寄託責任である**。換言すれば，来集した客より寄託を受けた（→預かった）物品の管理責任である。施設を利用するために来集した客は，営業者に荷物を預ける必要があり，営業者は荷物を預かることによって施設利用やサービスを与えることが可能となる。場屋営業においては寄託行為が必然的に附随するのであり，故に商法が寄託責任を規律していると考えることができる。客の来集だけに注目すべきではなく，施設ないし設備利用が契約要素の一部となっているために寄託責任が問題とされるのである。

11-1-2　場屋営業の特殊性

場屋営業は，多数の客を相手にする営業であるため，各種の営業については商法の規定もさることながら，所謂業法によって行政的規制が行われている。銭湯は公衆浴場法が適用される許可制による営業であり，原則として客の入浴申込を拒否することはできない。旅館業も旅館業法が適用される許可制の営業で，施設に余裕のない場合等一定の場合を除いて，宿泊の申込を拒否することはできないと定められており，これらの業種には，顧客を自由に選択する契約自由の原則は当てはまらない。また，飲食店業は食品衛生法の適用を受ける許可制営業であり，映画館業も興行場法の適

用を受ける許可制営業である。

以上のように，場屋営業は許可制営業，免許を必要とする免許制営業等各種の行政的規制を受けることにおいて通常の営業行為と異なっている。そして，業種にもよるが，契約論的にはかなり複雑で，単純に整理することはできないものが非常に多い。例えば，映画館営業は映画を見せる契約ではあるが，民商法上「映画を見せる契約」なるものは存在せず，その法的性質は必ずしも明らかではない。特に，入場券は一体いかなる法的性質を有するものかについては問題がある。にも拘わらず，各種場屋営業に関する法的性質の検討は十分に行われていないのが現状で，その検討が要請されるところである。

11-2　場屋営業者の責任

11-2-1　寄託を受けた物品に関する責任
(1)　責任の性質について

場屋の主人（→営業者）**は，客より寄託を受けた物品の滅失・毀損につき，それが不可抗力によるものであることを証明しない限り，損害賠償責任を免れることができない**（商法594条1項）。本条の責任は，ローマ法のレセプツムの系譜を引く責任といわれており，客から物品を預かった事実のみでその損害について賠償責任が発生する結果責任を踏襲しているとされる。例えば，旅館の主人が客から物品を預かった場合，「預かった事実」のみにより，当該物品についての滅失・毀損につき損害賠償責任を負い，滅失・毀損について故意・過失の有無を問わないのがレセプツムの責任である。即ち，「預かった」事実と「滅失・毀損」の事実だけで責任を認め，不可抗力による滅失・毀損が証明されたときに限り免責される責任がレセプツムの責任であるといってよい。しかし，本条はこうしたレセプツムの系譜を引く責任ではあっても，レセプツムの責任と同じ責任ではないとされている。そこで，寄託を受けた物品の滅失・毀損が不可抗力によるものであることを証明すれば責任を免れることができると商法が定める「不可抗力」とはいかなる事態をいうのかが問題となる。**所謂不可抗力問題**である。不可抗力問題を検討するに当たっては，それが寄託を受けた物品につ

いての損害賠償問題であること，即ち，物品を預ける・預かる，といった契約関係においての不可抗力問題であるこに留意する必要がある。

学説は主観説，客観説，折衷説の三つに分かれる。**主観説**は，事業の性質に従い最大の注意をなしても避けることのできない危難・事故が「不可抗力」であるという。客から預かった物品の滅失・毀損が，最大の注意をしても避けることができない事由によって発生したことを証明したときに（→不可抗力の証明）責任を免れることができるとの主張である。注意を最大に行った，最大の注意をした，の両者は同義語であると思われるので，「最大の注意」の内容は，不注意がなかったことであり，無過失を意味するものといえる。とすれば，主観説の主張による場屋営業者の寄託責任＝客の物品を預かったときの責任は，当該物品の滅失・毀損について無過失を証明すれば責任を免れることができ，証明できなければ責任を負う過失責任ということになる。不可抗力に即していえば，不可抗力とは無過失のことになる。

客観説は，事業の外部から発生した出来事で，通常その発生を予期できない事由による損害を不可抗力による損害であると主張する。例えば，阪神大震災の如き災害（→事業の外部から発生した出来事）で，通常その発生を予期できなかったことにより寄託を受けた物品が滅失・毀損したといった場合である。予期＝予想できていれば寄託物を安全な場所に移す等の処置が可能だからである。だが，この説に対しては，予期できた災害であれば，災害より寄託物の滅失・毀損を予防する手段が技術的に開発されていなくとも責任を負うべき結果となり，妥当ではないとの批判がある。

折衷説は，事業の外部から発生した出来事で，通常必要と認められる措置を尽くしても防止できない事態をもって不可抗力と解する。例えば，台風で河川が氾濫し堤防を超えて濁流が流れ込み，ホテルが床上浸水し寄託物品の滅失・毀損が生じたとする。このとき，ホテルの事業者が堤防に土嚢等を可能な限り積上げ，かつ，寄託物を高所へ移す等の努力をしたにも拘わらず損害が発生すれば，不可抗力による損害ということになろう。

折衷説が通説である。この説の主張する，通常必要と認められる措置を尽くしても防止できない事態とは，通常要求される注意を尽くしても防止できない事態といい換えることができると思われるので，内容的には主観

説と同じといえるであろう。また，事業の外部から発生した出来事とは，一般的に自然災害を指すと解することになるが，人為的災害，例えば，爆発物による災害や近隣の失火による延焼等も考えられる。したがって，事業の外部から発生した出来事ではない出来事，つまり，場屋営業者の事業＝営業から発生した出来事による寄託物の滅失・毀損は，通常の措置を尽くすことにより防止できる出来事と判断されることに結びつき，この点でも主観説と変わるものではない。

かくして，通説の見解による場屋営業者の寄託を受けた物品に関する損害賠償責任は，無過失を立証しない限り免れることができない責任，換言すれば，過失があれば責任を負う過失責任と解することになろう。ただし，ここに無過失とは，通常場屋営業者に要求される程度の注意を尽くすことにより無過失となる意味での無過失である。

(2) 不可抗力の解釈に関する判例の態度

判例も折衷説と同じ立場に立脚すると思われるので，上記の点に関する最近の判例を紹介しておく。事実の概要は以下のごとくである。

旅館業者Aは丘陵に面する土地の一部を駐車場にしていたところ，70年ぶりといわれる集中豪雨によって早朝丘陵が崩れ落ちた。その結果，宿泊客から預かり駐車場に駐車しておいた車が崩れ落ちた丘陵の土砂によって損傷した。旅館業者は不可抗力を主張し車の損害につき免責されるべきことを主張した。

判旨の概略は次のとおりである。丘陵は傾斜地であるのに普段から土留め等の処置がなされていなかった。普段から土留め設備がなされていれば，丘陵の崩れ落ちはさほど急激ではなかったから，土砂による損害発生の防止は可能であったと判断できる。また，丘陵の崩れ落ちが始まった時点で，旅館業者の従業員が駐車場から他の場所へ迅速に車を移動させる等の対応をしていれば事故は防止できたと認定し，旅館業者の不可抗力による損害の主張を認めなかった（東地判平8・9・27判例時報1601号149頁）。

普段から土留め等をしていなかったこと，従業員が車の迅速な移動を行わなかったことの二点で過失を認定した判決であるといえる。即ち，営業者に過失があったので不可抗力ではないと判断されたことになる。

(3) 契約責任としての構成

　ところで，寄託をうけて物品を預かるとは，物品を預かる契約の締結であったことは既に触れた。**契約によって物品を預かった場合**，契約内容は預かった物品の保管であるから，**過失があれば当然，無過失であっても，預かった物品を滅失・毀損すれば契約責任を果たしたことにはならない。**締結した契約は絶対的に履行されることを要し，契約内容が履行されないときは債務不履行である（民法415条）。とすれば，学説・判例の主張のように，無過失を立証すれば損害賠償を免れることができるとすることには問題があろう。無過失であっても契約は履行されることを要し，履行しないときは債務不履行だからである。無過失をもって不可抗力と解し責任を負わないとすることは納得できない論理である。

　しかし，契約は絶対的に履行されるべきものではあるが，一切の例外を認めないわけではない。契約内容の履行を債務者に求めることが酷な事態の発生においては，債務不履行があったとしても債務不履行とせず，債務者を免責することは認められることである。商法594条1項に定める「不可抗力」による場合がこれである。したがって，**通説・判例のように単に過失のないこと＝無過失のことを「不可効力」と考えるべきではない。**不可抗力とは，契約責任を課すことが酷な事態の発生と解すべきである。例えば，航空機が旅館に墜落して受寄物が滅失・毀損した等の事態の発生である。単なる無過失は不可抗力とはいえず，無過失を証明するだけでは損害賠償責任を免れることはできない。

11-2-2　寄託を受けない物品に関する責任

　客が場屋営業者に寄託しない物品についても，場屋営業者は損害賠償責任を負う。場屋営業者の営業場所へ客が携帯した物品である以上，それが場屋の営業者またはその使用人の過失によって滅失・毀損したときは，場屋の営業者は損害賠償の責任を有する（商法594条2項）。使用人とは場屋営業者が雇用する労働者のみならず，一切の履行補助者をいい営業者の家族をも含むものである。寄託を受けた物品の場合と異なり，過失による滅失・毀損であり，**過失の存在を立証する責任は客にある。**客が損害賠償を請求するには，場屋営業者ないしその履行補助者の過失を証明することを

要することである。対象となる物品は，客が現実に携帯している場合であろうと屋内に置いていた場合であろうとその状態は問わない。

　学説は，本条の責任は不法行為責任ではなく，場屋利用関係に基づき法が認めた特別な法定責任であるとする。しかし，場屋営業者には営業場所である場屋を管理する一般的義務があり，この義務の中には場屋内の客の身体・生命や携帯物品を安全に管理する安全配慮義務もあると考える。そうした義務＝債務を有する者およびその履行補助者が，過失により客の携帯品を滅失・毀損したのであるから，本条の責任は通常の債務不履行責任と捉えることで十分であろう。

11-2-3　免責特約

　場屋営業者の，寄託あるときの責任および寄託なきときの責任に関する商法594条1項，2項の規定は任意規定であるため，個別の特約をもって責任の軽減または免除をすることは有効である。ただし，場屋の営業者が責任を負わない旨を一方的に告示するだけでは，免責の特約があったとはいえず，責任を負わなくてはならない（商法594条3項）。一方的な意思表示（→告示）だけでは，免責契約（→特約）が成立したとはいえないからである。当然の規定である。

11-2-4　高価品についての特約

　貨幣，有価証券，その他の高価品については，客がその種類および価額を明告して営業者に寄託したものでなければ，営業者は滅失・毀損について損害賠償の責任を負わない（商法595条）。**免責の要件は**，高価品であること，寄託した物品であること，明告しなかったこと，である。明告していれば，高価品であっても高価品でなくとも，寄託契約が存在するから，営業者が免責されるのは不可抗力による滅失・毀損の場合である。明告がなくとも，営業者が悪意であるときは（高価品であることを知っていたとき）責任を有する。

　高価品であり明告なく，営業者の過失によって寄託を受けた物品が滅失・毀損したときはどうなるのであろうか。支配的な学説は，明告がない限り，債務不履行責任も不法行為責任も負わないとする。つまり。一切の

責任が免除されることになる。しかし、寄託を受けた物品について営業者が免責されるのは不可抗力による場合で、寄託を受けない物品について営業者が免責されるのは無過失の場合で、過失あるときは責任を有する。寄託を受けない場合にも過失があれば責任を負うのに、高価品とはいえ寄託を受けている場合で、かつ、過失があるのに明告がなかったからといって一切の責任を免れるというのは均衡を失する主張であろう。営業者に過失あるときは、高価品との明告がなくとも不法行為による責任は発生すると考える。ただ、高価品である旨の明告をしなかったのであるから、この点は過失相殺の対象とされることになる。

11-2-5　責任の消滅時効

　これまで述べてきた場屋営業者の損害賠償責任は、営業者が寄託物を返還し、または、客が携帯品を持ち去ったときから1年を経過することにより、時効によって消滅する（商法596条1項）。携帯品が全部滅失しているときは、返還とか持ち去る等の行為は考えられないので、客が営業場所である場屋を去ったときから1年の時効により消滅する（商法596条2項）。場屋営業者が悪意のときは、1年の時効は適用されない（商法596条3項）。ここに悪意とは、悪意で客の携帯品を滅失・毀損したことであり、滅失・毀損の事実を知っていることを意味するのではない。

　学説は営業主が悪意であった場合の責任の消滅時効は5年（商法522条）であるとする。だが、5年の商事時効が適用になるのは、商行為によって生じた債権についてである。損害賠償義務は債権ではなく債務であり（→義務＝債務）、損害賠償請求権者＝債権者は客であり非商人である。非商人の非商行為による債権には商法522条の適用はなく、民法の10年が適用になると解さなければならない（民法167条）。

12　倉庫営業

12-2　倉庫営業

12-1-1　倉庫営業の意味

　倉庫営業者とは，他人のために物品を倉庫に保管することを営業として行う者のことである（商法597条）。物品を倉庫に保管するとは，物品を預かって管理することで寄託の引受に該当し（商法502条10号），これを営業とするから商人となる。物品を預けて保管を依頼する者を寄託者といい，物品を預かり保管する者（＝倉庫業者）を受寄者という。寄託物を倉庫へ保管する契約は，寄託者の保管依頼の申込とそれを引受ける承諾とによって成立し，これを倉庫寄託契約という。商法の規定からすれば，寄託者から物品を預かって保管することを業とするのが倉庫業と理解されがちだが，**物品を倉庫へ保管することを引受ける契約が倉庫業であり**，実際に倉庫に保管する行為は，成立した倉庫寄託契約の履行行為である。

　保管の対象となる物品＝受寄物は保管に適する動産であればその種類を問わない。寄託者の所有物である必要はなく，寄託者が使用権限・処分権限を有するものであれば保管の対象となり得る。ただし，動物は対象外である。

　倉庫とは，物品の保管に適した工作物，あるいは，設備のことで，必ずしも屋根があることを必要としない。材木置場や石材置場等には屋根の存在が必要でないことを想像すればこのことは納得できるであろう。倉庫業法は倉庫を「物品の滅失もしくは損傷を防止するための工作を付した土地もしくは水面」と定義している。倉庫は自らの所有物たる倉庫でなくともよく，要は，倉庫に保管する契約を引受けることを業としていれば倉庫営業に当る。倉庫を他人に賃貸し，倉庫の借主が倉庫を利用して自ら物品を保管するのは倉庫営業ではなく，倉庫という施設の賃貸借契約である。

　物品を保管するとは，他人の物品に自己の占有権を確立した上で倉庫を

用いて管理することである。保管の具体的態様については，倉庫業者の義務を述べるところにおいて明らかにする。

12-1-2 倉庫営業の法的性質

　倉庫営業とは，物品を倉庫に保管することを引受ける契約であった。物品を受取り保管する行為は，成立した倉庫寄託契約に基づく履行行為である。倉庫寄託契約は申込（→物品の寄託依頼）と承諾（→物品を預かり保管することの承諾）の合致によってのみ成立する諾成契約である。要式は不要で口頭だけで十分に成立する。もっとも，実際には契約成立に際し文書が作成されるが文書によるべきことは契約の成立要件ではない。

　倉庫寄託契約の内容は，寄託者から受寄物を受取り倉庫に保管することだから，倉庫寄託契約の成立は，寄託者に受寄物引渡の義務と，倉庫業者が受寄物の保管をなすことができるように準備する準備義務を負わせ，この二つの義務の履行請求権を倉庫業者に与える。

　倉庫営業に関する商法の規定は任意規定であるため，実際の倉庫営業については倉庫営業者による約款が優先して適用されている。また，倉庫寄託契約はその名称の通り，寄託を内容とする契約だから，民法の寄託に関する規定（民法657条以下）が適用される。

12-2　倉庫営業者の権利

12-2-1　目的物引渡請求権

　倉庫寄託契約が締結されても寄託者が倉庫営業者に受寄物を引渡さなければ契約を履行することができない。倉庫寄託契約の性質上，倉庫業者は寄託者に対し受寄物の引渡請求権を有するといえる。

12-2-2　保管料および費用請求権

（1）保管料

　保管料（倉敷料ともいう）は通常契約によって定められるが，無償（→無料）で保管するとの特約なき限り，倉庫営業者は契約で保管料を定めていなくとも保管料を請求することができる（商法512条）。保管料および立

替金その他受寄物に関する費用（→関税，保険料等）は，受寄物出庫のときでなければ請求できない（商法618条本文）。一部を出庫するときは，出庫の割合に応じた保管料および費用を請求できる（商法618条但書）。保管料に関する実際の約款は，商法の規定と同じであったり，受寄物入庫のときに全額前払とするものがあったりで一様ではない。

契約により定められた保管期間が満了したときは，期間満了のときに保管料を請求できる（契約によって保管期間を定めていなかったときの保管期間は6ヵ月である）。保管期間中に寄託者が受寄物の返還を求め倉庫寄託契約が終了したときは，契約終了の時点で保管料を請求することになる。

(2) 保管料支払義務者

保管料はだれに請求すべきであろうか。保管料支払義務者はだれなのかである。先ず，目的物の寄託者であること，これを疑うことはできない。問題は，倉庫証券が発行されている場合はどうなのかである（倉庫証券については後述するが，とりあえず，寄託者の請求により倉庫業者が作成し発行するもので，倉庫に保管してある受寄物の引渡を請求することができる証券といってよい）。

寄託者が受寄物の引渡請求を行う場合は，保管料は寄託者に請求することになる。ところが，倉庫証券が発行されているときは，受寄物の引渡請求権者は倉庫証券の所持人であり寄託者ではない。無論，倉庫証券の所持人と倉庫業者間で，保管料支払についての合意があれば問題はない。しかし，かかる合意がないとき，倉庫証券の所持人に保管料支払義務があるか否かが問われるのである。学説・判例いずれも倉庫証券の所持人に保管料の支払義務を認め，結論は変わらないが，いかなる理論により倉庫証券の所持人に保管料支払義務を課すのか理論構成において対立がある。

だが，意味のある対立とは思えない。というのは，倉庫証券が発行されていず寄託者が受寄物の引渡を請求する場合，倉庫証券が発行されその所持人が引渡を請求する場合，いずれの場合でも，受寄物の引渡請求は保管料と引換でなければできない。より正確にいえば，引渡請求をすることは自由であるが，請求しても保管料を支払わなければ受寄物を入手することはできないのである。倉庫営業者は，保管料の支払がなければ受寄物を引

渡さず，支払があるまで留置権を行使する。請求権者が寄託者であろうと倉庫証券の所持人であろうと事態は同じである。したがって，受寄物の引渡を請求する者が保管料の支払義務者と解すことで足りるであろう。つまり，目的物の引渡請求をする者が寄託者であるときは，保管料の支払義務者は寄託者であり，倉庫証券の所持人が引渡請求をするときは，倉庫証券の所持人が支払義務者となることである。法的には受寄物出庫のときに保管料請求が可能なのであるから，受寄物の引渡請求＝出庫請求を行う者に保管料支払義務が発生することになる。一般的に，寄託者が保管料支払義務者であるとされるのも，寄託者が受寄物引渡請求を行うからであり，引渡請求をしなければ保管料支払の義務はない。**受寄物引渡請求権には保管料支払義務が附随していると解する。**

12-2-3　留置権・先取特権

倉庫営業者については運送人に認められているような特別の留置権は認められていない。故に，倉庫営業者に認められる留置権は，民法上の留置権（民法295条）および寄託者が商人である場合は商人間の留置権（商法521条）が認められている（もっとも，倉庫を利用するのは商人に限られるであろうが理論的には非商人も対象である）。

民法上の留置権を行使する場合には，非担保債権＝保管料と受寄物との間に牽連性が必要であることに注意を要する。牽連性とは，留置権によって担保しようとする債権である保管料が当該受寄物に関して生じた債権であることを要することで，受寄物とは関係のない債権を担保するために受寄物を留置することはできない。また，商人間の留置権を行使するときは，受寄物が寄託者の所有物であることを要し，寄託者が他人の物を寄託物としているときは留置権を行使できないことについても留意する必要がある。

先取特権（民法311条5号）は，他の債権者を排除して受寄物を競売しその代金から優先的弁済を受けることのできる権利である。保管料を動産＝受寄物＝の保存費用と解することができれば先取特権の行使は肯定できるが，保管料は倉庫業者の報酬的性格を有するので，これを受寄物の保存費用と解することには相当問題があるように思われる。

12-2-4　供託権・競売権

　倉庫営業者は，保管期間満了時等において寄託者または預証券ないし倉荷証券（これについては後述する）の所持人に対し受寄物の引取請求をなすことができる。このとき，受寄物を引取るべき義務者が引取を拒みまたは引取ることができない場合，倉庫営業者は受寄物を供託しまたは相当の期間を定めて催告をなした後，競売することができる（商法624条1項による商法524条1項の準用）。損敗し易い物は，催告しないで競売することができる（商法624条1項による商法524条2項の準用）。供託または競売したときは，遅滞なく通知を発することを要す（商法624条による商法524条1項後段の準用）。

　倉庫業者が競売をしたとき，競売代金を供託することは不要で自ら保管すればよく，質入証券（後述）所持人の権利は競売代金の上に存在することになる（商法624条但書）。即ち，質入証券所持人＝質権者は，受寄物競売の結果受寄物についての質権を失う代りに，競売代金から弁済を受ける権利を有することになる。倉庫営業者の権利と質入証券所持人の権利とでは，倉庫営業者の権利が優先し，倉庫営業者は質入証券所持人よりも優先的に競売代金から，競売に要した費用，保管料等の弁済を受けることができる（商法624条2項による商法611条の準用）。

12-3　倉庫営業者の義務

12-3-1　受寄物保管義務

(1)　保管と保管義務の程度

　倉庫寄託契約に基づき倉庫営業者は，受寄物を保管するに適した倉庫において保管する義務を有する。

　保管は有償・無償に拘わらず，善良な管理者の注意義務（善管注意義務）をもって行うことを要する（商法593条）。善管注意義務を一般的にいえば，細心の注意義務をもって受寄物を保管することであるといえるがその具体的態様は受寄物によって一様ではない。例えば，受寄物が火災による滅失の可能性が特に高い物品であれば，保管に際し火災保険を付さなければ善管注意義務を果たしたことにはならない場合も考えられるし，異な

る物品であれば火災保険を付さなくとも善管注意義務を尽したことになったりする。要は個別具体的な受寄物に即して，当該保管行為が合理的な最善と思われる方法で行われていれば，善管注意義務を尽くしたことになる。

(2) 通知義務

受寄物について権利を有するものが受寄物について訴えを提起したり，差押をしたときは，倉庫業者はその旨を遅滞なく寄託者に通知することを要する（民法660条）。仮処分，仮差押が行われたときも同様である。

(3) 保管期間

保管期間は倉庫寄託契約によって決められる。契約によって期間を定めていない場合，受寄物入庫の日より6ヵ月を経過しなければ，倉庫営業者は受寄物の返還をすることができない（商法619条本文）。つまり，6ヵ月間は保管しなければならない（実際の約款では3ヵ月とされている）。ただし，やむを得ない事由あるときは，何時でも返還することができる（商法619条但書）。「やむを得ない事由」とは，受寄物が損敗しそうであるとか，倉庫が毀損し修理を要する等の場合である。

保管期間の定めの有無に関係なく，寄託者または倉庫証券の所持人の請求あるときは，倉庫営業者は何時でも受寄物を返還する義務がある（民法662条）。倉庫証券が交付されているときは証券の所持人の請求により，その所持人に対してのみ返還義務を負い，かつ，倉庫証券と引換でなければ返還に応じる必要はない（商法620条）。

12-3-2　倉庫証券交付義務

倉庫営業者は受寄物の受領後に，**寄託者の請求があれば**，預証券および質入証券の両者を交付する義務を有し（商法598条），あるいは，両者に代えて倉荷証券を交付しなければならない（商法627条1項）。これら各種証券の総称が倉庫証券で，これらについては後に説明する。

倉庫証券は倉庫業者から寄託者へ交付され，寄託者から第三者へ譲渡される。証券の譲渡を受けた倉庫証券の所持人が受寄物を分割し（→例えば，100個のものを半々にする），分割したそれぞれについて預証券および質入

証券または倉荷証券の交付を請求したときは，倉庫営業者は，請求者の費用をもって交付済の証券と引換に請求された新しい証券の交付をしなければならない（商法601条，商法627条2項による商法601条の準用）。更に，倉庫証券の所持人が証券の滅失を理由に相当の担保を供してその再発行を請求したときも請求に応じる義務がある（商法605条，商法627条2項による商法605条の準用）。倉庫営業者が倉庫証券を発行したときは，帳簿に，受寄物の種類，品質，数量，寄託者の氏名または商号，証券番号等を記載することを要する（商法600条）。

12-3-3　点検・見本摘出協力義務

倉庫営業者は，寄託者または預証券もしくは倉荷証券の所持人が，寄託物の点検もしくは見本の摘出または保存に必要な措置を請求したときは，営業時間内であれば何時でも協力することを要する。質入証券の所持人については，寄託物の点検請求についてのみ応じればよくその他の請求に協力する義務はない（商法616条，商法627条2項による商法616条の準用）。

12-3-4　損害賠償義務

(1)　損害賠償義務の構造と内容

倉庫営業者は，自己またはその使用人が受寄物の保管に関し注意を怠らなかったことを証明しない限り，受寄物の滅失・毀損につき損害賠償責任を免れることができない（商法617条）。即ち，無過失であったことを証明できなければ損害賠償をしなければならない。損害賠償義務者である倉庫営業者に過失の有無についての証明義務があること，履行補助者の過失についても責任を負うこと，運送人の損害賠償責任と同じ構造である。しかし，高価品についての特別な規定は存在せず，高価品である旨の明告がなくとも過失があれば責任を負い，損害額についても特段の規定はなく，得べかりし利益や慰謝料についても賠償義務がある。もっとも，実際の約款では倉庫営業者の責任を軽減することが行われており，商法の規定が機能する余地は少ないが，こうした責任を軽減する約款には寄託者または倉庫証券の所持人に極端に不利な条項が存在しており問題が多いと考える。

(2) 損害賠償請求権者

損害賠償請求をすることができるのは寄託者であり，寄託者であれば寄託物の所有者であることを要しない。倉庫証券が交付されているときは，倉庫証券の所持人が損害賠償の請求権者である。

(3) 責任の消滅

倉庫営業者の損害賠償責任の消滅原因については，**特別な消滅原因と短期の消滅時効による消滅原因**との二種類がある。

特別な消滅原因とは，寄託者または倉庫証券の所持人が留保をなさずして寄託物を受取り，かつ，保管料その他の費用を支払ったときに消滅することである（商法625条による商法588条1項の準用）。ただし，寄託物に直ちに発見することができない一部滅失・毀損あるときは，寄託者または倉庫証券所持人が倉庫営業者より寄託物の引渡を受けた日より2週間以内に倉庫営業者に通知を発しなければ責任は消滅する（商法625条による商法588条1項但書の準用）。倉庫営業者に悪意あるときは，特別な消滅原因に関する規定は適用されない（商法625条による商法588条2項の準用）。

特別な消滅原因に該当しない場合，即ち，受寄物の受取人が留保をして寄託物を受取ったとか，2週間以内に通知を発した場合でも，その後放置しておくと時効により消滅する。寄託物の一部滅失・毀損に関しては，寄託物出庫の日より1年の時効によって消滅する（商法626条1項）。寄託物が全部滅失の場合は，寄託物の出庫は有り得ないから，倉庫営業者が寄託者または倉庫証券の所持人に寄託物滅失の通知を発した日より1年の時効によって消滅する（商法626条2項）。倉庫営業者に悪意あるときは，1年の時効期間の適用はない（商法626条3項）。

特別な消滅，時効による消滅，いずれについても**倉庫営業者に悪意あるときは適用されないが**，ここに悪意とは，寄託物についての滅失・毀損を知っていることである。倉庫営業者が悪意の場合，責任の消滅時効は，寄託者が商人であるときは5年（商法522条）で，寄託者が非商人であるときは10年（民法167条）である。倉庫証券の所持人が悪意の倉庫営業者の責任を追及する場合も同様である。

12-4　倉 庫 証 券

12-4-1　倉庫証券の意味

　倉庫営業者は，寄託者の請求により寄託物の預証券および質入証券，またはこの両者に代えて倉荷証券を交付しなければならない（商法598条，商法627条1項）。預証券，質入証券，倉荷証券の三者を総称して倉庫証券と呼ぶ。寄託物についての証券だから，倉庫寄託契約が締結され寄託物が寄託された後請求により交付される証券である。倉庫証券は，寄託者が倉庫営業者に寄託物を寄託中に，当該寄託物を倉庫へ保管したまま第三者に譲渡したり質入したりするために使用される証券である。条文で明らかなように，預証券および質入証券を交付するか，倉荷証券を交付するかのいずれかであり，三種類の証券が同時に交付され使用されることはない。預証券は寄託物の引渡請求権を表章する証券で，証券の譲渡があれば，倉庫営業者に対する寄託物引渡請求権が譲渡されたことになる。質入証券は寄託物の質入について使用される証券である。これに対し，倉荷証券は一枚の証券で寄託物の譲渡と質入の双方に利用される証券である。

　実際界では，預証券，質入証券は利用されておらず，倉荷証券が利用されている。そこで先ず，倉荷証券について説明し，次いで預証券，質入証券について説明することにする。

12-4-2　倉 荷 証 券

　倉荷証券は倉庫営業者が請求により寄託者に交付する証券である。倉荷証券の交付を受けた寄託者は，倉庫営業者の倉庫に保管してある寄託物の第三者への譲渡をこの証券によって行う。倉荷証券が交付された場合，その譲渡を受けた証券の所持人のみが以後寄託物の引渡を倉庫営業者に請求することができる。倉荷証券は寄託物の引渡請求権を表章（化体）する証券（紙片）だからである。換言すれば，倉荷証券の譲渡を受けた者＝倉荷証券の所持人は，証券を所持することによって倉庫営業者に寄託物の引渡を請求することができるのであり，証券の所持なくして寄託物の返還を請求することはできない。無論，自ら寄託物の引渡を請求することなく，当該倉荷証券を更に他の者に譲渡することも可能で，この場合も，証券の更

なる譲渡を受けた者だけが寄託物の引渡請求権を有する。

　倉荷証券の所持人または寄託者は，寄託物を一時質入し金融を得ることもでき，保管されている寄託物を倉庫業者に保管させたまま質入する。通常の質権設定契約は，金銭を貸す者＝債権者＝質権者と，金銭を借りる者＝債務者＝質権設定者間で締結され，かつ，債務者＝質権設定者が債権者＝質権者に質物を引渡すことによって成立する。寄託物である質物を倉庫業者に寄託したまま倉荷証券により質入する場合は，質権設定契約を締結した上で，質物である寄託物を質権者へ引渡す代りに倉荷証券を質権者に裏書交付＊するか単に手渡しすれば質権設定契約は成立する。倉荷証券＝寄託物の引渡請求権といえるからである。質物は寄託物であるから，倉庫業者の倉庫に保管されているが，質入により倉荷証券が質権者に保有され，質権設定者は質権者に弁済をしない限り質権者から倉荷証券の返還を受けることができず，故に，証券の所持人とはいえず倉庫営業者に対し寄託物の引渡請求をすることができないという仕組みである。寄託物の引渡請求を行うためには，質権者に弁済をなし倉荷証券の返還を受け証券所持人となることが必要である。

［Ⅰ］

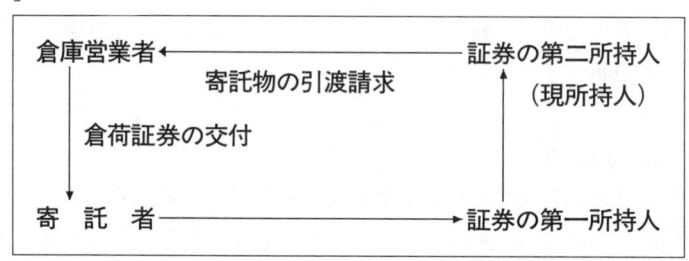

```
倉庫営業者 ←――――――――――― 証券の第二所持人
  │         寄託物の引渡請求      （現所持人）
  │         倉荷証券の交付
  ↓
寄　託　者 ――――――――――――→ 証券の第一所持人
```

［Ⅱ］

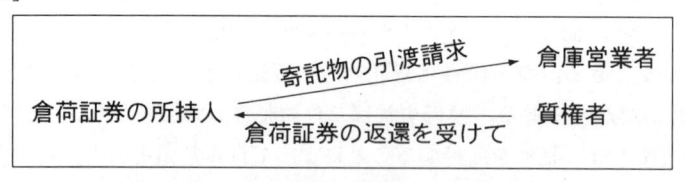

```
                  寄託物の引渡請求      倉庫営業者
倉荷証券の所持人 ――――――――――→
                  倉荷証券の返還を受けて  質権者
```

　　　　［Ⅰ］は譲渡のとき，［Ⅱ］は質入のとき
　　＊倉荷証券の裏書交付とは，証券の裏に氏名または商号等を書いて交付することである。例えば，裏書人Ａ→被裏書人Ｂ，裏書人Ｂ→被裏書人Ｃ，

裏書人C→被裏書人Dといったように。
　倉荷証券は以上のように，一枚の証券で寄託物の譲渡も可能であるしその質入をすることもできる証券である。

12-4-3　倉荷証券の記載事項
　倉荷証券には以下の事項を記載し，倉庫営業者が署名することを要する（商法627条2項による商法599条の準用）。
　① 受寄物の種類，品質，数量およびその荷造の種類，個数ならびに記号
　② 寄託者の氏名または商号
　③ 保管の場所
　④ 保管料
　⑤ 保管期間を定めたときはその期間
　⑥ 受寄物を保険に付したときは，保険金額，保険期間および保険者の氏名または商号
　⑦ 証券の作成地およびその作成年月日
である。
　厳密にこれら総てが記載されることが基本原則であるが，重要でないもの，例えば，作成地の記載がなくとも有効と解されている。

12-4-4　倉荷証券に関するその他の事項
　商法は倉荷証券につき預証券の規定を総て準用し，商法628条の規定だけが倉荷証券に関する固有の規定である（商法627条2項）。したがって，以下の説明においては準用されている条文のみを示すことにする。

(1) 帳簿作成義務
　倉庫営業者が倉荷証券を寄託者に交付したときは，帳簿（倉庫証券控帳簿）を作成し法定の事項を記載することを要する（商法600条）。帳簿は倉庫営業者のためではなく，後日寄託物について争いが発生したときに備えるためのものである。

(2) 寄託物分割と証券

寄託物が分割可能な物である場合（個数100個を半々にする例），倉荷証券の所持人は寄託物を分割し，分割した部分に応じた新しい倉荷証券の交付（上記の例でいえば二通の証券）を倉庫営業者に請求することができる。寄託者から倉荷証券の譲渡を受けた後に，証券の所持人がその必要性から寄託物を分割処分することに対応するための規定である。この請求は旧倉荷証券と引換でなければ請求できないし，新証券作成・交付に要する費用は新証券の交付を請求する者の負担である（商法601条1項，2項）。

(3) 倉荷証券の文言性

倉荷証券の所持人と倉庫営業者の関係は，証券の所持人が寄託物の引渡を請求し，倉庫営業者がこれに応ずることである。無論，証券の所持人が引渡を請求できる寄託物は，倉荷証券に記載された事項によって判断され，かつ，記載されている事項だけで決定される（商法602条）。証券の記載事項によって証券所持人の寄託物引渡請求権の具体的内容が決定されることを，**文言性**（もんごんせい）という。倉荷証券は文言性を有すると規定されている。

倉荷証券に記載されたことが引渡請求権の内容となることは当然のことであり，かかる規定は不要であると考えられないこともない。しかし，倉荷証券は倉庫営業者から寄託者へ交付され，寄託者から第三者へ譲渡されるもので，この第三者が証券の所持人となる。とすれば，寄託者と寄託者から証券の譲渡を受けた証券の所持人間での寄託物に関する契約内容と，倉庫証券に記載されている事項との間に差異の存在することが考えられる。この場合に，証券の所持人が寄託者との契約内容をもって倉庫営業者に寄託物の引渡を請求すると，争いが発生することは避けられない。文言性の規定はこのために存在する。一切は証券に記載された事項によって決定される。仮に，証券の記載事項による寄託物の内容と，倉庫営業者と寄託者間で行われた倉庫寄託契約による寄託物の内容とが異なったときでも，証券の記載事項によって寄託物の具体化が決定され，倉庫営業者は記載内容に従った寄託物の引渡義務を証券の所持人に対し負うことになる。

(4) 倉荷証券の指図証券性

　倉荷証券は，寄託者が寄託物を倉庫営業者に保管させたまま譲渡するための証券であった。寄託者が寄託物を倉荷証券によってAに譲渡したとする。この時点から，以後寄託者は寄託物について権利を失い証券の所持人であるAが寄託物に関する一切の権利を取得する。次にAがBに譲渡し，BがCへ譲渡し，CがDへ譲渡し，……，といったことは認められるのであろうか。

　倉庫営業者が倉荷証券を寄託者に交付する義務を有するとは，倉庫営業者は寄託者が寄託物を第三者Aに譲渡することを認めることである。倉荷証券は寄託物の譲渡を行うために交付される証券だからである。寄託者がAに証券を譲渡すれば，Aは寄託物について一切の権利を取得し，Aは証券をもって寄託物の引渡を請求することもでき，また，Bに譲渡することも自由で，倉庫営業者や寄託者からこれらの行為につき異議を述べられる筋合はない。BがAから譲渡された場合も同様である。倉荷証券は，このように転々と譲渡される（→流通する）証券であり，この性質を**指図証券性**という。

　倉荷証券は法律上当然の指図証券である（商法603条1項）。寄託者が譲渡する場合も，寄託者から証券の譲渡を受けた者が第二第三の譲渡をする場合も，譲渡方法は裏書によるか単に手渡しでもよい。ただし，倉荷証券上に裏書禁止の文言が記載されている場合は譲渡できない（商法603条1項但書）。

12-4-5　寄託物の一部出庫

　倉荷証券によって寄託物を質入する場合，質権設定者＝証券の所持人は質権者に寄託物を引渡す代りに倉荷証券を裏書によって交付するか単に手渡すことを行う。質権者は，債務者＝質権設定者から弁済＝支払があるまで倉荷証券を手元に保有することになり，それによって債務者に支払を強制する。というのは，債務者＝質権を設定した者＝倉荷証券を所持していた者は，倉庫営業者に寄託物の引渡を請求するためには倉荷証券が必要であり，証券なくして寄託物の引渡請求はできないからである。質入れのため現在所持していないが証券の所持人であるとの主張が証明されたとして

もそれによって寄託物の引渡請求は認められず，証券を現に所持していない限り引渡請求はできない。寄託物の引渡請求を行うためには質権者から証券の返還を受けることを要し，それには質権者へ債務を弁済しなければならない。質権者が倉荷証券を手元に保有することが弁済の強制となるとはこのことである。

　このように，質権者に債務を弁済しない限り証券は返還されず，証券を所持していない者による寄託物の引渡請求は不可能なのが原則である。だが，例外的に，質権者の承諾があれば，寄託物の一部出庫が認められる（商法628条前段）。質権者の承諾とは，証券の所持人であった者が質権者の保有する自己の倉荷証券を一時借り出し，それをもって倉庫営業者に対し寄託物の一部引渡請求をなすことを，質権者の承諾の下に行うことである。質権者の承諾があったことを証明しても実際に証券を借りて倉庫営業者に提示しなければ引渡請求はできない。証券を提示すれば，質権者の承諾があったことを証明する必要はなく，寄託物の一部出庫を請求することができる。倉庫営業者が一部出庫に応じたときは，返還した寄託物の種類，品質，および数量を提示された倉荷証券上に記載し，かつ，その旨を帳簿に記載することを要する（商法628条後段）。

　質権者による証券の貸し出しは危険を伴うことから，約款では，質権者と倉庫業者間の取決めとして，倉荷証券を貸し出す代りに質権者の作成する一部出庫請求書によって出庫が行われるケースがあるが，それは質権者と倉庫営業者の責任であり，そこからいかなる争いの根が生じようとも倉荷証券所持人の責任ではない。

12-4-6　預証券・質入証券

　預証券は倉庫営業者に対する寄託物の引渡請求権ないし寄託物の返還請求権を表章する証券である。即ち，倉庫営業者の倉庫に保管されている寄託物を保管したまま譲渡するとき，寄託者は倉庫営業者から預証券の交付を受け，これをもって譲渡し，預証券の所持人は，預証券を倉庫営業者に提示し証券と引換に寄託物の引渡を請求する。預証券が交付されているときは，預証券の所持人のみが寄託物について一切の権利を有する。既に述べてきたところから明らかなように，寄託者が倉庫営業者に寄託物を保管

させたまま寄託物を譲渡するときに倉荷証券を利用する場合の，この倉荷証券と同じ機能を果たすのが預証券である。発行，方式，譲渡方法，効力，総てについて預証券と倉荷証券は同様である。

　質入証券とは，寄託物を倉庫営業者に保管させたまま質入するときに利用する証券である。倉荷証券を質入に利用する場合の機能と同じ機能を果たす証券といえる。

　倉荷証券は一枚で寄託物の譲渡と質入の双方の機能を果たすことができるのに対し，預証券は寄託物の譲渡のみを対象とする証券で，質入証券は寄託物の質入だけに使用できる証券である。預証券と質入証券の二枚の証券を交付するか，倉荷証券一枚を交付するか，選択は当事者の自由である。しかし，三種類の証券を交付することは認められない。

　ところで，実際界では倉荷証券を使用することが行われ，預証券と質入証券は使用されていない。その理由は，預証券と質入証券の相互関係およびその行使に関する複雑さを原因としている。

　寄託者は倉庫営業者に対し預証券だけ，あるいは，質入証券だけの交付を請求することはできず，両者は二枚で一組として交付されることを要し一体化されている。倉庫営業者→寄託者への預証券と質入証券の交付は二枚一組であるが，この二枚一組の一体化が最初から最後までの一体化ならば複雑な問題は発生しないし，そもそも二枚の証券を交付する必要はなく，倉荷証券のように，譲渡と質入機能を一枚の証券にまとめればそれで済むことである。

　倉庫営業者に証券の交付を請求する寄託者は，寄託物を倉庫に保管したまま譲渡することを目的に証券の交付を請求するか，それとも保管中の寄託物を質入するために証券の交付を請求するかに拘わらず，預証券と質入証券二枚一組で交付を受けなければならない。寄託者が寄託物の譲渡のために預証券の交付を請求した場合であっても，質入証券は不要だが二枚一組として寄託者に交付されるのである。以下寄託者が寄託物を譲渡するために証券の交付を受けた場合を想定し，そうした目的の下に交付を受けた預証券と質入証券の二枚の証券が最終的にどうなるかを番号順に考えてみることにする。

　① 倉庫営業者から寄託者へ二枚一組の原則に従い，預証券と質入証券

が交付される。
② 寄託者は証券交付請求の目的に従って寄託物をAに譲渡したとする。寄託者のこの譲渡は預証券をAに譲渡することによって行われる。寄託物の引渡請求権を表章する預証券と質入証券二枚一組の証券は二枚で一組であるから，寄託者からAに預証券が譲渡されるときも二枚一組として譲渡され，預証券だけを譲渡することはできない。このため証券の所持人が寄託者からAに代わった段階でも二枚は一組で，寄託者からAに預証券・質入証券二枚一組で移転している。
③ 二枚の証券の所持人となったAは，その内の一枚が預証券であるから，寄託物を自由に処分する権利を取得する。そこでAは寄託物を他に譲渡せず金融の必要から質権者Bへ質入したとする。
④ 質入れは，Aが寄託者から譲渡された質入証券を質権者Bに裏書交付することによって行われる。具体的にいえば，㋑AがBへ質入証券を交付する。㋺交付の際質入証券の裏に，裏書人A，被裏書人B，と記載し，かつ，債権額，利息，弁済期を記載する。Aが質入証券の裏に，「裏書人A，被裏書人B，債権額，利息，弁済期」を記載しBに交付することが裏書交付である。㋩裏書交付によって質権は設定されたことになる。質権は設定されたが，この段階でBが質権者であることを主張できるのはAに対してのみであり，BはA以外の者については質権者であることを主張できない。そこで，㋥質権者BはAの所持する他方の一枚である預証券に，質入証券の裏に記載された，債権額，利息，弁済期，を記載し署名することを行う。Bが預証券にこれらを記載し署名することによって，BはA以外の者，即ち，天下万民に対して倉庫業者が倉庫に保管する物品についての質権者であることを主張することができることになる。
⑤ Aが質権を設定するために質権者Bへ質入証券を裏書交付した後は，預証券と質入証券は二枚一組であることから開放され，それぞれ独立別個に転々と譲渡することが認められる。質入証券はそれに質権が設定されていない間は無価値なものと同じで，預証券と一体化し譲渡されなければならないが，一度質権が設定されると（→質権設定は裏書交付によることは既に述べた通り），それぞれの証券は以後独立のもの

として機能し別個に譲渡の対象とすることができる。
⑥ 寄託物は永久に保管されるものではなく，一定の時期に預証券の所持人が引渡請求を行うものである。預証券の所持人が寄託物の引渡を請求するには，預証券を提示するだけでは不足で，質入証券と預証券二枚一組として倉庫営業者に提示しこれと引換でなければ寄託物の引渡を請求することができない。この段階，つまり寄託物引渡の段階で再び二枚一組であることが要求される。だから，質権を設定した預証券の所持人が寄託物の引渡請求をなすには，質権者に弁済を行い質権者から質入証券の返還を受け所持することを要する。

　預証券と質入証券の相互関係の概略は以上のとおりでかなり複雑である。と同時に，そこには法的性質に係る困難な問題も存在する。実際には倉荷証券しか使用されない所以である。

事項索引

第1部　商法総則
商法の基本概念，商法典関係
形式的概念としての商法，制定法，
　約款 …………………………… 4, 5
実質的概念としての商法 …………… 6
商法は民法に対する特別法 ………… 8
商法概念には何が含まれるべきか … 9
商法とは何か，商法の規律対象は何
　かについての学説 ………………… 9
　　ラスティの学説，ゴールドシュミ
　　　ットの学説 ……………… 10, 11
　　カールレーマンの学説 ………… 12
　　ヘックの学説，商的色彩論 … 13, 14
通説としての企業法説 …………… 16
商法＝企業法説の問題点，近代社会
　の企業 …………………………… 17
社会的富，企業の定義 …………… 18
商法の理解と解釈の留意点 ……… 18
　　商人の利益と消費者の利益 …… 19
　　経済的優位者と劣位者 ………… 20
商法典の形成(近代商法典の成立)… 21
　　フランス商法典，ナポレオン商法
　　　典，商行為法主義 ……… 21, 22
　　ドイツ旧商法典，折衷主義 …… 22
　　ドイツ新商法典，商人法主義 … 23
　　英米法の商法典 ………………… 23
　　日本商法典 ……………………… 24
商行為法主義の問題点，商人法主義
　の問題点 …………………… 25, 26

法源関係
公法，私法，任意規定 …………… 28
商法は裁判規範である …………… 29
法規範の名宛人は裁判官である，商

法の法源 …………………………… 30
商法1条と法例2条との関係，法源
　の種類 …………………………… 31
商事条約，商事制定法・令，商慣
　習と商慣習法，商事自治法 … 31, 32
会社の定款，法源の適用順序 …… 33
民法と商法の関係，民事に関する法
　も商法の法源 ……………… 34, 35

商法の指導理念関係
商法の特質，商法の指導理念 …… 35
従来の指導理念がもたらすもの …… 37
営利の目的と生活維持の目的，指導
　理念の再検討 …………………… 38
取引の安全ないし迅速性 ………… 39
外観主義，外観法理 ……………… 40
禁反言の法理，エストッペル，公
　示主義，情報開示 …… 42, 43, 44

商人概念とその開始・終了関係
商人の種類 ………………………… 44
　固有の商人 ……………………… 45
　　要件，自己の名をもって，商行
　　　為を為す，業とする …… 45, 46
　擬制商人の種類と要件 ………… 47
　　店舗またはこれに類似の設備で
　　　物品を販売する者 …………… 47
　　鉱業者，原始産業，民事会社 … 49
　小商人 …………………………… 49
自然人の商人資格の取得 ………… 50
　商人の始まりと終わり ………… 50
　開業準備行為，画一的決定説，段
　　階的決定説 ……………… 51, 52, 53
自然人の商人資格の喪失 ………… 55

事項索引

法人の商人資格の取得，公法人，公
　益法人，私法人，営利法人 …55，56
法人の商人資格の喪失……………56

商号関係

商人の名称である…………………57
商号選定自由の原則，商号単一性の
　原則…………………………………58
不正競争の目的……………………59
会社についての制限，個人企業につ
　いての制限…………………………60
商号登記……………………………61
同一商号登記排斥権………………61
　法的性質，登記官に対する効力，
　私法上の効力……………………62
同一または類似商号使用排斥権……63
　不正競争の排斥，法律上の推定…63
未登記商号の権利…………………64
商号権をめぐる論争………………65
商号使用権の法的性質，商号専用権
　の法的性質 …………………67，68
使用権と専用権は一体……………69

名板貸関係

名板貸の法的課題…………………70
成立要件，自己の氏，氏名，商号の
　使用許諾……………………………71
名板借人の商人性，名板貸人の商
　人性 …………………………71，72
興味ある判例………………………73
自分が自分を裁いてよいか………74
誤認による取引……………………75
名板貸人の責任……………………75

商業使用人関係

商業使用人の意味…………………76
商業使用人＝代理人，雇用関係の存

在……………………………………77
商業使用人の種類…………………78
支配人………………………………78
　支配人の具体的形態，支配人と
　　包括代理権……………………79
　支配人の選任，退任，支配人の
　　権限と制限 …………………81，82
　共同支配人，表見支配人………83
　表見支配人の認定問題…………84
　本店・支店，主任者の名称，営
　　業主の許諾，相手方の善意
　　　…………………………85，86
　支配人の営業主に対する義務…86
　営業禁止義務，競業避止義務
　　　…………………………87，88
　営業主の営業の部類に属する
　　取引……………………………88
　義務違反の法的処理，介入権，
　　介入権の消滅 …………88，89
番頭・手代その他の使用人………90
物品の販売を目的とする店舗の使
　用人…………………………………90

代理商関係

締約代理商，媒介代理商…………91
成立要件……………………………92
本人の特定，本人が商人であるこ
　と……………………………………92
継続的関係，営業の部類に属する
　取引の代理，媒介………………93
代理商契約の存在…………………94
法的性質……………………………94
代理商と本人の関係………………95
代理商の権利………………………96
　費用前払請求権，立替費用償還請
　　求権，報酬請求権 ………96，97
　留置権，留置権の対象物 ……97，98

298

代理商の義務 …………………99
　善管注意義，通知義務，競業避止
　　義務 …………………………99, 100
代理商契約の終了 ……………101

営業譲渡関係
営業譲渡における営業概念，営業譲
　渡と集合物 ……………102, 103
学説の対立 ……………………104
　営業財産譲渡説，営業有機体譲渡
　　説，営業組織譲渡説 ……104, 105
　地位交替承継説，地位財産譲渡説
　　………………………………105
法的性質 ………………………106
　多段階的契約 ………………107
要　件 …………………………107
　営業の全部または重要な一部の譲
　　渡，営業の全部譲受 ……107, 108
効　果 …………………………108
　財産移転，対抗要件，事実関係の
　　移転 ……………………108, 109
競業避止義務 …………………110
　特約による場合，特約なきとき，
　　不正競争の目的による競業 …110
債務負担義務 …………………111
　商号の続用あるとき，続用のない
　　とき ……………………111, 112

商号登記関係
絶対的登記事項，相対的登記事項，
　登記手続 …………………114
商号登記の効力，商号登記の一般的
　効力 ………………………115
登記前の効力，登記後の効力 …115, 116
商号登記の特殊的効力 ………117
　創設的効力，補完的効力，附随的
　　効力 ……………………117, 118

不実登記 ………………………119
　法的効果，要件，善意の第三者と
　　は ……………………120, 121, 122
商業帳簿 ………………………123

第2部　商行為法
総説関係
商行為法の目的，商法の規制対象…129
商行為の種類と分類 …………130
絶対的商行為 …………………133
　投機購買，営利意思，投機売却，
　　投機意思 ………………134, 135
営業的商行為，営業として ……137
　投機貸借 ……………………138
　他人のためにする製造または加工
　　………………………………139
　電気またはガスの供給行為 ……139
　運送行為 ……………………140
　作業の請負，労務の請負 ……140
　場屋営業 ……………………141
　サラ金，銀行業の法的性質…142, 143
　寄　託 ………………………144
　民事仲立，商事仲立 ………145
　取　次 ………………………145
付属的商行為 …………………146
　商人がその営業のためにする行為，
　　付属的商行為の推定 ……146, 148

商行為法の民法に対する特則関係
契約の申込についての特則
　対話者間，隔地者間 ………151, 152
契約の申込に対する義務 ……152
　諾否通知義務，通知義務の発生要
　　件 ………………………152, 153
　保管義務，自己の営業の部類に属
　　する取引 …………………154
代理に関する特則 ……………155

非顕名主義，非顕名主義の適用要
　件，代理権消滅の特則 …155, 157
委任についての特則 ……………158
　適用対象，判例上の事例，第三者
　　効 ………………158, 159, 160
商事債権の営利性の特則 …………161
　報酬請求権，営業の範囲内の行為
　　……………………………………161
　他人のために行為をなす，利息請
　　求権 ……………………162, 164
　商人間における金銭消費貸借，民
　　事法定利率，商事法定利率 …164
　商行為によって生じた債務，立替
　　金の利息請求権 …………166, 168
商事債権の担保についての特則 …168
　多数当事者間の債務の連帯 ……169
　主たる債務が商行為，保証行為
　　が商行為 ……………………171
　流質契約 ………………………172
　商行為によって生じた債権 ……172
　商人間の留置権 ………………173
　　被担保債権の要件，判例上の事
　　　件，目的物の要件 ……174, 175
商事債務の履行場所の特則 ………176
　特定物の引渡債務，特定物の引渡以
　　外の債務 ……………………176, 177
　債務の履行と履行請求時期 ……177
商事債権消滅についての特則，商事
　時効 …………………………178
　通説の内容，通説の根拠，興味ある
　　判例 ………………178, 179, 180
　不当利得返還請求権の時効，本書
　　の立場 …………………181, 182

商事売買関係

　商事売買に関する原則 …………183
　商人間の売買，売主擁護，任意規
　　定 …………………………183, 184
　売主の供託権・競売権 …………184
　供託・競売権の発生要件，供託・
　　競売の法的効果 …………186, 187
　売主の選択権 …………………188
　買主の目的物検査・通知義務 …189
　検査・通知義務の発生要件，目的
　　物の受取，権利の瑕疵 …190, 191
　検査義務の内容，通知義務の内容，
　　通知の法的効果 …………191, 192
　契約解除と買主の目的物保管・供託
　　義務 …………………………193
　保管・供託義務の要件，義務内容
　　……………………………194, 195
　確定期売買 ……………………196
　確定期売買自動解除の発生要件，
　　契約解除の法的効果 ……197, 198

交互計算関係

　交互計算，法的性質，成立要件，交
　　互計算契約の実際 ……198, 199, 200
　計算期間，対象となる債権債務 …201
　消極的効力，不可分の原則 ………202
　第三者効，多数説，判例 …………203
　積極的効力，残額確定の意味，学説
　　の対立 …………………204, 205
　交互計算の終了，解約告知 ………206

匿名組合関係

　当事者，法的性質，成立要件……207,
　　　　　　　　　　　　　210, 211
　出資は相手方の財産となる ………211
　営業より生ずる利益の分配 ………212
　相手方の権利・義務 ………………212
　匿名組合員の権利・義務，出資の割
　　合に応じて，損失の分担 …213, 214
　終了原因，終了の効果，出資の価額

事項索引

の返還 …………………214, 216

仲立営業関係

民事仲立，商事仲立 ……… 217, 218
法的性質，双方的仲立契約，一方的
　仲立契約 …………………………219
成立要件，商行為の，媒介をなす，
　業とする …………………220, 221
仲立人の義務 ……………………222
　見本保管義務，見本売買，媒介行
　　為の完了まで …………………223
　結約書作成・交付義務，帳簿作成
　　・謄本交付義務 …………223, 225
　氏名黙秘および介入義務 ………226
仲立人の権利，報酬請求権，仲立料
　の支払給付受領権 …………227, 228

問屋営業関係

問屋営業，法的性質 ………228, 229
成立要件，権利義務の当事者，委託
　者へ損益の帰属 ……………230, 231
問屋の権利，費用請求権，報酬請求
　権，留置権 ………………………232
　供託・競売権，介入，介入権行
　　使の要件 …………………233, 234
問屋の義務，履行担保義務，指値遵
　守義務，実効行為通知義務 ……234,
　　　　　　　　　　　　　235, 236
準問屋 ……………………………236

運送取扱営業関係

到達地運送取扱人 …………237, 238
法的性質，成立要件 ………………239
運送取扱人の権利，費用請求権，報
　酬請求権 ……………………240, 241
確定運賃運送取扱契約 ……………241
留置権，介入権 ……………242, 243

運送取扱人の義務 ………………244
　善管注意義務，指定運賃遵守義務，
　　通知義務 ………………………244
　損害賠償義務の構造と内容 ……245
　高価品 ……………………………247
損害賠償義務と免責約款 …………247
義務の消滅 ………………………248
相次運送取扱契約 ………………249
相次運送取扱人の権利・義務 ……250
権利行使義務 ……………………251

運送営業関係

法的性質，運送状 …………252, 253
危険負担と運送賃，不可抗力 ……255
留置権，先取特権，供託権 …256, 257
競売権，競売の要件 ……………258
貨物引換証 ………………………259
損害賠償義務の構造と内容 ………263
高価品 ……………………………266
損害賠償義務の消滅，責任消滅に関
　する特別規定 ……………………266
　運輸省告示，時効消滅 …………267
相次運送 …………………………268

場屋営業関係

場屋営業 …………………………271
場屋営業の特殊性，レセプツムの責
　任 …………………………………272
場屋営業者の責任 ………………273
　寄託を受けた物品の責任 ………273
　　責任の性質，不可効力問題 …273
　　主観説，客観説，折衷説，判例
　　　の立場 …………………274, 275
　　契約責任としての構成 ………276
　寄託を受けない物品の責任 ……276
　過失の立証責任，免責特約，高
　　価品 …………………………276, 277

事項索引

責任の消滅時効, 悪意の意味 ……278

倉庫営業関係
倉庫営業, 法的性質 …………279, 280
倉庫営業者の権利 ………………280
　目的物引渡請求権, 保管料および
　費用請求権 ……………………280
　保管料支払義務者 ………………281
　受寄物引渡請求権と保管料支払義
　務の関係 ………………………282
　留置権・先取特権・供託権・競売
　権 …………………………282, 283
倉庫営業者の義務 ………………283
　受寄物保管義務, 保管と保管義務
　の程度 …………………………283

通知義務, 保管期間 ………283, 284
倉庫証券交付義務, 点検・見本摘
　出協力義務 …………………284, 285
損害賠償義務 ……………………285
損害賠償義務の構造と内容, 損害
　賠償請求権者, 責任の消滅 …285,
　286
倉庫証券 …………………………287
倉荷証券, 記載事項 …………287, 289
受寄物分割と証券, 文言性, 指図
　証券性 ………………………290, 291
寄託物の一部出庫, 質権者と一部出
　庫 ……………………………291, 292
預証券・貸入証券 ………………292

梅田武敏（うめだ・たけとし）
　　現　在　茨城大学人文学部教授

商法総則・商行為法　〈講義案シリーズ〉
2002年4月5日　初版第1刷発行

著　者	梅　田　武　敏	
発行者	今　井　　　貴	
	渡　辺　左　近	
発行所	信　山　社　出　版	

　　　　　(113-0033)　東京都文京区本郷6-2-9-102
　　　　　　　　　　 TEL 03-3818-1019
　　　　　　　　　　 FAX 23-3818-0344

　　印刷　松澤印刷株式会社
　　製本　松澤印刷株式会社

©2002, 梅田武敏. Printed in Japan
落丁・乱丁本はお取替えいたします。

ISBN4-7972-2220-4　C3332